巨星闪耀
——知识创新与成才之道

查有梁 著

四川大学出版社

图书在版编目（CIP）数据

巨星闪耀：知识创新与成才之道 / 查有梁著.
成都：四川大学出版社，2025.4. --（人才与社会）.
ISBN 978-7-5690-7724-7

Ⅰ．G632.0

中国国家版本馆CIP数据核字第2025F0W537号

书　　　名：	巨星闪耀——知识创新与成才之道
	Juxing Shanyao——Zhishi Chuangxin yu Chengcai zhi Dao
著　　　者：	查有梁
丛　书　名：	人才与社会

出　版　人：	侯宏虹
总　策　划：	张宏辉
丛书策划：	张宏辉　曾　鑫
选题策划：	曾　鑫
责任编辑：	曾　鑫
责任校对：	周　颖
装帧设计：	墨创文化
责任印制：	李金兰

出版发行：	四川大学出版社有限责任公司
	地址：成都市一环路南一段24号（610065）
	电话：（028）85408311（发行部）、85400276（总编室）
	电子邮箱：scupress@vip.163.com
	网址：https://press.scu.edu.cn
印前制作：	四川胜翔数码印务设计有限公司
印刷装订：	成都市新都华兴印务有限公司

成品尺寸：	170 mm×240 mm
印　　张：	22.25
字　　数：	309千字

版　　次：	2025年5月 第1版
印　　次：	2025年5月 第1次印刷
定　　价：	78.00元

本社图书如有印装质量问题，请联系发行部调换

版权所有 ◆ 侵权必究

扫码获取数字资源

四川大学出版社
微信公众号

导言
Introduction

  本书由笔者的九篇论文结集而成，其中六篇发表在人民教育出版社出版的《中国教育科学》《教育史研究》上，杂志的编辑对这些论文做了精心的修改。《"通天彻地"落下闳》发表在《光明日报》上，报纸的责任编辑是从笔者提供的三篇文章中提炼出这篇"光明论坛"文章的。最后一章《爱因斯坦奇迹年》，论文最先发表在《教育研究》，后来丰富成为一本专著《爱因斯坦与教育》，该著经过四川教育出版社责任编辑全面地精心增删，确定了大部分章节的小标题。

  这次由四川大学出版社出版的本书，前八篇都是笔者近10年的研究成果。初稿整合了10多篇论文，经系统的删改、提炼、整合，书名最后确定为《巨星闪耀——知识创新与成才之道》。

  《巨星闪耀——知识创新与成才之道》全书正文的九章，是关于古今中外在科学、教育领域"公认"的九位杰出"教育家、科学家"的内容。这是从"巨星"中优选出来的"北极巨星"。在当代，千千万万仍然在工作的科学家、教育家中，已经出现不少的"新星"。本书的"附录"就是献给这些"新星"的。"新星"之中，必然会出现"北极巨星"。我们仰望星空，看一看天上的"北极星"，那颗"北极星"也在改变。我们要以"巨星"为榜样，也要看到"新星"的希望。不同专业的人才，在不同历史时期，都会有"心中的新星""心中的巨星"。我们中国人要发现"中国式现代化的新星和巨星"。

《巨星闪耀——知识创新与成才之道》是笔者紧紧围绕"巨星"旋转多年之后的成果。笔者从古到今、从中到外遴选出九位杰出教育家和科学家：孔子、扬雄、落下闳、秦九韶、钱学森、华罗庚、于光远、贝尔纳和爱因斯坦，论述他们的教育经历，探索他们的知识创新和成才之道。笔者从新视野、多模式、跨学科、跨文化的系统方法角度研究杰出创新人才，这有利于促进教师们思考如何通过"通识教育"（STEM教育），培养有创新思维的人才，有利于学生思考如何经过"深度学习"（跨学科学习），促进自己有独特创新和贡献。故《巨星闪耀》的副标题定为：知识创新与成才之道。

在第一章，笔者探究孔子（公元前551—前479年）。孔子生活的时代是春秋末期，鲁国陬邑人，今山东曲阜人。这一章笔者提出一个新问题，并回答这一问题：孔子原理对于现代的科学伦理和教育伦理有什么新启迪？《论语》，早已翻译成许多种语言，孔子的思想早已传遍世界。孔子是联合国教科文组织公认的"世界文化名人"，是名副其实的"北极巨星"，我们理应在继承孔子思想的基础上，在新时代有所创新。

中国人的人权观与孔子原理有密切关系。人权最基本的内容，即生存权、发展权。1993年，笔者在哈佛大学教育研究生院和哈佛大学科学史系做高级访问学者时，就撰写了一篇《孔子原理与人权》的文稿，以备学术交流。2000年，发表在《中华文化论坛》第1期。在这篇文稿的基础上，再拓展完成《孔子原理与现代科教伦理》。2021年6月，笔者在"全国首届科研诚信与科技伦理学术研讨会"上宣读交流这一论文，发表在《中国教育科学》（中英文）2021年第5期。从思考"孔子原理"到完成论文，再到发表，历经了30年。

在第二章，笔者探究扬雄（公元前53—公元18年）。扬雄是中国西汉末年大学者，字子云，蜀郡成都（今四川省成都市郫都区）人。后人称呼扬雄是"西道孔子"。他是中国文化史上又一颗"北极星"类的"巨星"。

/ 导言

2017年7月，四川省公布首批十位四川历史文化名人，有扬雄，称他是"百科全书式的文化巨星"。1963年，笔者从原西南师范学院物理系毕业，被分配到成都七中，担任物理学教师8年。笔者从校长解子光那里得知成都七中渊源，它是成都人为纪念扬雄兴办的"墨池书院"，与"芙蓉书院"合并建立起来的学校，于1905年建立现代学校，后定名为"成都七中"。

笔者一直在感性体验和理性探索：扬雄"墨池"与成都七中的发展有哪些"密切联系"？笔者发现，扬雄的最明显的亮点是"善于学习，勇于创新"。笔者不喜欢"学霸"这种称呼，于是称扬雄为"学圣"，历经数十年的思考积累，笔者于2019年在《教育史研究》创刊号上发表《论"学圣"扬雄与成都七中》。该文提出：成都七中，酌古准今；"学圣"基因，遗传至今。1905年，成都七中建立，1905年也是爱因斯坦的"奇迹年"。本书在第二章第四节，加入了笔者给成都七中学生的一次"立志成才"的讲解——"爱因斯坦之道与成都七中"。成都七中的办学精神是"植根中华 志在天下"、"学圣"扬雄、爱因斯坦，都是我们永远追逐的"北极巨星"。

在第三章，笔者探究落下闳（大约公元前156年—约前87年）。落下闳，字长公，巴郡阆中（今四川南充市阆中）人。落下闳参与改革历法，是在汉武帝元封元年至汉武帝太初元年（公元前110年—前104年），这是确切的，有历史记载的。在现代，对落下闳研究贡献最大的学者，首推四川大学物理系教授吕子方先生。笔者在吕子方先生研究的基础上加以拓展，出版了《世界杰出天文学家落下闳》《通天彻地落下闳》《落下闳传》，等等。笔者所著的前两本书和主编的《落下闳研究文集》，数学计算多，推证难，古文也不少，比较深奥。书中笔者直接撰写的英文长篇"附录"，虽然大部分句子是英语的简单句，但是内容学科跨度大，外国人读起来也相当难。汉武帝时代要"改革历法"。因为秦始皇时代使用的《颛顼历》，已经明显不符合"天象"。汉武帝采用相当于现代称为"大科学"的方法，

003

组织众多的天文历法家，提出了 18 种方案，合乎天象的方案仅有一种，就是落下闳"运算转历"制定的《太初历》。

第三章的前面四节，当初在《光明日报》发表，"光明论坛"的编辑对笔者的原稿进行了"深入浅出""画龙点睛"的编辑。第五节，"'落下闳系统'引起钱学森关注"，是源于 1985 年，笔者在《大自然探索》上发表论文《中国古代物理中的系统观测与逻辑体系及对现代物理的启发》。时年 74 岁的钱学森先生，看完笔者这篇长文，给笔者写来第一封信：一方面肯定笔者这篇文章有意义，同时，给笔者提出更为深奥的问题，让笔者受到极大的启迪。这个问题与玻姆的著作《整体性与隐缠序》有关，1989 年，笔者参与了这本著作的译文校对。钱老的来信促进了笔者的一系列对物理学基本原理的再探索。本书的第五章即专题探讨了"钱学森之问"，探究钱学森先生更为深刻的知识创新之道。

在第四章，笔者探究世界杰出数学家秦九韶（1208—1268 年）。秦九韶出生在普州（今四川安岳）天庆观街"秦苑斋"，字道古。秦九韶在四川待了 22 年。他 1247 年 39 岁时，在湖州为母守孝，完成数学经典著作《数书九章》，取得一系列的数学创新成果。秦九韶是世界数学史界公认的杰出数学家。但是，秦九韶的生卒年，历史上没有准确记载，一直有不同的推测，这给研究秦九韶数学创新的具体问题带来分歧和困惑。直到 2007 年，四川学者杨国选最后的"真凭实据"的考证核实，他的发现得到公认。杨国选的《秦九韶生平考》，为秦九韶树起一座真正的纪念碑。第四章第一节，是笔者按照"九章写法"，使用新考证的年代，重新撰写的"秦九韶的生平亮点"，这是首次正式发表。

笔者在研究和写作《世界杰出天文学家落下闳》时，探究落下闳算法与秦九韶"求一术"的数学成就的关系，认真研究秦九韶《数书九章》，这本经典有 27 万字。《巨星闪耀》的第四章第三节和第四节，仅仅 8 千多字介绍，只能称为鸟瞰《数书九章》。《数书九章》是中国的"国学经典"。笔者惊奇地发现:《数书九章》明显就是当代教育提倡的"STEM""通识教育"的古代原型。当今世界的学校教育中,推行的"科学(Science)、技术(Technology)、工程(Engineering)、数学(Mathematics)"的综合教育,简称STEM教育,读者可以在秦九韶的《数书九章》中,找到STEM教育的古代原型。秦九韶《数书九章》展示出:中国古代的数学成就,不仅有"初等数学",而且涉及"高等数学"的内容。

在第五章,笔者深入探讨了"钱学森之问"。钱学森(1911—2009年),生于上海。出生之后随父母回到杭州,在北京师范大学附属小学和中学,接受基础教育。大学在上海交通大学和清华大学就读。钱学森一生创新很多,贡献很大,举世皆知。钱学森一直感谢他在中国接受教育时的小学、中学、大学的校长和老师,感谢他在美国留学获得"博士学位"的学校和导师。他94岁高龄时,提出"钱学森之问"。网络上简单表述为:"为什么我们的学校总是培养不出杰出人才?"本书第五章,既回答了"钱学森之问",又回答了"李约瑟问题"。笔者认为这两大问题有内在联系。"钱学森之问"和"李约瑟问题"都属于关于社会发展和人才培养的复杂性问题。复杂性问题应当有很多的回答,本章只能是"钱学森之问"的一种回答而已。

笔者的一个新看法是:对于"钱学森之问",钱学森"自己有回答"。笔者估计,很多人也许不知道有"这样一种回答"。钱学森先生是一位战略性的科学家和前瞻性的教育家。他开创"工程控制论""物理力学""星际航行概论"三门新学科。他具体指导了中国的"两弹一星"研制,为中国强大做出巨大贡献。他为人类的航空航天事业培养了大批杰出人才,包括他直接和间接培养的中国科学家和外国科学家。他提倡科学技术、文学艺术、哲学社会科学的紧密结合,将中华传统文化与西方现代科学融会贯通。晚年,他提出"系统工程学""知识体系学"和"大成智慧学"三大学问。钱学森创建的三门新学科和三大学问是一脉相承的。钱学森的晚年的学术贡献，可以解答"钱学森之问"。钱学森的一系列科学创新和他所培养的众多学生的成果，足以证明钱学森是世界科学界、教育界永恒的"北极巨星"。

在第六章，笔者探究"华罗庚传奇人生的教育启示"。华罗庚（1910—1985年）生于江苏省金坛县（今常州金坛区）。他是20世纪世界著名的中国数学家。华罗庚先生的著作很多，研究华罗庚先生的著作也很多。1983—1986年期间，中国自然辩证法研究会《科学家论方法》编写组，给笔者一项任务：编写《华罗庚论方法》。笔者和数学教师查莉芬，分工合作，几乎查阅了华罗庚先生的全部著作。1985年，华罗庚先生去世之后，笔者到华罗庚先生在北京的家里，华师母吴筱元女士不仅给了笔者需要的照片，而且送了一本书：《华罗庚诗文选》（中国文史出版社，1986年），给了笔者很大的帮助和鼓励。《华罗庚论方法》完成了初稿，后来以《华罗庚先生的"学法九章"——纪念华罗庚先生诞辰110周年》为题在华东师范大学主编的《数学教学》2020年第8期和第9期连载。

《华罗庚先生的成才之道》发表在《教育科学研究》2020年第10期。《华罗庚传奇人生的教育启迪》发表在《中国教育科学》2020年第6期。《华罗庚传奇人生的教育启迪》试图以较少的文字，讲述华罗庚先生丰富多彩的传奇人生和教育启迪。华罗庚就像一颗"北极星"，我们这些"众星"一直围绕他旋转了数十年。华罗庚这颗"数学太空中的北极星"，不仅对于专业研究数学的学者是"心中的北极星"，而且对于广大的数学教师，华罗庚同样是他们"心中的北极星"。

在第七章，笔者探究于光远的教育思想。于光远（1915—2013年），原姓郁，名锺正，生于上海，1936年毕业于清华大学物理系，1937年，先后在延安大学财经系、北京大学图书馆系任教。几十年间，他在北京大学和中国社会科学院兼职上课，编写多种教材，指导研究生，教育经历丰富多样。学术界公认，于光远是百科全书式的学者，他纵横于自然科学和社会科学的研究。从主要学术成就看，于光远是名副其实的经济学家、哲学家。1991年，于光远先生76岁时，将自己从1979年开始，历经12年研究教育基本理论问题的相关论文和文章整理、加工、提炼、编写，最后定稿取名为《我的教育思想》，由河南教育出版社1991年10月出版。在教育理论方面，于光远有独特见解和创新。

1998年，于光远发表《中国社会主义初级阶段的经济》；1992年出版《社会主义市场经济主体论》，以及《政治经济学社会主义部分探索》共7卷（1980—2001年），这是于光远研究"政治经济学"的主要代表著作。1984年，于光远等译编恩格斯《自然辩证法》，1983—1993年，于光远倡议并主持编写了《自然辩证法百科全书》，并于1996年发表了《一个哲学学派正在中国兴起》，这均是于光远研究"自然辩证法"的主要成果。1991年，于光远主编"教育理论专题研究丛书"一共8本。于光远先生善于在上述三个领域里，通过课题驱动，组织大批学者如同"众星"一样，围绕他们"心中的北极星"深入研究，在知识创新上做出了重要贡献。

在第八章，笔者探究科学学的奠基人——贝尔纳。J. D. 贝尔纳（Bernal，John Desmond，1901—1971年）生于爱尔兰尼纳，卒于英国伦敦。这一章是按照《世界著名科学家传记》的统一规格要求撰写的（见：钱临照、许良英主编，《世界著名科学家传记—物理学家Ⅴ》，科学出版社，1999年版，第27—46页）。按照这种科学家传记的写作模式，第一段整体介绍科学家的生平简历以及重要知识创新的要点；参考文献尽量采用科学家本人的第一手"原始文献"，组成一千字以内的"简历"；然后，分别评论这位科学家最具有特色的知识创新。这种写作模式要求撰写者理解并研究过科学家的代表著作，引用的文献是"研究文献"，包括各国"大百科全书"的有关评论。力求分析准确，诠释有创新，逻辑清晰，启发性强，形成几千字左右的"略传"。

英国科学家贝尔纳是一位卓越的马克思主义者，在物理学和科学学方面有一系列知识创新。20世纪50年代，贝尔纳开创了"科学学"这门学科。20世纪80年代，中国的科学家和教育家在邓小平提出"尊重知识，尊重人才"的启迪下，开始研究"人才学"这门学科的探索。杰出人才的重要标志是有知识创新。党的二十届三中全会明确提出："教育、科技、人才是中国式现代化的基础性、战略性支撑。必须深入实施科教兴国战略、人才强国战略、创新驱动发展战略，统筹推进教育科技人才体制机制一体改革，健全新型举国体制，提升国家创新体系整体效能。要深化教育综合改革，深化科技体制改革，深化人才发展体制机制改革。"[①] 这是中国新时代的新任务要求我们深化教育学和科学学的研究。

在第九章，笔者探讨爱因斯坦奇迹。阿尔伯特·爱因斯坦（Albert Einstein，1879—1955年）生于德国乌尔姆，一年之后迁居慕尼黑。1955年卒于美国普林斯顿。爱因斯坦是20世纪最伟大的科学家。联合国会员国大会（UNGA）一致通过英国、法国等国提案，宣布2005年为"国际物理年"，其理由是：（1）物理学是人类了解自然的基础科学；（2）物理学之应用是技术进步的基石；（3）物理学教育提供了人类进步所需的知识与人才；（4）2005年是爱因斯坦作出开创性科学发现的一百周年。德国、瑞士等国宣布2005年为"爱因斯坦年"。2025年是爱因斯坦发表狭义相对论、提出光量子论、证实分子运动论、提出质量能量关系式等知识创新120周年。

《爱因斯坦文集》（三卷本）由商务印书馆1976—1979年出版，由许良英、李宝恒、赵中立、范岱年编译。主要编译者是中国科学院研究员许良英先生，他曾于1979年寄送《爱因斯坦文集》（三卷本）给笔者。许良英先生为笔者提供了相当完整的系统研究爱因斯坦的经典著作。许良英先生还写信指导笔者如何研究物理学的发展史。得到许良英先生的鼓励，1981

[①] 《中国共产党第二十届中央委员会第三次全体会议公报》（2024年7月18日中国共产党第二十届中央委员会第三次全体会议通过）。

年笔者撰写《爱因斯坦的思想对教育的影响》，发表在《教育研究》1981年第5期。爱因斯坦成为20世纪全世界物理学界的老师和学生几乎共同追随的"巨星"。笔者沿着教育的轨道，绕"爱因斯坦这颗巨星"旋转了多年，才撰写出第九章"爱因斯坦奇迹年"。

笔者希望这九篇论文的分编说明，有助于读者把握本书的主题展开过程，以及由古到今、由中到外的具体整合过程；有助于读者领会本书有哪些创新的内容；有助于读者根据自己的兴趣选择阅读和给予评论。笔者诚恳地希望读者批评指正。

李有梁

目录
Contents

第一章 "孔子原理"与现代科教伦理 / 1
　　第一节 "孔子原理"的表述及推论 / 3
　　第二节 "孔子原理"既人道又科学 / 5
　　第三节 伦理原理包含科技伦理 / 7
　　第四节 伦理原理包含教育伦理 / 10

第二章 论"学圣"扬雄与成都七中 / 17
　　第一节 扬雄学圣 智慧大成 / 19
　　第二节 成都七中 酌古准今 / 23
　　第三节 学圣基因 遗传至今 / 27
　　第四节 爱因斯坦之道与成都七中 / 31

第三章 "通天彻地"落下闳 / 37
　　第一节 "春节老人" / 39
　　第二节 对"二十四节气"的贡献 / 41
　　第三节 "浑天说"宇宙论 / 43
　　第四节 天文学领域一颗"灿烂的星" / 45
　　第五节 "落下闳系统"引起钱学森关注 / 48

第四章 "搜炼古今"秦九韶 / 55

第一节 秦九韶生平亮点 / 57

第二节 搜炼古今 博采沈奥 / 65

第三节 《数书九章》序文今译 / 68

第四节 《数书九章》古诗今译与题目简介 / 71

第五节 《数书九章》是国学经典 / 86

第五章 钱学森之问的一种回答 / 93

第一节 "钱学森之问"与"李约瑟问题" / 95

第二节 钱学森之问 他自有回答 / 101

第三节 按照人的成长规律去培养人 / 113

第四节 社会发展的需要是培养人才的动力 / 121

第五节 中国培养大批杰出人才的条件 / 128

第六章 华罗庚传奇人生的教育启示 / 135

第一节 华罗庚的传奇一生 / 137

第二节 华罗庚的主要学术成就 / 144

第三节 华罗庚的成才之道 / 147

第四节 华罗庚杰出成就的教育启示 / 154

第七章 浅论于光远的教育思想 / 169

第一节 于光远的学术简介 / 171

第二节 于光远的教育略传 / 174

第三节 于光远对教育学的贡献 / 190

第四节 新时代需要教育家 / 234

第八章　科学学的奠基人——贝尔纳 / 239
　　第一节　贝尔纳生平 / 241
　　第二节　X射线晶体学、生物物理学的研究 / 244
　　第三节　开创科学学 / 245
　　第四节　科学史的研究 / 248

第九章　爱因斯坦奇迹年 / 255
　　第一节　爱因斯坦的教育历程 / 257
　　第二节　爱因斯坦的教育思想 / 274
　　第三节　爱因斯坦与诺贝尔奖 / 300
　　第四节　爱因斯坦的成才之道 / 301

附　　录　献给教师和校长 / 307
后　　记 / 335

第一章 『孔子原理』与现代科教伦理

孔子思想的伦理精神是孔子由观察得到的结果。孔子在观察中将心比心、设身处地、换位思考、由己推人。原理是普遍真理。普遍真理不会因"你我他之间的变化而变化"。用应用科学和数学语言表达：普遍的规律不会因"坐标变换而发生变化"，对于"坐标变换具有不变性"，数学上又称之为"对称性"。这在爱因斯坦的相对论中，原理就是：普遍的物理规律具有对称性。孔子思想的伦理精神也是科学技术的基本伦理原理。科学技术需要通过教育来传播。本书为方便表述，将以上孔子思想的伦理精神称为"孔子原理"，这也是教育伦理的基本原理。[①]

[①] 第一章发表在《中国教育科学》2021年第5期，第58—64页。笔者在"全国首届科研诚信与科技伦理学术研讨会"上宣读交流这一论文。《中国教育科学》由中国自然辩证法研究会科学技术与工程伦理专业委员会，中国自然辩证法研究会科学精神与科技伦理工作委员会主办，于2021年6月25—27日在大连理工大学科技园发刊。

第一节 "孔子原理"的表述及推论

孔子（公元前551—公元前479年）在《论语》中，提出了一个基本的伦理原理："己欲立而立人，己欲达而达人。"① 这一"忠"的仁道原理，表述为"你自己想生存便助人生存，自己想发展便助人发展"。《论语》记载，子贡问曰："有一言而可以终身行之者乎？"子曰："其恕乎！己所不欲，勿施于人。"② 孔子这种由己推人的方法，统称为"忠恕之道"。伦理的基本原理，不能因为"你""我""他"的称谓变化而改换。这就是中国人常说的"将心比己""设身处地"，在当代被称为"同理之心"。

西方伦理学中的"金科玉律"，即是耶酥公元元年/前4—公元30年，在《新约全书》上所主张的："你们愿意人怎样待你们，你们也要怎样待人。"（Do to others as

---

① 《论语·雍也篇第六》，参见杨伯峻译注《论语译注》，中华书局1980年版，第65页。
② 《论语·卫灵公篇第十五》，参见杨伯峻译注《论语译注》，中华书局1980年版，第166页。

you would have them do to you.① ）这与"孔子原理"是完全相容的。中西文化的伦理价值观，从原理上看是一致的：你愿意别人尊重你、理解你，你就应尊重人、理解人；自己所不想要的任何事物，就不要给别人。普世的伦理原理拒绝"双重标准"。

将"孔子原理"理解为个体与个体，是狭义的"孔子原理"；将其扩展为群体与群体、民族与民族、国家与国家之间的联系，则是广义的"孔子原理"。②"孔子原理"应当从狭义和广义两方面去理解。

"孔子原理"的逆否命题，孔子在《论语·卫灵公》中表述为："己所不欲，勿施于人。"其逻辑含义可理解为："自己不愿意别人以某种方式对待自己，那么自己也不应该以同样的方式对待他人。"在逻辑学中，正命题与逆否命题是等价的，因此这一表述与"己欲立而立人，己欲达而达人"（《论语·雍也》）在逻辑上互为表里，共同构成"孔子原理"的完整内涵。当应用于人权领域时，"孔子原理"的逆否命题可进一步表述为："个体或群体若不希望自身被剥夺生存与发展的权利，就应当避免剥夺他人的生存与发展权利。"这一表述通过逆否转换，将道德义务从"主动给予"（正命题）延伸至"消极不为"（逆否命题），强化了权利平等的普适性。

由"孔子原理"出发，可以做出一系列推论，表明"孔子原理"应用的广泛性。例如，孔子提出"有教无类"。③ 他认为，人人都要受教育，没有贫富和地域等等的区别。因为，按照"孔子原理"：你自己想受教育，也应帮助别人受教育。在现代社会中，这称为教育机会均等，教育公平，人人都应当接受终身教育。"有教无类"，正是将"己欲立而立人，己欲达

---

① The New Testament, New International Version. @1978 New York International Bible Society. p. 77.
② 查有梁：《"孔子原理"与人权》，《中华文化论坛》，2000年第1期。
③ 《论语·卫灵公篇第十五》，参见杨伯峻译注《论语译注》，中华书局1980年版，第170页。

而达人"的原理应用于教育的推论。发展科学技术需要教育。科技伦理和教育伦理都应该遵从"孔子原理"。

"孔子原理"是得到"世界公认"的基本的伦理原理，是人类共识性的价值选择。当然，也可以应用于科学技术领域，建立相对应表述的科技伦理。人工智能的伦理原理，从基本原理看，也应该是"孔子原理"。人工智能是"人、机器、环境"的复杂系统，其主导的还是人。即使有人认为"机器人"可能威胁人类的生存和发展，也必须应用"孔子原理"去加以智慧的"控制和约束"。

第二节 "孔子原理"既人道又科学

"孔子原理"采用由己推人的方法来阐释伦理原理。"孔子原理"既是人道的，又是科学的。"孔子原理"建立在中国古代哲学的基本原理之上。中国古代哲学的基本原理是：阴阳互补、五行生克、天人合一。这是整体的、有机的、生态的哲学观。中国古代哲学观，重视相互制约、相互联系、相互合作。这与现代科学的系统观是一致的。下面，笔者着重从现代科学中提出的对称（不变）原理、对应（包容）原理、对立（统一）原理来逐一分析"孔子原理"的人道性与科学性。

"孔子原理"与爱因斯坦相对性原理，以及数学中的对称原理在思想方法上是一致的。相对性原理告诉我们："任何普遍有效的物理定律，必须对于坐标变换保持不变。"即，"坐标变换后，规律仍不变"。这在数学上称为对称原理。变换的不变性，即为对称性。自然界遵从对称原理。自然规律才可能由此推彼，由地推天，由 A 系统推到 B 系统。社会与人的领域也应遵从对称原理。

东方的"孔子原理"，西方的"金科玉律"，都符合对称原理。这表明了伦理原理的普遍性。"孔子原理"比"金科玉律"在表述上更科学些、准确些。因为"愿意"什么，"不愿意"什么，人们有共性，但更有个性，有许多方面是因人而异的。"孔子原理"则抓住了人类共同的希求：生存与发展。所以，"己欲立而立人，己欲达而达人"既是人道的，又是科学的。

"孔子原理"从方法论上看，既符合对称原理，又符合对应原理。对应原理是物理学家玻尔提出的。对应原理的意思是：新理论要包容旧理论中已被证实了的内容。一个原理如果能够包容更多的其他原理，这一原理就更具有普遍性。一般地说，一个原理与另一个普遍性原理是相容的，这一原理就具有同样的普遍性。两千多年前孔子提出的伦理原理，具有极大的包容性，故"孔子原理"有强大的生命力。

孔子不信宗教和鬼神，他说"务民之义，敬鬼神而远之，可谓知矣。"① "子不语：怪、力、乱、神。"② 孔子没有探讨人生前和死后的问题，孔子说："未能事人，焉能事鬼？""未知生，焉知死？"③。"孔子原理"是从人与人之间的关系去认识。以人度人，而不是以神度人。

"孔子原理"本质上是合作，但是并不排斥斗争，它在方法论上与"对立原理"（对立统一原理）也是一致的。"一阴一阳之谓道。"④ 既包含合作，又包含斗争，但这种斗争是理性的斗争，合作性的斗争，是和平共处的斗争，是命运共同体的斗争。

由以上得知：关于生存与发展，不仅每一个人、每一个民族都有生存

---

① 《论语·雍也篇第六》，参见杨伯峻译注《论语译注》，中华书局1980年版，第61页。
② 《论语·述而篇第七》，参见杨伯峻译注《论语译注》，中华书局1980年版，第72页。
③ 《论语·先进篇第十一》，参见杨伯峻译注《论语译注》，中华书局1980年版，第113页。
④ 《易经·系辞传上》，参见陈德述著《周易正本解》，巴蜀书社2015年版，第425页。

与发展的权利，每一个生物界的物种都有生存与发展的权利。如果地球上的其他动物、植物消灭了，人类也就不能生存与发展。这也符合系统科学的整体原理。

在整个生物界，以斗争求生存与以合作求生存是互补的。在人类社会中，也是如此，斗争与合作也是互补的，并非一味地斗争，或一味地合作。从生态学、社会学、系统学等现代科学看，"孔子原理"既是人道的，又是科学的。

第三节　伦理原理包含科技伦理

科学是人类认识世界的知识体系。技术是人类改造世界的知识体系。科学是技术的理论基础，技术是科学的实际应用。人类的伦理原理必然与科学技术的伦理是一致的。更确切地说：伦理原理包含科技伦理。"己欲立而立人，己欲达而达人"的"孔子原理"，应当是科技伦理的基本原理。科学技术都是人类创造的知识体系，科学技术这种知识体系还在不断发展。20世纪的两次世界大战的历史事实，清楚地告诫人们：科学技术应用于发动战争，同样在"威胁着人类的生存和发展"。21世纪，在"控制论、信息论、系统论"的知识体系，以及计算机科学和互联网技术基础上发展的"人工智能"，越来越显示出似乎有可能"超越人类智能"的控制，甚至发动战争，威胁人类生存，这已引起科学技术界的学者们和政治经济界的学者和官员们的高度关切。

科学技术是知识体系。人们应当对"知识"这个概念有良好的认知。知识促进创新，知识是创新的基础。知识有可以言传的知识，还有不可言传的知识。老子的《道德经》第一句就写道："道可道，非常道；名可名，非常名。"① 这就明白告诉我们，知识分为可以用语言表述的知识，以及不可用语言表述的知识。知识分为显性知识和默会知识。计算机可以处理"可编码知识"，但是计算机不能处理"不可编码的知识"（隐性知识）。

介乎可以言传和不可言传之间，还有难以言传的知识。将难以言传的知识想方设法表述出来，转化为可以言传的知识，这就是一种创新。在自然科学、社会科学、人文科学之中的新发现、新发明、新思想、新观念，都是将过去难以言传的知识转化为可以言传的知识的成果。20世纪50年代兴起的新学科"人工智能"，其主要任务是教会机器学习知识，让电脑和网络可以处理人类已经掌握的"可编码知识"，帮助人类提高劳动效率。

什么是知识？"知识就是证实了的真的信念（knowledge is justified true belief）。"② 知识是由"信念、真和证实"三要素构成。知识是一种信念。知识要被大家接受，一是需要证实，二是需要确定是"真的"。"知识"必然要接受两大考验。其一，在逻辑上，是否整个信念体系具有内在的连贯一致。具有逻辑性的知识，通常可以言传。其二，在操作上，是否得到外在的具体经验的支持。经验性的知识，通常难以言传，或不可言传。简言之，知识要具备"内在的连贯一致，外在的经验支持"。包括历史经验和现实经验，包括各类经验的总和。

自动控制，包括电力网（能量）、电讯网（信息）、物联网（物质）的自动控制，这些系统都是人的智能而非机器智能。现在通过"电脑"来控制，于是就统称为"人工智能"。这似乎让人理解为"人工智能"可以单独存在。这就使得"人工智能"概念产生"隐形变异"。似乎机器不仅具

---

① 《老子·一章》，参见陈鼓应著《老子注译及评介》，中华书局1984年版，第53—62页。
② 胡军：《知识论》，北京大学出版社2006年版，第66页。

有"可以言传的知识",而且机器还具有"不可言传的知识";似乎机器不仅具有"逻辑思维",而且机器还具有"非逻辑思维",即直觉思维,能够有整体洞察,去解决问题。这是明显夸大了机器的智能。机器人违反伦理道德,归根结底还是人的责任。

笔者从科学技术的基本原理出发,提出以下"智能机器人三个限制性原理"。①

智能机器人第一限制性原理:智能机器人在解决问题(科学问题、技术问题、工程问题、数学问题、艺术问题、写作问题、教育问题,等等)时,不消耗能量就解决问题,这是不可能的。智能机器人要工作需要能量,这是制约智能机器人的。智能机器人不可能成为第一种永动机。

智能机器人第二限制性原理:机器人在解决问题时,不预先输入相关信息(知识、数据、图像、音乐等)就能解决问题,这是不可能的。智能机器人要工作需要信息(负熵),这是制约智能机器人的。智能机器人可能成为第二种永动机。

其中的"知识",特别是伦理、法律、道德有关的"知识",如果机器人不理解人类社会的伦理、法律、道德有关的"知识",其后果相当严重,甚至直接威胁人类生存。这一严重的科技伦理问题,归根结底是人类的伦理问题。

智能机器人第三限制性原理:在信息强度低于宇宙背景辐射的强度($3°K$)时,或信息强度低于网络环境的噪声背景时,能输入、加工、输出信息,这是不可能的。智能机器人工作时需要考虑宇宙环境和工作环境,这是制约智能机器人的。智能机器人不可能成为第三种永动机。

上述智能机器人三定律,也是如同"热力学三定律"一样,是限制性原理。对于人们认识人工智能的优势与局限,有一定的启发性。对于人们理解人工智能与教育的关系也是有启发性的。

---

① 查有梁:《从限制性原理看未来课堂》,《教育与教学研究》,2019年第2期。

第四节 伦理原理包含教育伦理

教师的教育智慧有四个关键概念：知识、能力、洞察、爱心和同理心。同时具备这四点才能够展示出人的智慧。人工智能可以具有知识、能力，但是人工智能不可能具有洞察、爱心和同理心。机器不可能具有"非逻辑的直觉思维"，不可能具有爱心和同理心。简言之，机器不可能提炼出"孔子原理"，不可能理解"仁者爱人"和"同理之心"。人类既具有智能，也具有智慧。机器具有人给予的智能，但是，机器不可能具有智慧。

学校教育里各学科教材中，有用文字语言、数学语言、图像语言、音乐语言表述的知识，还有教师本人通过教育实践所得到的经验知识。在当代，学校教育中的"考试"，特别是升学考试，只能考查学生是否具备了基本的可以言传的"书本知识"。这种考试有明显的局限性。知识这个"关键概念"有深刻的内涵。从中国古代强调"格物致知"，探究"行知关系"，到当代中国强调"实践出真知""实践是检验真理的唯一标准"。可以言传的知识作为基础，让我们经历劳动实践，去领悟、会意、洞察那些难以言传或不可言传的经验知识。

能力依赖勤奋。人们应用知识去解决问题，问题越难，应用的知识越广泛、越艰深，问题能够得到解决，就表现为越有能力。什么叫思维？当人在解决问题时，就产生思维。问题解决的充分必要条件就是"思维"。我们说某人能力强，就是指他的思维能力强。近百年来，学校教育强调不仅要学生掌握知识，更重要的是培养能力，即应用知识解决问题的能力。一个人能够解决人类尚未解决的问题，就是有知识创新，就评价为能力强。

怎样才能培养出人具有知识创新的能力？统计杰出人才的成长经历后我们发现：勤奋学习是第一条。电子计算机发明之后，提出一个问题：机器能不能思维？1950年图灵在《机器能思考吗？》一文中提出一个著名的"图灵测试"：在两个房间里，一个房间里是人，另一个房间里是"机器"。我们从外面给他使用"键盘"提问对话，这两位的回答，让我们无法判断哪一个房间里是"人"，哪一个房间里是"机器"。如果能够有这样的实验结果，就表明：机器能够思维。

图灵测试开始是用英文，有人提出用中文测试。人工智能发展到今天，应用图灵测试显然得到一个结论：机器能够思维。机器可以拥有比一个人更多的"可以言传的知识"，而且，能更有效率地解决更多问题，如数字计算、搜索文本、数据统计、语言翻译、图像识别，等等。机器学习知识和提升能力没有需要"勤奋"的问题。但是，培养人的能力依赖人的勤奋。

洞察是直觉思维。直觉思维属于"非逻辑思维"，不是通过一步一步地推理去解决问题。人的"非逻辑的直觉思维"是人在解决问题时，以自己整个知识背景为支撑，一下子抓住解决问题的原理。爱因斯坦在他的论文里明确说："物理学家的最高使命是要得到那些普遍的基本定律，由此世界体系就能用单纯的演绎法建立起来。要通向这些定律，并没有逻辑的道路；只有通过那种以对经验的共鸣的理解为依据的直觉，才能得到这些定律。"[①] 他提出的相对论的"原理"就是依靠直觉。原理能够得到大家认同，是应用"探索性演绎法"推出的结果都可以得到实践证明。

[①] 《爱因斯坦文集》（第一卷），许良英、李宝恒、赵中立、范岱年编译，商务印书馆1976年版，第102页。

皮亚杰1970年发表《发生认识论原理》。笔者在他研究成果的基础上加以拓展，在《系统科学与教育》（1993年）中，提出学生在高中学习阶段，可以达到初步的"直觉思维"能力。[①] 表现为可以理解基础学科中的基本原理。例如，高中生可以初步理解中国传统文化的经典著作《易经》《黄帝内经》《道德经》中的"阴阳互补原理""五行生克原理""天人合一原理"。高中生学习《辩证唯物主义常识》课，也能够理解辩证法的三大原理——"对立统一原理""量变质变原理""否定之否定原理"。这两组原理是有对应性的。[②]

爱心和同理心是教师伦理的核心。教师对于教书育人要有"爱心和同理心"，做到陶行知先生提倡的"千教万教教人求真，千学万学学做真人"。这种爱是"大爱"，如同岳飞的母亲要儿子"尽忠报国"这样的爱；是对知识、对真理、对人民的"大爱"；是中国传统文化中的儒家强调"仁者爱人"之爱；是道家重视的"道法自然""上善若水"之爱；是墨家提出"兼爱非攻"这种平等博爱，"爱利百姓"之爱。爱心与同理心不可分割地联系在一起。

钱学森（1911—2009年）先生，他开创工程控制论、物理力学、星际航行概论三门学科；他晚年提出系统工程学、知识体系学、大成智慧学三大学问。[③] 钱学森说："系统科学的这一发展，结合现代信息技术和网络技术，我们将能集人类有史以来的一切知识、经验之大成，大大推动我国社会物质文明和精神文明建设的发展，实现古人所说'集大成，得智慧'的梦想。智慧是比知识更高一个层次的东西了。如果我们在21世纪真的把人

[①] 查有梁：《系统科学与教育》，人民教育出版社1993年版，第388—390页。
[②] 查有梁：《恩格斯与物理学》，《电子科技大学学报（社会科学版）》1999年第2期，第49—53页。
[③] 查有梁：《钱学森之问的一种回答》，《中国教育科学（2014年第3辑）》，人民教育出版社2014年版。

的智慧都激发出来，那我们的决策就相当高明了。"① 孔子就是中国古代"集大成，得智慧"的代表。

钱学敏教授在《钱学森科学思想研究》中对于"大成智慧学"这样写道：

> 如何尽快提高人们的智慧，以适应新世纪发展的需要？这是钱学森几十年来，尤其是近十年来，着力探索与思考的时代课题。他认为这是件大事，很重要，其意义甚至不亚于当年"两弹一星"的研制、发射。他所倡导的"大成智慧学"简要而通俗地说，就是引导人们如何尽快获得聪明才智与创新能力的学问。②

集大成才能得智慧。得到教育智慧的途径多种多样，包括：格物致知、行知并举、劳心劳力；德智体美劳全面发展、和谐统一；搜炼古今、纵横中外；人机融合、跨多学科等。"孔子原理"："己欲立而立人，己欲达而达人。"言简意赅，大道至简。"孔子原理"应当成为科技伦理和教育伦理的基本原理，在各类教育中要一以贯之地应用这一伦理原理来教育每一个人。

孔子被联合国教科文组织列为世界十大文化名人之首，孔子当之无愧。

[问题与思考]

请读者思考："什么是原理？""每一门学科中都有原理吗？"你从"孔

---

① 姚诗煌、江世亮："以人为主发展大成智慧工程——钱学森接受本报记者采访时谈系统工程与系统科学"，原载《文汇报》2001年3月20日，第1版、第2版。收入许国志主编：《系统科学与工程研究》，上海科技教育出版社2001年版，第650—656页。

② 钱学敏：《钱学森科学思想研究》，西安交通大学出版社2010年版，第84页。

子原理"中，领悟了什么？

我们对孔子的认识在"与时俱进"。孔子对世界文化的影响，也在不断发展。

《论语》中，孔子的第一段话，"学而时习之，不亦说乎？有朋自远方来，不亦乐乎？人不知而不愠，不亦君子乎？"就指出了"如何学习"。说出你的理解。

孔子重视"诗教"，他编写了中国第一本诗歌教材《诗经》。你知道孔子如何评价诗歌的价值吗？请你写出他说的原话。中国人在学生时代要读《论语》《大学》《中庸》《孟子》，简称《四书》。这是理解中国传统文化的基础知识。你读过吗？

《论语》记述孔子和他的弟子的"对话"，是一部对话式的自传。司马迁（约公元前145或135—公元前90年）在《史记》（史记卷四十七·孔子世家第十七）中，撰写了孔子生平事迹及其弟子对话，写得生动具体。其中，记载了孔子的儿子"字伯鱼"，孔子的孙子"字子思""子思作《中庸》"。记载了非常重要的历史知识。你知道吗？

众星追北极星的比喻，来自孔子的《论语》，你知道吗？

"杏坛"是孔子的"讲坛"。孔子的"杏坛"位于山东省曲阜市孔庙之内，周围绿树成林，教育生态很好。后来"杏坛"逐渐被理解为广义的"讲坛"，象征孔子有教无类的教育理想，启发教学的教育方法，培养贤人和弟子满天下的教育愿景。"追星"的理念也是孔子提出的，是孔子向他的学生提出要求，要有自己心中的"北极星"。在《论语》"为政篇第二"里，孔子开门见山就说："为政以德，譬如北辰，居其所而众星共之。"这句话的意思是："用道德来治国理政，自己便会像北极星一般，在中心位置上，其他的星辰都围绕着它。"[①]

英语翻译为："He who exercises government by means of his virtue,

[①] 杨伯峻译注：《论语译注》，中华书局1980年版，第11页。

may be compared to the north polar star，which keeps its place and all the stars turn towards it."

　　孔子将他的学生也视为"众星"之一。这是相当仁爱平等的教育思想。"追北极星"，可以理解为广义的"追心中的北极星"。"追心中的北极星"，已经成为教育家、科学家和他们学生的普遍的愿景。

　　人类需要在众星里发现北极星，在新星里发现巨星，在人才中选出杰出人才，在众多贤者里发现圣人，在学校师生中树立榜样，在广大群众中涌现英雄，在各行各业中认识拔尖创新人才。

第二章

论『学圣』扬雄与成都七中

扬雄（公元前53—公元18年），字子云，蜀郡成都（今四川成都）人，是西汉末年百科全书式的大学者。他矢志向学，堪称"学圣"。成都古代的墨池书院源自扬雄的洗墨池，始建于元顺帝至正四年（1344年），为成都七中的前身。墨池书院的办学宗旨是"酌古准今，阐扬学界；明体达用，陶铸国民"，而现在成都七中的校训是"审是迁善，模范群伦"。笔者在成都七中从教8年，领悟到扬雄学圣的文化基因一直从古代的墨池书院传承到今天的成都七中。扬雄学圣的学习精神和学习方法，是成都七中办学成功的深刻原因之一。[①]

[①] 本章的前三节，发表在《教育史研究》2019年第1期，创刊号，第185—191页。第四节，发表在成都七中编：《墨光百载纪华年——成都七中校友回忆录》，四川人民出版社2005年版，第292—296页。

第一节　扬雄学圣　智慧大成

古人评价扬雄是"材拟圣人",是"大儒""鸿儒",是"先觉",尊称扬雄为"扬子"或"扬子云"。

唐代诗人刘禹锡的《陋室铭》："山不在高,有仙则名。水不在深,有龙则灵。斯是陋室,惟吾德馨。……南阳诸葛庐,西蜀子云亭。孔子云:何陋之有?"八十一字铭文,将诸葛亮、扬子云、孔圣人,相提并论。

在通读扬雄著作,了解生平事迹,跨学科研究后,笔者评价扬雄是一位贯通"易学""儒学""道学"、使三学融合的有创新的学者,他首创《方言》学,确立"元气说",对于宇宙论中的"浑天说"有重大贡献。扬雄矢志向学,堪称"学圣"。扬雄具有"勤奋、审是、迁善、精深"的学习精神,具有"学问思辨行,智慧集大成"的学习方法。

《中国大百科全书》(第一版)称扬雄是中国西汉学者、哲学家、文学家、辞赋家、语言文字学家、天文学家。哲学卷、文学卷、语言文字卷,都有"扬雄"的条目。《中国天文学史大系·中国古代天文学家》也为扬雄专立了单独的一节。

《中国大百科全书》(第二版)，在《扬雄》条目中写道：

（扬雄）少年好学，博览多识，沉默好深湛之思。不美慕富贵，不戚于贫贱，不趋炎附势，是一位具有独立意识，矢志向学的学者。

扬雄强调知识的重要性，他说渡海须用舟，乘船须用楫，要不迷失方向，须有知识。他提出了"尚智"的观点，强调智德在人类生活中的重要作用。扬雄提出了人性"善恶混"的学说，认为后天的修习锻炼是人为善为恶的关键，主张加强道德修养。

扬雄的哲学著作和文学篇章对后人产生过重大影响，受到以后许多思想家和政治家的极力推崇。西汉末年，桓谭认为他超过了周秦诸子。王充称赞他"材拟圣人"，是"鸿儒"。唐代韩愈则将扬雄同孟轲、荀况相提并论，以为荀况与扬雄是"大醇而小疵"。北宋司马光用30多年时间集注《太玄》和《法言》，称赞扬雄为大儒，王安石则称其为"先觉"。[①]

扬雄效法《周易》，新作《太玄》；效法《论语》，新作《法言》。同时还独立思考，新创一本研究文字语言学的《方言》。两千多年来，学术界有人说扬雄的著作是"模仿"，"独创"很少。这实在是"偏见"和"误解"。从整体来看，融合就是创新。例如，关于心性根源，扬雄写道："人之性也善恶混。修其善则为善人，修其恶则为恶人。"（《法言·修身》）这种看法将孟子的"性善"，荀子的"性恶"综合、整合起来。不是"非此即彼"，而是"亦此亦彼"，这当然是有创新的。扬雄成为汉代辩证思维的代表人物。

[①] 《中国大百科全书》(第二版)，中国大百科出版社2009年版，(26卷)，第26—27页。

在汉代,"蜀学"形成了第一个里程碑:"易学""儒学""道学"三者融合。① 扬雄的学术思想兼容"易学""儒学""道学",同时,又有创新。扬雄对于儒学经典《中庸》中提倡的学习方法:"博学之,审问之,慎思之,明辨之,笃行之",② 身体力行。扬雄学术思想的特点是"和而不同"。扬雄的治学精神是永不满足,体现出"学无止境"。

巴蜀大地上,涌现过战国时期因带领人们修建"都江堰"水利工程而闻名世界的李冰,西汉时期因兴办公立学校"石室学堂"得到汉景帝和汉武帝"下旨表彰"而"推广全国"的文翁、天文学家落下闳、"赋圣"司马相如,唐代的"诗仙"李白、"诗圣"杜甫,北宋时期的大"文豪"苏轼。而扬雄生活创作的年代,是在李冰、文翁、落下闳之后,李白、杜甫、苏轼之前,他卓越全才,学问贯通"天地人"。

扬雄在《法言》中提到"浑天",明确地指出是"落下闳营之"。扬雄最初相信"盖天说",在与桓谭辩论后接受"浑天说",成为"浑天说"的坚定支持者。而落下闳是开创"浑天说"的最早的代表人物。③

扬雄在《法言·重黎》中写道:"或人问浑天于雄。雄曰:'落下闳营之,鲜于妄人度之,耿中丞象之,几乎莫之违也。'"

这里的"浑天"即指"浑天仪"。"浑"字有圆球的意思,"立圆为浑"。浑天仪是由许多同心圆环组成的天文观测仪,整体上看像是包在一个圆球里,又称圆仪。浑天象则是一个真正的圆球。浑天仪和浑天象都是反映"浑天说"的仪器。在早期常统称为"浑天仪"。"浑天仪"是"物化"了的"浑天说"。"浑天说"是研造"浑天仪"的理论基础。也可以说,"浑天仪"是"浑天说"的物理模型。④

---

① 查有梁:《蜀学浅议》,四川省文史研究馆、西华大学、蜀学研究中心主办:《蜀学》第二辑,巴蜀书社 2007 年版,第 15—19 页。
② 张以文译注:《四书全译·中庸》,湖南出版社 1988 年版,第 46 页。
③ 查有梁:《"通天彻地"落下闳》,《光明日报》,"光明论坛"栏目,2018 年 2 月 25 日。
④ 查有梁:《世界杰出天文学家落下闳》,四川辞书出版社 2009 年第 2 版,第 18 页。

由扬雄的论述可知,落下闳(约公元前 156—公元前 87 年)是记载最早研制"浑天仪"的天文学家。同时,由此得知扬雄在天文学方面有很深的研究,也是一位天文学家。扬雄批判"盖天说"的天文论著《难盖天八事》记载于《隋书·天文志》。《难盖天八事》使我们了解到,扬雄深入钻研过天文学问题,由支持"盖天说"到批判"盖天说",有力地肯定了"浑天说",推动了中国古代天文学的进展。[①]

《太平御览》卷二引《桓子新论》里的一段话:"扬子云好天文,问之于黄门,作浑天。老工曰:我少能作其事,但随尺寸、法度,殊不达其意。"这段话,在后来的历史文献中,误传为:扬雄问落下闳。现已得到纠正。[②] 然而公元 10 年时,距离落下闳出生已有 160 多年,落下闳应已去世。这个历史故事说明,扬雄非常关心"浑天仪"的制作,亲自到浑天仪制作的现场去调查研究。这是扬雄不耻下问、善于学习的真实故事。

2017 年,扬雄被评选为"四川十大历史名人"之一。"怎样学习扬雄?""我们应当向扬雄学习什么?"答案是学习扬雄学圣的"勤奋、审是、迁善、精深"的学习精神,学习扬雄"学问思辨行,智慧集大成"的学习方法。

[①] 陈久金:《中国古代天文学家》,中国科学技术出版社 2008 年版,第 65 页。
[②] 吕子方:《落下闳并非黄门老工考》,吕子方《中国科学技术史论文集》上册,四川人民出版社 1983 年版,269—272 页。

第二节　成都七中 酌古准今

一、纪念扬雄建"墨池书院"

中国的"书院"始于唐末五代，是类比于现代成人高等教育性质的学校组织。书院在宋代得到很大发展。早在唐贞元年间，四川遂宁就出现了"张九宗书院"。在清代，成都在文翁石室的地址上建立了"锦江书院"（1704年）。嘉庆六年（1801年），成都创建了"芙蓉书院"，"芙蓉书院"紧邻"墨池书院"。成都人民纪念扬雄的"子云亭"，也就在"墨池书院"里。

扬雄在成都时曾师从严君平（公元前86—公元10年）。现在成都市内的文庙后街、文翁路附近，离人民公园不远处，有一条"君平街"，即因纪念严君平而得名。有人夸奖扬雄会找好导师："扬子云果然有知人之明呵！"[①]

扬雄写字练习书法，所留下洗笔的"墨池"，是他"勤奋学习"的证明。在中国书法史上，扬雄是最先将汉字由"书写"提升到艺术的"书法"的人。

扬雄融合《易经》和《道德经》作《太玄》，效法《论语》作《法言》等。这是他"审是学习"的证明。

---

① 《汉书·王褒传序》。

扬雄原本相信"盖天说",通过与学友桓谭辩论,转而坚信"浑天说",这是他"迁善学习"的证明。

扬雄钻研多年积累写成《方言》一书,叙述西汉时代各地方言,被誉为中国方言学史上第一部"悬诸日月而不刊"的著作,在世界方言学史上也具有重要地位。这是他"精深学习"的证明。

二、书院合并建成都县中

1905年,在"墨池书院"和"芙蓉书院"的基础上所创建的成都县立中学(简称成都县中),是现代成都七中的前身。在100多年前,位于成都青龙街的成都县中,一进门就有一石刻的楹联:

酌古准今　阐扬学界
明体达用　陶铸国民

酌古准今,就是要继承传统,参酌古法。但学者必须以当今现实为准则,古为今用;学校应当用这种方法来发展学术,阐扬学界。明体达用,即要明白应以"中学为体,西学为用",要西为中用,以及要认识本质,达到学以致用。学校应当用这些方法来陶冶铸造新一代的国民。[①]

1938年,在全国升大学统考时,成都县中的升学率为全国第一名,有"全国优良学校"之称。成都县中的教学质量在全国处于第一流水平。民国时期陈立夫曾颁发亲笔书写的四个字:"启迪有方",以此鼓励。陈立夫(1900—2001年)94岁时,又为成都七中题词:

"大而能容,刚而不屈,中而无偏,正而远邪。斯四者为中华民族之特性,亦即学校培育青年之德性也。"

---

① 查有梁:《科教华章》,成都时代出版社2009年版,第56—58页。

这实为海峡两岸中国人对教育之共识。

三、成都七中的继承创新

20世纪80年代,中国进入"改革开放"的时代。历经40年,成都七中(保留了"成都中学"的校名)不仅是四川的卓越学校并被评定为首批"国家级示范性高中",而且逐渐成为有全国影响的卓越学校;当今成都七中的校友,在世界上也有着一流的、前沿的、顶尖的贡献。

成都七中明确提出有前瞻性的办学理念:"以人为本,重在发展"的"三体"教育思想。"三体"是指:"整体""个体""主体"。"整体"着眼整体发展;"个体"立足个体成才;"主体"充分发挥学生主体作用。"三体整合"是科学的教育思想。

同时,成都七中提出了"以师为本,重在激励"的教育思想。教师真正有效的教育方法,其实可以简单扼要地归结为两个字:激励。成都七中的办学理念,抓住了重点,突出了关键,有力地促进了学校的发展。成都七中前瞻性地开展"网上教育"的开放性传播,在全国都产生了很大的影响。

成都七中的"三体"教育思想,正是继承了"墨池书院"的"酌古准今,阐扬学界。明体达用,陶铸国民"的优良传统。成都七中的校园文化精神可以从扬雄的治学精神中找到根脉:"和而不同,学无止境。"①

成都七中的"三体"教育思想,可以从扬雄的哲学思想中找到历史的学术渊源。扬雄在《太玄》中从《周易》的"阴阳二分法",提出"天地人三分法"。这是受到老子在《道德经》精炼提出的哲学思想"道生一,一生二,二生三,三生万物""人法地,地法天,天法道,道法自然"的深刻影响。

---

① 查有梁:《中学之精神》,四川教育出版社2009年版,第57页。

扬雄的《太玄》也受到《太初历》数理结构的影响。《太初历》被刘歆改编为《三统历》。扬雄与刘歆是好朋友，自然也理解《太初历》以"八十一分法"为基础。扬雄认为："玄"产生阴阳二象，进而分化为天、地、人。天有"始、中、终"，地有"下、中、上"，人有"思、福、祸"。合而有"九据"。

现代物理学告诉我们："二体问题"可以给出"确定的解"；"三体问题"有"不确定性"，导致"复杂性"。教育系统是"复杂系统"，具有复杂性。中国在解决教育问题上，不能够"一刀切"，要"因材施教""因地制宜""与时俱进"，要重视教育生态的"多样化"。通过"多样性"才能达到"精益求精"。

成都七中在进入21世纪之后，将"校训"按照扬雄的学术思想确定为："审是迁善，模范群伦"。

成都七中校训释义如下：

"审是迁善，模范群伦"是为我校之校训，溯其发端于扬子。视日月而知众星之蔑也，仰真理而知众说之小也，故为学为德，必审其是，必取其大。世象纷纭，学说杂陈，若无"审是"，必乖大道。扬子为学，宗仰孔孟，抉择诸子。于老子取其道德，而弃其"绝灭礼学"；于庄子取其少欲，而弃其"荡而不法"。"审是"之则，由是而开我七中之学统也。人非圣贤，孰能无过？学海无涯，孰能无惑？知过能改，有惑即解，是为"迁善"。人生不息，迁善不止，此君子日日新，又日新之义也。扬子实好斯文，不屑篆刻，默然好深湛之思，决然以迁善为务，由是而启我七中为学之法也。修身以道，笃志向学，昂扬精进，自强不息，是我七中学子必由之途也。道德纯粹，学问渊博，模范群伦，奉献家国，是我七中学子必臻之境也。扬子久幽不改其操，博览无所不见，学究天人，超越荀孟，浩然见其正，渊然见其深，由是而导我七中学子为人之则也。七中学子，为学为德，必以审是为本，以迁善为法，以模范群伦为鹄的。是我先贤之教诲，而为后进之法则也。[①]

扬雄的学习精神和学习方法，将持续影响成都七中的莘莘学子。

第三节　学圣基因　遗传至今

一所卓越的学校，必有学术的传承，这就像"基因"（DNA）一样，代代"遗传"。笔者作为成都七中的校友和家长，一直践行扬雄的"学圣精神"："勤奋、审是、迁善、精深"，"学问思辨行，智慧集大成"。这种精神，或隐或显，从古至今一直在成都七中传承。这也是统计成都七中历届毕业生中从事学术性工作的人数及其成果可得知的。

笔者曾在成都初七中（原华阳县中学的初中部，1951 年改为成都三中的初中部）读初中，成都初七中曾经是成都华阳县文庙。该校的旁边就是成都府文庙，也就是石室中学所在地。现在这两座纪念孔子的文庙，都已经完全包含在石室中学之内。从西汉景帝末年（公元前 141 年）文翁兴学，创办"石室学堂"（在成都的同一个地址），到 2025 年，已历经 2166 年的辉煌岁月。

[①] 搜索"成都七中"，百度百科。本段诠释，出于成都七中现任教师的手笔。校训释义，通常是与时俱进。

一、文翁兴学与学圣扬雄

《中国大百科全书》教育卷中，列选了中国古代教育家29人，其中"文翁"这一条目中写道：

> 中国西汉蜀郡太守、汉代郡县学的发轫者。姓文，名党，字翁仲（一说仲翁），庐江舒（今安徽庐江西南）人。少好学，至长安授业，通《春秋》，先任郡县小吏，景帝时，由察举为蜀郡太守。
>
> 文翁兴学的成就，不仅培养了一批吏才，如张叔，汉武帝时征为博士，官至侍中、扬州刺史；而且推动了邻近属县的兴学，如"巴汉亦立文学"。蜀地此后出现司马相如、扬雄等知名才学之士，与文翁兴学造成的社会风气亦不无关系。景帝嘉奖文翁兴学，"令天下郡国皆立文学"，至武帝，又下令"天下郡国皆立学校官"。文翁兴学，实为中国历史上地方政府设立学校之始。①

在文翁兴办石室学府1200年之际，《新唐书》的主要编著人，宋祁（998—1061年），北宋官员，著名文学家、史学家、词人，曾撰写过一首长诗，非常有历史价值的《府学文翁祠画像十赞》。从诗中我们得知那时的"文翁石室府学"内有十大历史名人的画像，他们是：文翁、司马相如、王褒、庄君平（即严君平）、张宽、李仲元、何武、扬雄、高眹、蒋堂。②

《府学文翁祠画像十赞》里，文翁、司马相如、王褒、严君平、李仲元等人都对扬雄在成都的求学时代产生了深刻影响。

《扬雄评传》写道："首先是由于文翁倡导的、以儒家思想为主的蜀地

---

① 《中国大百科全书》（教育卷），中国大百科全书出版社1985年版，第390页。
② 徐敦忠：《文翁石室诗词选》，四川教育出版社2000年版，第25—40页。

教育系统使得扬雄有可能早年便受到严格的儒家教育，其次扬雄从郑子真、导师严君平以及乡贤李仲元等人那儿接受了道家思想以及人生态度的熏陶，再次是司马相如和王褒的文学创作与实践为扬雄指明了一条以辞赋求取声名的途径。这些，都对扬雄以后的生活经历与学术创作产生了深远的影响，从此以后，扬雄形成了'清静无为，少耆欲；不汲汲于富贵，不戚戚于贫贱，不修廉隅以徼名当世'的人生态度。"①

在辞赋方面，扬雄最佩服司马相如（约公元前179—公元前118年），"每作赋，常拟之为式"②，其构思用词，华丽壮阔，与他心目中的老师司马相如之赋的风格很类似，故后世有"扬马"之称。从古至今，学术基因，代代传承。

笔者在石室中学读高中，人生学识得到极大的提高，拳拳之心有着深深的"文翁石室"情结。笔者曾写了一本24万字的书《中学之精神》，献给母校成都石室中学。《中学之精神》论述了成都七中的办学成就。笔者在成都七中当了8年的教师，有着实实在在的"扬雄墨池"情结。

二、文脉相承，纵贯古今

"文翁石室"和"扬雄墨池"，文脉相承，纵贯古今。

1959年，笔者考入西南师范学院物理系，教我们《普通物理学》的教师是成都石室中学调去的黄斗懿老师。教我们《高等数学》的教师，是成都七中调去的袁天柱老师。教我们《物理教学法》的教师，是成都七中调去的曾复儒老师。由此可见，"文翁石室"和"扬雄墨池"的文脉相承，影响深远。1963年，笔者从西南师范学院物理系毕业之后，分配到成都七中，担任了8年的中学物理教师，以及班主任。

成都七中名教师、老教师多，在这里能够学到"活的教育学"。最为

---

① 王青著：《扬雄评传》，南京大学出版社2000年版，第56页。
② 《汉书·扬雄传》。

有意思的是，笔者到学校不久，学校发给教师一篇学习文章是：荀子的《劝学》，有原文，还有白话文的译文。至今已有五十多年，笔者仍然保存这份在蜡纸上刻写，然后油印出来的《劝学》。历代读书人都学习过《劝学》这篇名著。扬雄、韩愈当然也读过《劝学》。文化基因，千年流传，古人今人，同学一篇。

荀子（约公元前325—公元前238年），名况，时人尊而号为"卿"，故又称荀卿，战国末期赵国（今山西南部）人，先秦著名思想家。唐代大学者韩愈将扬雄与孟轲、荀况相提并论，称赞荀况和扬雄是"大醇而小疵"。韩愈写道："孟氏，醇乎醇者也。荀与扬，大醇而小疵。"[①] 现在成为一个成语"大醇小疵"，意思是大体纯正，而略有缺点。这种评价是"实事求是"的。

笔者的文化基因中，有深深地以文翁为代表的儒家文化基因，有深深地以扬雄为代表的"易、儒、道"融合的文化基因。这也是笔者在学术道路上取得一些成果的重要内因，在此感恩文翁，感恩扬雄。

文翁石室（石室中学）的优良传统概括为：爱国利民、因时应事、整齐严肃、德达材实。[②] 文翁石室的办学特色是：师资高超，学风严格，教育精当，思维活跃。简化为四个字：高、严、精、活。

扬雄墨池（成都七中）的办学宗旨概括为：酌古准今，阐扬学界。明体达用，陶铸国民。扬雄墨池的办学特色是：勤奋学习，审是学习，迁善学习，精深学习。简化为四个字：勤、审、善、深。

笔者在物理学、科学史、教育学、人才学方面有一些创新的研究成果。[③] 这主要归功于非常卓越的学校教育，以及非常优秀的老师授课，他们既传承了中华优秀传统文化精华，也接受和学习了世界其他国家先进文化。

---

① （唐）韩愈：《读〈荀子〉》。
② 杜学钊：《继承和发扬文翁石室的光荣传统》，《石室教育文萃》第二辑，四川教育出版社1999年版，第96—100页。
③ 查有梁：《50年教学和研究之经验》，西南师范大学出版社2014年版。

学圣扬雄将永远激励和指引我们大家终身学习。

第四节　爱因斯坦之道与成都七中

纪念成都七中建校 90 周年时（1995 年），笔者写了一篇文章：《培养爱因斯坦之道》，① 成都七中与爱因斯坦有点缘分。至少"初始起点"有相同时间。

一、从 1905 年是关键的一年说起

1905 年，26 岁的爱因斯坦创立狭义相对论，开辟了现代物理的新纪元。同年，爱因斯坦还发展了量子理论，提出了光量子说，成功地解释了光电效应。1905 年被称为"爱因斯坦奇迹年"，他在那一年，发表了五篇论文，几乎每一篇都做出了划时代的贡献。而正是在 1905 年，成都七中的前身"成都县中"建校了。所以，从时间看，1905 年，对于爱因斯坦和成都七中都是难忘的一年。2005 年，第 22 届国际科学史大会暨世界物理年会在中国北京召开，一位美国的研究爱因斯坦的专家提交的论文题目是《永载史册的 1905 年》。②

笔者在成都七中任物理教师时（1963—1971 年），有一个强烈的印

---

① 成都七中编：《墨光百载纪华年——成都七中校友回忆录》，四川人民出版社 2005 年版，第 292—296 页。

② 见《自然科学史研究》，第 24 卷 增刊，第 83—89 页。原文英语题目是："1905 and all That"。

象，久久不能忘怀。当时有人曾说：成都的重点中学，如果能培养出爱因斯坦这样的科学家，就会立于不败之地。从发展趋势推测，在 21 世纪，成都七中有可能培养出像爱因斯坦这样的科学家。这种想法，表现了成都七中的学校精神：创新奉献精神。这种精神一直激励着笔者研究爱因斯坦，研究物理学，研究教育学。这正是"学圣"扬雄提倡的"审是学习"。

二、中学教育是"打好基础""开阔眼界"

在 20 世纪，毕竟只有德国的卢伊波耳德中学（Luitpold Gymnasium）和瑞士的阿劳（Aarau）市的阿尔高（Aargau）州立中学，为培养爱因斯坦做过贡献。爱因斯坦在卢伊波耳德中学读了 6 年，在阿尔高州立中学读了 1 年。

一位有世界影响的杰出科学家之所以取得成功，原因是多方面的，不能归结为单一原因。仅就教育而言，既有家庭教育、学校教育的功劳，又有自我教育、社会教育的功劳。仅就学校教育而言，既有小学、中学的功绩；也有大学、研究院的功绩。这一点是必须肯定的。

爱因斯坦读过的两所中学——德国慕尼黑的卢伊波耳德中学（Luitpold Gymnasium）和瑞士的阿劳（Aarau）市的阿尔高（Aargau）州立中学——曾对爱因斯坦产生过深刻影响，这两所中学各自都有其显著的特点。德国的卢伊波耳德中学，深受有世界影响的德国教育家赫尔巴特（J. F. Herbart，1776—1841 年）的影响。这所德国中学为爱因斯坦的自然科学、人文科学打下较为扎实的基础。那个时代的德国中学强调背诵、强调训练、强调权威。赫尔巴特是强调学习兴趣的，但这所德国中学做得并不好，对此爱因斯坦很反感。

瑞士的阿尔高州立中学，深受有世界影响的瑞士教育家裴斯泰洛奇（H. Pestalozzi，1746—1827 年）的影响。这所瑞士中学为爱因斯坦主动学习，积极探索提供了自由的天地。那个时代的瑞士中学与德国中学不同，强调自由行动、自我负责、自由精神。爱因斯坦临终时，也就是创立狭义相对论 50 周年之际，1955 年，他为母校苏黎世工业大学成立一百周年而写的回忆录中，对瑞士的阿尔高州立中学大加称赞，并且把狭义相对论思想的产生与这所中学联系起来。

爱因斯坦写道：

> 这个学校以它的自由精神和那些毫不仰赖外界权威的教师们的纯朴热情给我留下了难忘的印象；同我在一个处处使人感到受权威指导的德国中学的六年学习相比，使我深切地感到，自由行动和自我负责的教育，比起那种依赖训练、外界权威和追求名利的教育来，是多么的优越呀。真正的民主绝不是虚幻的空想。
>
> 在阿劳这一年中，我想到这样一个问题：倘使一个人以光速跟着光波跑，那么他就处在一个不随时间而改变的波场之中。但看来不会有这种事情！这是同狭义相对论有关的第一个朴素的理想实验。①

1981 年，笔者曾在《教育研究》上发表过一篇论文：《爱因斯坦的思想对教育的影响》，后来在《控制论、信息论、系统论与教育科学》（1986）这本专著中专题研究了爱因斯坦的教育思想。从现代科学的角度来研究现代教育，这是一个迷人的课题。近年来，笔者发表了《大教育论》（1990）、《系统科学与教育》（1993）、《教育模式》（1993）、《教育建模》（1998）。经过这些研究，特别是 1992—1993 年，笔者得到韩素音"中国/西方科学交流基金会"的资助，到美国哈佛大学、加州大学访学一年，实地比较了中美两国的教育与科学之后，产生了新的想法：严格的德国教

---

① 爱因斯坦：《爱因斯坦文集》（第一卷），许良英、李宝恒、赵中立、范岱年编译，商务印书馆 1976 年版，第 43—44 页。

育和自由的瑞士教育，各有长处，两者互补。

三、爱因斯坦的中学教育的新启示

爱因斯坦之所以成为爱因斯坦，在教育方面，除家庭教育、自我教育、社会教育之外，仅就中学教育而言，他既接受了严格的德国教育，又接受了自由的瑞士教育。笔者认为这两者对于爱因斯坦的成功都是不可缺少的。不能把前者说得绝对的坏，也不能把后者说得绝对的好。没有前者，即使有后者，也难以培养出爱因斯坦这样的科学家；同样，即使有前者，而没有后者，这也难以培养出爱因斯坦这样杰出的科学家。

"乐观自由的精神"能促进自主创新。爱因斯坦为什么做出了世界公认的重大创新？其主要原因在哪里？《爱因斯坦传》的作者亚伯拉罕·派斯给出了一个概括的经典评述："他是我所知道的最自由的人。"这句话的意思，亚伯拉罕·派斯解释为："他比我所接触的任何人都更能把握自己的命运。"自己能够把握自己的命运，这才是自由。有自由才可能有创新。

由此，可引申出"阴阳互补"这种教育模式。"阴"与"阳"分别代表两种对立的范畴体系。只有将它们"互补"起来，"整合"起来，才能产生强大的功能。"阴阳互补"是中国古代的重要科学思想之一。可以表述为："任何事物都有对立的两面：阴和阳。"阴中有阳，阳中有阴，即对立中又有统一，阴阳平衡是暂时的，阴盛阳衰，阳盛阴衰，相互消长，阴阳互补于统一体中。这便是阴阳互补原理。

在21世纪，我们要培养出像爱因斯坦这样的创新杰出的科学家是很有可能的。在教育思想、教育内容、教育方法上有必要改进，改进的关键是要努力做到"阴阳互补"。

"阴"的方面，我们要保持和发挥中国传统教育中提倡道德人格、天下为公的教育思想；要保持和发挥中国传统教育中重视基础知识、基本技能的良好学风；要保持和发挥中国优秀传统教育中主张严格要求、严格管理的一贯做法。

"阳"的方面，我们要高度重视给予教师和学生充分选择的自由，以最大限度发挥师生的聪明才智，激发师生主动学习、终身学习，发展个性，发展特长，重视心理健康，力争让每一个人都有成功感，不断促进师生的创造精神。

笔者在为成都七中的中学生作题为《学会学习，立志成才》的报告时，同学们问：爱因斯坦对我们有什么启发？笔者用一首短诗回答如下：

爱因斯坦的启示

要有创造必须酷爱科学，
要有发现必须热情自学。
不满足于占有许多真理，
要勇于对真理不断探索。

自然奥妙绚丽，奇异谐和，
尚有无数规律，等待发掘。
钻研大师著作又不被权威束缚，
认识不可穷尽，真理不会结束。

年少就应立下坚定的志向，
抓住深邃的问题不停思索。
伟大的发现不是唾手可得，
要数学、要直觉、要哲学……

个人的生命有限而知识无穷，
学习和创造，必须紧密结合。
不断地虚心倾听实践的呼声，
创立的理论才可能结出硕果。

笔者从同学们炯炯有神的眼光中，看到了希望。笔者在哈佛大学、加州大学访学时，已得知有不少中国学生非常出色，得到了国际一流的专家学者的称道。他们很有可能成为像爱因斯坦这样的创新杰出的科学家。但愿他们在为人类做出重大创造与贡献之后，回忆学生时代的岁月，能像爱因斯坦回忆阿尔高州立中学、苏黎世工业大学一样，对母校倍加赞扬。

[问题与思考]

请读者思考："什么是学习？学习最关键的态度和方法有哪些？"

扬雄提倡的"审是学习"有什么重要意义？什么是"迁善学习"？什么是"精深学习"？

"什么是人才？人才的成功之路有哪些主观和客观因素？"

"什么是文化基因？每一所学校都有自己独特的文化基因吗？"（自己独立思考，没有标准答案。）

中国人都读孔子的《论语》，《论语》中的许多"句子"记忆在我们的大脑内，并且在日常生活中经常引用——这是不是就是"文化基因"？

成都七中校长易国栋主编的书：《这块屏幕改变了命运——信息化助力城乡教育均衡的七中实践》，四川教育出版社，2020年7月第1版。你看过吗？如果没有看过，建议你一定看一看。其中的内容包括《远程协同双师育人——现代远程教育促进普通高中优质均衡发展的创新与实践》的研究成果。这一研究成果获得"基础教育国家级教学成果一等奖"（2023年）。易国栋主编的这本书能够回答这一个问题：为什么连续多年来，成都七中能够跻身全国中学排名前几名？

第三章 『通天彻地』落下囵

2004年9月16日,经国际天文学联合会小天体命名委员会批准,中国科学院国家天文台将一颗国际永久编号为16757的小行星命名为"落下闳星"。落下闳是中国古代的杰出天文学家,姓落下,名闳,字长公,巴郡阆中(今四川阆中)人。现在知道他的人不多,但是他对于天文历法贡献很大,至今影响着每一位中国人的生活。[①]

公元前104年,由落下闳等人提出的历法,经过比较和验证,最终被汉武帝采纳颁行天下,因为当年即"太初元年",新历被称为《太初历》,它是我国有文字记载的第一部完整的历法。

---

① 本章前四节见查有梁:《"通天彻地"落下闳》,载《光明日报》2018年2月25日,星期日7版。《四川日报》2018年02月26日全文转载。本章第五节,引自查有梁:《落下闳系统的科学意义》,《中华文化论坛》2017年第11期。

第一节 "春节老人"

中国古代的夏、商、周以及统一了各国的秦朝，每年的第一个月即元月的日期并不一致：夏朝用孟春的元月为正月，商朝用腊月（十二月）为正月，秦始皇统一六国后以十月为正月，汉朝初期沿用秦历。也就是说，元月与春节不完全一致，两者并不重合在一起。真正从历法上规定"元月即春节"，将"迎接新年"与"迎接春天"直接联系、法定统一起来的人是汉武帝刘彻和天文学家落下闳。

公元前 140 年汉武帝刘彻 16 岁登基，公元前 104 年是太初元年，汉武帝正式颁发全国使用《太初历》。活跃于公元前 140 年—公元前 104 年的落下闳直接参与了将秦始皇时代使用的《颛顼历》改为《太初历》的变革，奠定了中国古代历法的基础。

中国古代是"观象授时"，历法非常重要，历法必须与"天象"相合。汉武帝刘彻发现此前的历纪太乱，不合天象，命令大臣公孙卿和司马迁组织编造"新历"。司马迁采取开放的办法，从民间招聘天文学家，先后从全国各地招来二十多人，落下闳就是其中之一。

落下闳从故乡巴郡阆中来到京城长安，与邓平、唐都合作，编制《太初历》。《太初历》优越于同时提出的其他十七种历法，经实际的天象观测鉴定后，被汉武帝采纳，于太初元年（公元前104年）五月公布正式实行。《太初历》为中国以后的100多种汉历提供了"样板"。

汉武帝废除《颛顼历》改行《太初历》，在古代历法上进行了几项重大改革：原以十月为岁首，改为以正月为岁首；将正月朔旦立春为历元，改为前十一月朔旦冬至为历元；落下闳使用自创的"赤道式浑仪"实际测定了二十八宿的"赤经差"，在"浑天说"的基础上，将"二十四节气"完整纳入历法系统；经过大量计算，落下闳还第一次提出交食周期，以135个月为"朔望之会"，即认为11年应发生23次日食，这也是应用统计方法的新发现。

《太初历》以前的历法都没有完整保存下来，而《太初历》中各种天文观测的数字，以及各种推算的数字，至今仍完整保存在《汉书·律历志》之中，这是历史的巧合。落下闳的合作者唐都是司马谈的天文学老师，司马谈是汉武帝的太史，负责掌管天文工作。司马谈死后，其子司马迁续任太史。落下闳的另一个合作者邓平是天文官员，善于协调和辩论，在《太初历》颁发之后，邓平又被任命为太史丞。所以，《太初历》中各种天文观测的数字以及各种推算的数字，至今仍完整保存在《汉书·律历志》之中。

根据《汉书》的记载，在《太初历》的制定过程中，由落下闳"运算转历"，即负责各种计算，这是历法中最重要的部分。在制定过程中，落下闳推算出"上元积年"（年、月、日与甲子周期的最小公倍数）为143127年，进一步推算出"太极上元"（冬至、朔旦、夜半、日月合璧、五星连珠的宇宙大周期）是23639040年。他同时认识到这些周期具有"近似性"并非具有绝对"确定性"。

《太初历》确定了"以孟春正月为岁首"的历法制度，使国家历史、政治上的年度与人民生产、生活的年度，协调统一起来，改变秦和汉初"以冬十月到次年九月作为一个政治年度"的历法制度。"孟春"是春季的第一个月，中国春季的三个月，分别称为：孟春、仲春、季春。夏、秋、冬三个月也有如此称谓。"以孟春正月为岁首"，即规定春季的第一个月，就是新年的第一个月，以正月初一为一年的第一天，就是"元旦"。按照中国人的风俗，从大年初一到十五，都在"过年"。

由于《太初历》的出现，中国人开始将迎接新年与迎接春天正式"法定"合二为一。落下闳是一位来自民间的天文学家，深知"春节"在民间的重要性。此后，中国的农历一直沿用"以孟春正月为岁首"，直到当代。"春节"在中国人民的生活中是最重要的节日，是"中华民族第一大节"，落下闳也被称为"春节老人"。

第二节　对"二十四节气"的贡献

2016年，联合国教科文组织保护非物质文化遗产政府间委员会第十一届常会正式通过决议，将中国申报的"二十四节气——中国人通过观察太阳周年运动而形成的时间知识体系及其实践"列入联合国教科文组织人类非物质文化遗产代表作名录。中国"二十四节气"的申报，从整体上归为第四类非物质文化遗产领域，即"有关自然界和宇宙的知识和实践"。

中华民族的祖先在商朝，约公元前1300年就有文字——甲骨文。甲骨文里就有了对有关日月运行以及天文历法中的一些知识的记载和认识。商周时期就有了以天干和地支依次排列组成的六十个干支名称的记日表，是我国最早的日历。

在古代先秦的历法中，人们就已经知道冬至、夏至、春分、秋分这些节气。直到公元前150年左右，才有了"二十四节气"系统而完整的记载。《周髀算经》第三部分已经有"二十四节气"日影长度的测量，按照钱宝琮与刘朝阳的考证，应该不会晚于公元前100年。但是，《周髀算经》内所记载的"日月历法"，是建立在"盖天说"的基础上。这与建立在"浑天说"基础上的汉武帝颁布的《太初历》有很大差别。

"盖天说"认为，日月总在大地之上运行，而"浑天说"中的天体是可以运行到大地之下。落下闳在公元前110年至前104年制作"浑天仪"观测二十八宿的赤道度（赤经差），并在《太初历》中将二十八宿与"二十四节气"结合起来。"浑天说"的宇宙论知识，从汉武帝时代开始，才在中国天文历法中兴起并逐渐占据统治地位。

直到今日中国还在应用的"汉历"（又称农历，阴阳历），都保留了"二十四节气"：立春、雨水、惊蛰、春分、清明、谷雨；立夏、小满、芒种、夏至、小暑、大暑；立秋、处暑、白露、秋分、寒露、霜降；立冬、小雪、大雪、冬至、小寒、大寒。在《太初历》中，"二十四节气"中的奇数项称为"节气"，偶数项称为"中气"。例如，"立春"是"节气"，"雨水"是"中气"，以此类推。农历月份的名称按照"中气"而定，如含"雨水"的月份叫正月，并"以没有中气的月份为闰月"。这使"二十四节气"这一周期的变化与春夏秋冬四个季节的变化协调配合起来，从汉太初元年一直用到明末，明末以后只作了小改。

《太初历》规定：以冬至所在之月为十一月，以正月为岁首，将迎接新年与迎接春天统一起来；十九年七闰，但以没有"中气"的月份为闰月，使中国的汉历科学化，更符合实际测定的天象。

第三节 "浑天说"宇宙论

中国历法的核心思想来源于《周易》，遵循"阴阳互补原理"。因此，中国汉历既要观测太阳的运动规律，又要观测月亮的运动规律，故一定是"阴阳历"。其基本的核心思想还要遵循"五行生克原理"，包容"木、火、土、金、水"的运行周期，更要体现"天地人合一"的整体哲学观。故汉历一以贯之地采用"天干""地支"排列组合的"干支周期"，以至于六十年、六十日等特殊周期，被包含在历法周期之中。使得中国的汉历无论如何改革，但是一年一年、一天一天依照"干支周期"排下去，从古至今没有发生差错。

先秦时代的"古六历"建立在"盖天说"的基础上，基本观点是"天圆地方"；落下闳实际制作了"浑天仪"和"浑天象"，这个实物模型就是"天圆地圆"的"浑天说"的模型。基于系统观测、数学算法、逻辑结构方面的一系列创新，形成的"落下闳系统"，与比他晚200多年的古希腊天文学家托勒密的《天文学大成》所建构的"托勒密系统"相比较，各有特色。

通俗言之，落下闳直接根据他多年观测日月、五星在"二十八宿"框架下的运行，给宇宙制作了一个"浑天说"的物理模型——浑天仪。西汉著名的辞赋家扬雄在《法言·重黎》中肯定了落下闳的浑天说，并如是评价："或问浑天？曰：落下闳营之，鲜于妄人度之，耿中丞象之，几乎莫之能违也。"张衡更是直接在落下闳制作的"浑天仪"的基础上，加以系统改进，系统说明，实现了创造性转化。受落下闳影响，张衡在《浑仪注》中才写出："天之包地，犹壳之裹黄。"

中华传统历法系统（汉历）是"道法自然，三生万物"的复杂系统。"二十四节气"反映黄道系统（太阳视运动），二十八宿反映赤道系统（地球的自转），月相变化反映白道系统（月球的运行）。中国传统历法将这三个系统有机融合在一起。虽然是"三体系统"了，但是在数万年内，有其周期解是基本稳定的。除此之外，还进一步得到包括"五星"的会合周期"八大系统"的总周期解（太极上元）。《太初历》不强调日、月、五星的运动轨道，只给出多体-周期解。

《太初历》使时间系统与空间系统对应。落下闳经过数十年的观测，认识到太阳运行到二十八宿的哪个位置，在大地上应该对应哪个节。于是，他才可能在《太初历》中规定：以没有"中气"的月份为闰月，方能使得"二十四节气"在历书的安排更为接近太阳的实际位置。同时，这种置闰的方法（包括十九年七闰），使得以朔望周期来定月所形成的一年（12个月或13个月，1月29日或30日）与太阳回归年平均长度更为接近，协调了日月运行的周期。

落下闳的贡献，实测有据，要言不烦，内涵深刻。用现代物理学的语言说，就是将时间与空间联系起来，将太阳运行的周期与月球的相位变化协调起来。"二十四节气"与二十八宿联系起来建构的系统是既有定性、又有定量的系统。他对于"二十四节气"的最大的独特贡献正在于此。由此可见，"浑天说"、《太初历》是既有系统观测，又有逻辑体系。尽管通过仪器观测法、渐进分数法、系统谐和法等方法进行运算，但是，落下闳依然预言："后八百年，此历差一日，当有圣人定之"。他深知他的"运算转历"数据只是在"逼近"天象。

中国的"落下闳系统"不同于古希腊"托勒密系统"。"落下闳系统"

是"多体-周期"的数学系统;"托勒密系统"是"本轮-均轮"的几何系统。"落下闳系统"的出现,在历史上比"托勒密系统"早200多年。2世纪建立的"托勒密系统",经过哥白尼的"天体运行论",伽利略的"关于托勒密和哥白尼两大世界体系的对话",到"开普勒三定律",才发展到牛顿的"自然哲学之数学原理"。在前人的研究基础上,直到20世纪,爱因斯坦的相对论物理学的出现才突破了牛顿力学的"绝对时空观"。

此外,在数学方面,落下闳发明了"连分数(辗转相除)求渐进分数"的方法,定名"通其率",现代学者称之为"落下闳算法"。"落下闳算法"比采用类似方法的印度数学家爱雅哈塔早600年,比提出连分数理论的意大利数学家朋柏里早1600年,它影响中国天文数学2000年。

科学的基本概念和理论在不同时代、不同科学家的努力下,正在不断发生演变。"时间-空间"融合的物理观念,探索"多体-周期"系统的"概率解"的数学算法更接近20世纪以来的新物理学的概念,而"浑天说"的宇宙图像已经很接近现代宇宙学的图像。

第四节 天文学领域一颗"灿烂的星"

落下闳为中国科学的发展做出了巨大的贡献,英国李约瑟博士将落下闳所处时代的东西方天文发展总结为十大成就,落下闳就占其三。因此在《中国科学技术史》一书中,李约瑟博士盛赞落下闳是世界天文学领域一颗"灿烂的星"。

在公元前 141 年，蜀郡太守文翁为改变蜀中闭塞、落后的状况，设置学官，创建官学，修筑校舍，四川学风大兴，史称"文翁兴学"。此时，落下闳正值"十五而志于学"的年龄，他的家乡阆中直接受到"文翁兴学"的影响，创办学校，发展教育。进入学校后，落下闳不但系统学习了科学文化，在观测天象上也逐渐小有名气。

落下闳在求学时代，能够学习的经典书籍有《易经》《道德经》《论语》《孟子》《庄子》《列子》《吕氏春秋》《天问》《算数书》（成书于公元前 186 年之前），《周髀算经》《九章算术》这两本书成书于公元 1 世纪，但是，绝大部分内容产生于秦以前。落下闳进入中年时代，特别是进入京城之后，可以看到《淮南子》，该书就系统记载了"二十四节气"。从落下闳创"浑天说"和《太初历》可看到，他所具有的天文、历法、数学、哲学基础，都可以在上述著作中找到一定根源。

落下闳的故里在现在的四川省阆中市桥楼乡的落阳山。在旁边的高阳山上，很适合于天文观察，春夏秋冬不同节气，太阳从哪里升起，从哪里落下，能够观察得很清楚。太阳升起和落下的地方，可以观察确定不同月份和不同节气里太阳所位于的星座。这些星座中国古人称之为"二十八宿"。落下闳很小就知道了日月运行与天空的"二十八宿"有关系。"格物致知"的学习精神，为他以后的创新建立起扎实的基础。

但是，要比较准确地测量出这二十八宿之间的距度（赤经差），必须借助于测量仪器。他就自制赤道式浑天仪测定二十八宿的距度，这充分体现了落下闳的科学精神。但是，仅仅在太阳升起和落下时测量星宿之间的距离，难度很大。只有到夜半三更子时，中天观测星宿之间的距度，方才更为清晰。这时太阳并不在夜空之上，而是地面之下，夜空之下。落下闳历经多年在夜半中天的认真观测发现，夜空上的星宿正对着太阳在下面的星宿，正位于中天观测二十八宿圆周的对面，这种现象可以被反复验证。

李约瑟在《中国古代和中世纪的天文学》一文指出：在中国文化中，

第三章 /"通天彻地"落下闳

天极-赤道坐标的出现是很早的。并且他画出：三种天球坐标系统。中国式也是现代赤道坐标系统；阿拉伯地平坐标系统；希腊黄道坐标系统。而直接测量二十八宿赤经差的科学家，第一位就是落下闳。对"日食"等天文现象的记载散见在古书之中，日月运行的轨道以及会合的周期历来为古人所关注。而落下闳首次将日食周期定为 135 个月，并引进中国的历法之中。这是从过去历年发生"日食"的一系列大数据记载中，统计出来的。《太初历》里也记载了 44 次日食的数据。可以验证这个统计出来的"日食"周期 135 个月，是否正确。实际上《太初历》使用 189 年之后，累积误差只有一天以上。科学既能在一定条件下"证实"，也能够在一定条件下"证伪"，落下闳的一言一行都反映着科学精神。墨家重视实践实验的科学精神，道家主张"道法自然"的科学精神，儒家提倡"仁者爱人"的人文精神。这些精神在落下闳的学习过程和创新过程之中，都充分体现出来。

《史记·历书·索引》中记载："闳字长公，明晓天文，隐于落下，武帝征待诏太史，于地中转浑天，改《颛顼历》作《太初历》，拜侍中不受也。"为了表彰落下闳的功绩，汉武帝特授他以侍中之职位，落下闳却辞官不受，回阆中隐落亭。落下闳隐居后，继续观天测地，传法于后生，在落下闳的影响下，自西汉到隋唐期间，阆中又诞生和云集了任文孙、任文公父子，周舒、周群、周巨祖孙三代以及客居此地的著名天文学家和历算学家袁天罡、李淳风等人，使阆中成为古代天文研究中心。真正有价值的不仅是落下闳的知识创新，更为重要的是落下闳的科学精神。

第五节 "落下闳系统"引起钱学森关注

1982年,"中国物理学会第三届全国会员代表大会"在北京召开,笔者撰写的论文《中国古代物理中的系统观测与逻辑体系及对现代物理的启发》被选为大会报告(1982年12月23日)。这篇论文是笔者研究落下闳(约公元前156—前87年)制定的《太初历》的数学物理结构时,得到的启示。那时,笔者在中国科学院成都分院自然辩证法研究室做研究工作,研究物理学方法论与科学史。

笔者在论文中具体地论证了中国古代物理中有自己独特的"系统观测与逻辑体系",并且对现代物理很富有启发性,从而实证地说明了在中国传统科学的框架内是可以通向近代科学的。笔者以一种独特的方式回答了"李约瑟问题"。论文发表在《大自然探索》1985年第1期上。

这篇论文的第三部分,笔者论述了中国古代物理的思想方法,是应用观测天体运动的"周期"建立系统的理论,不强调天体运动的"轨道",应用代数的近似方法,这包容了不确定性,类似于量子力学的一些观点对现代物理的许多新的启发。笔者也提出了一些新的观点和看法。笔者认为,玻尔应用经典力学的轨道概念来建立他的原子理论,但是,人们观察不到电子的运行轨道。今后,在物理学教学之中,给学生讲量子力学可能要绕过玻尔理论的"轨道概念",当然,在物理学史里还是要提到玻尔的"半经典、半量子"的原子理论。

笔者将这篇论文的大部分内容译为英语，题目改为：《落下闳系统与托勒密系统的比较》，1985年，笔者应邀参加在美国加州大学伯克利分校召开的"第17届国际科学史大会"，并在会上宣读了这篇论文。[①] 这篇论文引起了欧美国家以及印度、日本等国学者的较大关注。因为，笔者第一次提出：早在托勒密发表他的太阳系的"日心系统"之前200年，中国古代的天文学家落下闳就建构了一个非几何轨道的、以观测周期建立起来、有浑天物理模型的太阳系的"地心天球系统"，笔者称之为"落下闳系统"或"落下闳体系"。

伽利略（Galileo Galilei，1564—1642年）在1632年发表他的重要著作：《关于托勒密和哥白尼两大世界体系的对话》，中文的翻译本曾经简译为：《关于两大世界体系的对话》。可惜伽利略不知道还有"落下闳体系"。笔者于2001年、2009年、2011年出版的《世界杰出天文学家落下闳》一书，实际是《关于落下闳、托勒密和哥白尼三大世界体系对话》。为了让更多的外国学者能够知道"落下闳体系"，这本书前面是中文，后面是英文。

在论文《中国古代物理中的系统观测与逻辑体系及对现代物理的启发》中，有一段话是："实际上应用欧拉方程、连续性方程、泊松方程去研究大行星的起源，在一定条件下就得到与量子力学的薛定谔方程相同的形式。"[②] 笔者列出了一个参考文献。[③] 钱学森先生对这一项基础研究很有兴趣，希望笔者将这篇论文的原文复印给他。

笔者在论文中提出一个新观点："决定论总是一定条件下的决定论，概率论也总是一定条件下的概率论。既没有绝对的决定论，也没有绝对的

[①] Zha You-liang, "A Comparison Between Ptolemy's System and Lohsia Hung's System", Presented at the XⅦth International Congress of History of Science, University of California, Berkeley, July 31—August 8, (1985).

[②] 查有梁：《中国古代物理中的系统观测与逻辑体系及对现代物理的启发》，《大自然探索》，1985年第1期。

[③] 会议文集编辑组：《黄山天体物理学术会议论文集》，科学出版社1981年版，第292页。

概率论。决定论和概率论在一定条件下是可以相互变换的。这些条件主要取决于时间空间和物质层次。这也许有助于解决爱因斯坦与玻尔关于量子力学的争论。"笔者还以一个理想实验,具体论述了相互变换的条件。钱学森先生同意笔者的这一看法。

笔者在论文最后写道:"牛顿力学虽然解释了太阳系相对短时间的稳定性,却并没有很好解释相对长时间的变化性。这也许需要'宇宙量子力学'来完成;量子力学虽然解释了原子系统相对长时间的稳定性,却未能解决相对短时间的变化性。例如,能级跃迁。这也许需要另找新法,其中,隐变数解释就是一种尝试。"对于笔者的这一看法,钱学森先生很有兴趣。他来信要笔者讲一讲对玻姆的理论有什么看法。

钱学森先生非常认真地看了笔者的长篇论文,于1985年3月17日给笔者写了第一封来信。整体地看钱学森的来信,可知钱学森非常关心"落下闳系统",关注科学哲学的问题。全信如下:

四川省成都市四川省社会科学院
查有梁同志:

拜读您在《大自然探索》1985年1期上的《中国古代物理中的系统观测与逻辑体系及对现代物理的启发》一文后,深受教益。但您〔引用的〕在前几年"黄山天体物理学术会议"上的论文未能找到学习,是个遗憾;不知您手头可有复印本?如有请赐寄一份,我将十分感谢!

我很同意您的看法:决定论总是一定条件下的决定论,概率论也总是一定条件下的概率论。您对 D. Bohm 的理论有什么看法?请教!

此致

敬礼!

钱学森
1985.3.17

读了钱老的这封信后，笔者受到很大的鼓舞。在回信中笔者向钱老深入请教和讨论了一些问题，包括力学中出现的内在随机性等，特别是决定论与概率论相互转化的问题，以及戴维·玻姆的理论。1989年，笔者的朋友、哲学家张桂权看到戴维·玻姆的著作：*Wholeness and the Implicate Order*，他想译为中文，并希望笔者做译文的校者，笔者欣然同意合作。从戴维·玻姆的著作中可看到解决问题的一线曙光，但问题仍未得到解决。这本学术著作的中文译本，2004年，才由上海科技教育出版社出版。2013年，上海世纪出版集团又再次出版了这本书。[①]

经过一周的思考，笔者给钱学森先生的回信如下：

尊敬的钱学森老师：

您3月17日的来信收到。谢谢您的鼓励。

来信提到的《黄山天体物理学术会议论文集》中的一篇文章，已复印一份，用印刷挂号寄给您。关于从流体力学的方程出发，在一定条件下就得到薛定谔方程，林家翘教授在他的密度波理论中已提出过（可能在如下文献中：J. SIAM, Appl. Math, 14, 876, 1966）。此外，三体问题中出现随机性已有几例（见《物理学进展》3卷3期，1983，pp340—341）。V. Szebehely 提出：天体力学不再是决定论的科学了。

我曾设想过关于"宇观人"的理想实验，这有可能找到决定论与概率论的联系。请看以下三个图：图一是开普勒的椭圆轨道图像，图二是爱因斯坦的行星近日点进动的图像，图三是"宇观人"观察到天体运动的图像，类似"电子云"。在"宇观人"看来，只能用概率论

---

① 戴维·玻姆：《整体性与隐缠序——卷展中的宇宙与意识》，洪定国、张桂权、查有梁译，上海科技教育出版社2004年版。2013年，上海世纪出版集团再次出版。2022年，商务印书馆出版《整体性与隐缠序》新版，2023年再版。

的语言来描述天体的运行,"他"会说在近日点附近找到行星的概率最大。在宏观—宇观的层次上有可能建立概率论的描述。密度波理论,牛顿力学的内在随机性已为这一观点做出了某种证明。

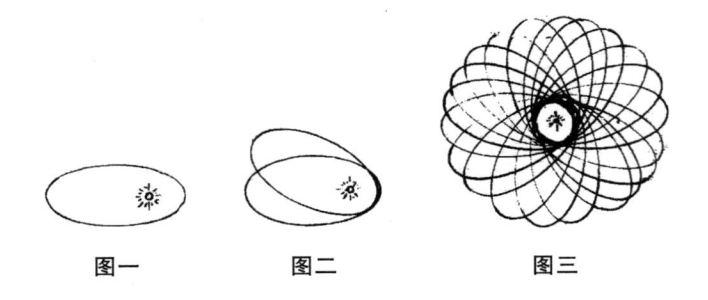

图一　　　　　图二　　　　　图三

从玻姆的著作可以看出,他深受爱因斯坦的影响。他提出隐变量理论,试图要回到决定论上去。当然要使量子理论回到经典力学意义下的决定论是不可能的。如果玻姆要在微观层次上建立一个相对的"决定论",这是有成功希望的。一篇介绍 David Joseph Bohm 的文章提出"玻尔的时代"可能在将来变成"玻姆的时代"（Mew Scientist 11 No. 1982, Vol.96 No1331, pp361-365）。

我以为,新的理论应当是:在一定条件下既能回到决定论,在一定条件下又能回到概率论。正如量子理论和相对论在极限情况下都能回到经典物理一样。这样的理论才能满足完备性的要求。首要的前提是,必须把量子力学和相对论统一起来。量子理论中的时空不连续、量子跃迁等观点与相对论中的时空连续、因果性等观点很难协调起来,还需要做很大努力才能真正统一。非平衡态物理学的新进展表明了您所一再强调的系统科学,在解决这些问题中,会起到重要作用。

我拜读过您的大部分著作,深受教益,甚为感激。在杨超同志的关心下,我调到中国科学院成都分院从事自然辩证法的研究。我的专业是物理学。前几年研究课题主要是科学史和科学方法论。近年来在您的几篇论文的启发下,从事思维定量规律的研究,顺寄几篇有关思

第三章 / "通天彻地"落下闳

维科学的文章。请多加指正。我准备把自己精力旺盛的年华贡献于思维科学。

此致

敬礼

查有梁
1985年3月26日

[问题与思考]

你知道落下闳的事迹吗?

笔者写了《落下闳传》之后,通过比较"落下闳与司马迁"以及比较"落下闳与托勒密",方才比较深入地认识到落下闳是世界杰出的天文学家。

为什么落下闳的父亲要独特地给他的儿子确定姓名为复姓"落下"?

笔者讲一个故事:全中国只有他一人为复姓"落下"。落下闳的父亲也是"天文学家",通过天文观测知道太阳落下山之后,还要继续"落下""落下""落下",一直到晚上"子时",太阳就会到我们的"脚下"。盖天说认为"天圆地方",太阳不会落下到"脚下"。浑天说认为"天圆地圆",太阳会落下到"脚下"。落下闳的父亲独特地给他的儿子确定姓名为复姓"落下",就是要他的儿子坚信浑天说!

落下闳时代,其他天文学家都坚信盖天说。落下闳父亲要落下闳每天晚上使用他们自制的"浑天仪",采用"冲日法",持续"观测日、月每天晚上在二十八宿中的位置",就可以证实"天圆地圆"。然后,看一看,当年皇帝颁发的《日历》的节气,看一看二十四节气的日子与天上恒星位置是否合适?他们发现:当时汉代使用的《颛顼历》误差大。二十四节气的日期与太阳在二十八宿的位置,严重不相合。同时还发现:实际月相要求——即初一看不见月亮,十五月亮圆,也与《颛顼历》误差大有关。他们预感到需要改革历法。

落下闳应用"浑天说"的宇宙图像，采用"通其率"的算法，改革《颛顼历》为《太初历》。《太初历》以"立春"这个节气为新年的第一个月；以没有"中气"的那一个月为"闰月"；以"冬至"所在之月为十一月；将二十四节气的"时间系统"与"二十八宿的空间系统"紧密联系起来；统一使用"赤道式坐标"。落下闳研究制定的《太初历》，经过三年的试用，比同时按照盖天说制定的其他十七种历法，更合乎"天象"，被汉武帝采纳。

落下闳将从古至今实际观测到的天体运行规律与人为给定的十种周期：日周期、月周期、年周期、"五大行星"的"运行会合周期"、干支周期（60年，60日）、"置闰周期"（19年有7闰，即235月）、日食周期（135月）进行综合计算，得出这些周期的"最小公倍数"为：23639040年，落下闳将之称为"太极上元"。即冬至、朔旦（初一）、夜半（子时）、七曜（日、月、木、火、土、金、水）同复于"甲子日"的"宇宙大周期"为23639040年。这是落下闳"浑天说"的理论推导。[①]

你知道牛顿因为看到苹果从树上"落下"，而联想到月球也在"落下"，启发牛顿发现"万有引力定律"的故事吗？

牛顿的故事与落下闳的故事，有什么"相似"的地方？

请你搜索一下有关历史资料。撰写一篇短文《汉武帝与落下闳》《司马迁与落下闳》《落下闳与托勒密》。

[①] 查有梁：《通天彻地落下闳》，四川辞书出版社2019年版，第63—68页。

第四章 『搜炼古今』秦九韶

秦九韶1208年出生在普州（今四川安岳），在四川生活了22年。他是世界数学史界公认的13世纪杰出数学家。他于1247年完成数学经典著作《数书九章》，取得一系列数学创新的成果。但是，秦九韶的生卒年，一直有不同的推测，直到2007年才由四川学者杨国选最后考证核实，得到公认。

杨国选专著《秦九韶生平考》[①]，这本书为秦九韶树起一座真正的纪念碑。本章主要参考这本书的史料分析以及《中华世纪坛青铜甬道铭文》的部分内容，再按照笔者研究"人才学"的模式，对比了秦九韶与文天祥。笔者在本章中效法秦九韶《数书九章》的写法，将秦九韶的生平简历，提炼概括为"九点"：（1）出身名门；（2）尝险罹忧；（3）京城拜师；（4）嘉盟缔姻；（5）步入仕途；（6）丁忧六年；（7）传世经典；（8）官场遇险；（9）梅州归天。这可以称为秦九韶新略传。

秦九韶祖孙三代皆为进士。中国历史上有这样的家庭，但要在一家三代名人中，选出一位有世界影响的学者，这个概率就非常小了。"眉山三苏"和"安岳三秦"可以相提并论。如果在四川的历史文化名人中，要选择一位与秦九韶旗鼓相当的杰出的通才全才，那就当属苏轼了。苏东坡（1037—1101年）与秦九韶各有千秋！两人均是宋代才子，天府名人，全球影响，至今不衰。

中国古代自汉代以来，推崇儒家主张的"学而优则仕"。但是《论语》中的原文是："仕而优则学，学而优则仕。"[②] 在历代中国古代的官员中，真正做到"仕而优则学"的典型代表，可以推举秦九韶。秦九韶在为母亲守孝的三年里完成《数书九章》这一本世界数学史上的名著，至今影响深远。[③] 其"仕而优则学"更有榜样的效果。

---

① 杨国选：《秦九韶生平考》，四川大学出版社2017年版。
② 《论语·子张篇第十九》。
③ 查有梁：《现代教育中的〈数书九章〉》，《教育科学研究》，2018年第1期。

第一节 秦九韶生平亮点

一、出身名门

秦九韶在南宋嘉定元年四月,出生在普州(今四川安岳)天庆观街"秦苑斋"。他出身于书香门第,"学优则仕"之家。

秦九韶1208年出生于普州,祖父秦臻舜为他取名为"九韶",父亲秦季槱为他取其字为"道古"。"九韶""道古"出于典故,意味深长,寄托希望。秦九韶没有辜负祖父和他父亲对他的期望,1247年完成传世经典《数书九章》,道出了中国古代数学之精华。

秦九韶出生在"高级知识分子"的家庭。其祖父秦臻舜是进士,其父秦季槱也是进士。后来,秦九韶也考取了进士。秦九韶祖孙三代皆为进士,而且都是担任了国家重任的官员。

秦季槱为普州安岳人(今四川安岳)。故秦九韶的籍贯为四川安岳。但秦九韶在他的书中,自称"鲁郡秦九韶"。也许他祖辈原籍是"鲁郡人"（有人考证鲁郡即今河南范县），这说明他不忘祖籍；邵启昌先生在《秦九韶籍贯考》一文中，提出一种设想：是刻书的人将"普郡人"误刻为"鲁郡人"。邵启昌充分论证了他的新设想的三大理由。[①] 邵启昌的这种"个人诠释"没有得到几位数学史专家认同。

按现在的说法，秦九韶的出生地是四川安岳，籍贯也是四川安岳。关于秦九韶的出生时间，《中国大百科全书》数学卷（1988年版）"秦九韶"这一条目写道：秦九韶（约1202—约1261年）。可见，那时尚不能准确确定秦九韶具体的生卒年，因为缺乏具体史料，只能分析推测，争论很大，不敢贸然定论。

为《中国大百科全书》撰写"秦九韶"这一条目的郭书春研究员，写信告诉笔者："对秦九韶的生年，后来我改为1208年，是根据安岳杨国选先生发现的乔行简词'恭贺秦季槱得子—戊辰（嘉定元年）四月乙卯'，嘉定元年是1208年，并且假定这个孩子是秦九韶。"李迪先生曾经分析推测，认为秦九韶生于1209年。李迪先生的推测最接近历史真实。杨国选先生的史料发现和大量考证，现在已经成为"公共诠释"，得到公认。

二、尝险罹忧

1216年，秦九韶8岁，随祖母、母亲、哥哥、嫂嫂去巴州（今四川巴中）与父亲团聚。秦九韶经历了战争的苦难和悲伤。1216年，秦九韶父亲秦季槱于嘉定五年任巴州太守。1219年蒙军两度侵犯巴州。秦季槱带领将士反攻，收回城池。第二次再侵犯，寡不敌众，秦季槱长子牺牲，母亲、长媳遇害。巴州再度失守。这时秦九韶才11岁，战争残酷，离乱痛苦，给

[①] 见邵启昌：《秦九韶籍贯考》。1987年，在北师大举行的"纪念秦九韶《数书九章》成书740周年国际学术研讨会"上，邵启昌的论文《秦九韶籍贯考》力排"鲁郡"山东、河南范县或陕西"秦凤间"的误传，确定了秦九韶的籍贯为四川普州即今安岳县。2021年5月17日，邵启昌分别向内江市档案馆、资阳市档案馆、安岳县文保中心现场捐赠了《秦九韶籍贯考》珍贵档案资料。

他的心灵留下了深刻印象。

宝庆元年六月,17岁的秦九韶随父到潼川(今四川三台)。当时,秦季槱任潼川知府,秦九韶随父潼川府守郡,在潼川府郪县为义兵首。他参加高稼领导的抗蒙军的战争。用通俗的话说,就是17岁的秦九韶就在抵抗蒙军的战争中,当上了潼川府郪县的县民兵大队的队长。

秦九韶自己在《数书九章·序》中写道:"际时狄患,历岁遥塞,不自意全于矢石间。尝险罹忧,荏苒十祀。心槁气落。"[①] 意思是:那时,蒙古军队入侵四川,长年路途阻塞,自己不得不长期处于战乱之中。尝尽艰险,历经忧患,就这样辗转度过了十年光阴,使人心力枯竭、元气失落。但是秦九韶说他"九韶愚陋,不闲于艺""信知夫物莫不有数也"。在苦难的日子里,他仍然坚持学习"六艺":礼、乐、射、御、书、数。坚信世间万物都与数学相关。

三、京城拜师

秦九韶的父亲秦季槱,于1222年在南宋朝廷中任工部郎中。1223年,秦季槱以工部郎中的职衔,担任国家大考的"考试官"和"点检试卷"的工作。1224年,秦季槱升为五品的秘书少监。秦九韶的父亲文化水平很高,且非常重视对儿子秦九韶的教育。

京城拜师,全面发展。秦九韶在《数书九章》自序中写道:"早岁侍亲中都",即他随父母去南宋京城临安(今杭州)。他在京城临安期间,由于父亲的关系,认识了朝廷的天文历法家、文学家、建筑师等许多著名学者,又"尝从隐君子受数学"。他主动地拜高人学者为师,多方面、多领域的深度学习,在做人、做事、做学问方面都打下坚实基础。

13岁,秦九韶拜李刘(字公甫,号梅亭,嘉定元年进士)为师,学习骈俪诗词、游戏、毬、马、弓、剑;14岁,秦九韶得到秘书监乔行简帮

[①] 秦九韶:《数书九章》,商务印书馆1936年版。

助，他为秦九韶到"日历所、太史局、国史院、图书馆"学习提供方便；15岁，秦九韶师承"隐君子"，刻苦学习数学、天文、历法等高深知识；16岁，拜秘书监魏了翁为师，学习理学、历史、天文、历法、诗词。

最关键的是，17岁，秦九韶拜左丞相吴潜为师，这直接影响秦九韶一生的经历和成就。吴潜（1195—1262年）是南宋的"状元宰相"，与另一位"状元宰相"文天祥（1236—1283年）齐名，文天祥是人人皆知的民族英雄。秦九韶京城所拜师，皆是高人伟人。吴潜有《谢世颂》，流传后世。文天祥更有《正气歌》，万古传诵。

秦九韶成才与家庭教育关系密切。对于秦九韶成为杰出人才影响最大的人，第一位就是他的父亲秦季槱。在秦九韶最该接受教育的年代（12~17岁），父亲秦季槱带秦九韶到了南宋的京城临安（今杭州），给他提供了最好的学习条件，给他选择了最好的老师。秦九韶接受的学校教育中，对他影响很大的先生，是魏了翁（1178—1237年），邛州蒲江（今属四川）人。魏了翁是南宋著名理学家、思想家、大臣。秦九韶在20岁时，到蒲江鹤山书院听魏了翁讲学。

四、嘉盟缔姻

18岁，秦九韶随父到涪州（今重庆涪陵）拜访郡守李瑀。商讨军机联防、互通政务。于1226年，潼川府知府秦季槱带着他的儿子秦九韶到四川涪州（今重庆涪陵），与涪州郡守李瑀等人在长江边"白鹤梁"同观"石鱼"，并刻石题名："宝庆二年正月郡守李瑀公玉，新潼川守秦季槱宏父，季槱之子九韶道古同来游。"[①] 还有题名："石鱼闰八年不出，今方了然，大为丰年之祥，此不可不书。"这是秦季槱在历史上最后一次记载，也是秦九韶在历史上的最早一次记载。这表明了秦九韶的确有一位学问高深，待人友好，善于教子的父亲。

---

① 《八琼室金石补正》卷八十三。

潼川府郪县（今四川三台）绍定二年春三月，秦季槱操办了21岁秦九韶与李婕好结婚庆典。李婕好是涪州郡守李瑀的女儿。那时由父母包办婚姻大事是社会风气。潼川府知府秦季槱的儿子秦九韶，与涪州郡守李瑀的女儿李婕好结婚，人们通常说：门当户对，喜结良缘。他们两位年轻人相互喜欢，婚姻美满。

五、步入仕途

秦九韶21岁时，被任命为潼川郪县（今四川三台）县尉，在此上任5年，投入仕途。26岁到京城临安（今浙江杭州）做重要书籍的校正工作。28岁到蕲州（今湖北蕲春县），接着去和州（今安徽和县）任职，抵抗蒙军侵犯。

秦九韶26岁时，老师李刘举荐他到临安任国史院校正二年，校正秘书省的书籍。这项实际工作大幅提升了秦九韶的文字能力，为秦九韶写作《数书九章》奠定了更坚实的基础。

秦九韶28岁时，擢升湖北蕲州（今湖北蕲春县）担任副职通判。29岁秦九韶擢升和州（今安徽和县州守）。嘉熙二年春二月，镇江知府吴潜与和州府军州事秦九韶，建立沿江沿海军政联袂机制，拱卫古城建康（今南京）和京城临安。站在保卫南宋江山的第一线上，秦九韶充分将他的数学知识应用在军事工程、后勤保障、建筑防线、武器制造等方面。

秦九韶34岁时，深入平江府（今苏州）、和州（今安徽和县）、建康（今江苏南京）、安吉州（今湖州市）调查民情。为父亲秦季槱守孝三年之后，在平江府上任。应用数学方法研究赋税负担。参与安吉州（今浙江湖州市）"多宝塔"遭雷击后的测量修复工程。

秦九韶36岁时，以通直郎通判建康府。就在这一年非常不幸，秦九韶母亲去世，解官离任。

六、丁忧六年

1238 年，秦九韶 30 岁，父亲去世，秦九韶辞官离任回到临安丁父忧。这期间的第一年，他在临安义务设计修建"西溪桥"（今在杭州"道古桥"）。后两年，回安吉（今浙江湖州）改建祖父购置、父亲曾经居住的老住舍。他的数学才能充分应用于房屋的建筑、设计、计算、施工，使数学算法与建筑实践结合起来。

1244 年，秦九韶 36 岁，母亲去世，秦九韶回到安吉（今浙江湖州），为母亲守孝 3 年。这 3 年使他能集中精力从事数学研究，一心一意写作《数术大略》。秦九韶守孝期满之时，也是《数术大略》完成之时（1247 年），这一年他 39 岁。按照"人才学"的分析统计方法，秦九韶做出杰出贡献的年龄是 39 岁。

七、传世经典

秦九韶 40 岁时，在礼部侍郎陈振孙的举荐下，得到南宋皇帝宋理宗召见。"以历学荐于朝，得对，有奏稿及所著《数术大略》"。[1] 陈振孙深知秦九韶精于算学，又通天文历法。淳祐四年，宋理宗连续三年下诏，"召山林布衣造新历""诏求通天文历学之人""召四方之通历算者至都，使历官学焉"。[2] 淳祐七年，陈振孙将秦九韶的《数术大略》收录入他的《直斋书录解题》，并给予很高评价。淳祐八年（1248 年）陈振孙擢升礼部侍郎。陈振孙的收录，使得秦九韶的著作，得以传世；又向皇帝宋理宗举荐秦九韶，功不可没。

秦九韶 20 多年的努力学习中，除了家庭教育、社会教育之外，他的

---

[1] 周密：《癸辛杂识·续集》，文渊阁《四库全书》，第 1040 册，第 88—89 页，台湾商务印书馆 1986 年版。

[2] 脱脱等撰：《宋史·律历志》，中华书局 1977 年版。

"自我教育"起到极为关键的作用。秦九韶经过近20年的业余的、主动的、富有兴趣的、结合工作实际的数学探索,不断总结、积累、分类、提炼,在守孝期间,集中精力,研究整理,写成了世界水平的数学名著《数术大略》。明末书名改为《数书九章》。

秦九韶大约从18岁到60岁的42年间,相继在四川、湖北、安徽、江苏、浙江、海南、广东等地任地方官员,经历丰富。特别在20岁到40岁之间,从业余学习和工作经历中积累有关数学问题的研究,积累了不少数学问题的算法。为父母守孝的6年时间里,又潜心学习、研究、写作,完成《数术大略》。这合乎华罗庚(1910—1985年)先生总结的经验:"聪明在于学习,天才由于积累"。[1]

1247年,是秦九韶的奇迹年。这一年,13世纪世界卓越的数学著作——秦九韶的《数术大略》成书问世。次年,1248年,就因为这本杰出的数学著作,他得到南宋皇帝宋理宗的正式召见。

八、官场遇险

1234年,甲午,金哀宗天兴三年,蒙古太宗六年蔡州城破,金亡。宋力图收复河南,宋、蒙战争开始。1235年,蒙古出兵进攻四川、襄汉。1236年,蒙军长驱入川。1237年,宋杜杲等在安丰军破蒙军。1238年宋杜杲在庐州军败蒙军。1239年,宋将孟珙屡败蒙军。宋、蒙战争处于相持态势。

以左丞相吴潜为首的一批官员是主战派,以右丞相贾似道为首的一批官员是主和派。主战派与主和派的争斗必然波及下属的官员。秦九韶是左丞相吴潜的"铁杆"成员。秦九韶在官场遇险,是所必然。

秦九韶45岁时,调任平江府(今江苏苏州)军州事。46岁秦九韶出

---

[1] 中国民主同盟中央委员会宣传部编:《华罗庚诗文选》,中国文史出版社1986年版,第123—130页。

任江宁府沿江制置使司参议，管理江南十府粮道。淳祐十二年（1252年）左丞相吴潜被罢。宝祐四年（1256年）吴潜主持的"御咸蓄淡饮水灌溉枢纽工程""修葺城门楼阁"、帮助重建高桥等建筑工程，都得到秦九韶的鼎力帮助。

秦九韶49岁时，在扬州考察税赋，偶遇右丞相贾似道，觐见，书荐李曾伯令位置之。宝祐五年（1257年）李曾伯任命秦九韶出任琼州守（今海南省）。前方在准备打仗，却将秦九韶安置在边远的后方，他上任仅仅三个月，宋理宗宣谕李曾伯罢黜秦九韶琼州守行权。秦九韶受到右丞相贾似道属下的再次打击排挤。

1257年，蒙哥汗亲征南宋。1258年，蒙古分路大举侵宋，蒙哥统西路军入四川。1259年，蒙哥汗久攻合州（今重庆合川）不克，死于军中。南宋发明突火枪，是管形火器。1260年，忽必烈称汗于开平，是为元世祖。[①] 元军和宋军，都在准备打仗。

南宋的主战派与主和派斗争激烈。1256年，20岁的文天祥，考取进士第一，1259年补授承事郎、签书宁海军节度判官，成为主战派的新一代接班人，一度与吴潜同朝议事。1262年，主战派首领左丞相吴潜遇害身亡。1270年4月，文天祥任军器监、兼权直学士院，因草拟诏书有讥讽右丞相贾似道语，被罢官。

1258年，秦九韶50岁，先后去江东（今江苏南京）、平江（今江苏苏州）任职。宋理宗诏谕秦九韶知临江军。再次将秦九韶安排在重要位置。右丞相贾似道的属下刘克庄上书：《缴秦九韶知临江军奏状》，诬告秦九韶。秦九韶52岁，落职，赋闲湖州。53岁，诏谕秦九韶梅州军州事，宋理宗的第三次任命，还给秦九韶一个历史清白，洗清了主和派给秦九韶强加的种种罪名。

---

① 中华世纪坛组织委员会编：《中华世纪坛青铜甬道铭文》，中国财政经济出版社2000年版，第284页。

九、梅州归天

53岁的秦九韶诏谕梅州（今广东梅县）知梅州军州事，在任七年，"在梅治政不辍"。秦九韶54岁时，得知恩师左丞相吴潜遇害身亡，奔赴循州悼祭。秦九韶梅州任职期间，政绩卓越，卒于任所，享年60岁。秦九韶夫人李婕妤协同子女，将秦九韶的灵柩从梅州搬迁回湖州，安葬在湖州道场山南麓的秦氏陵园。

1268年，秦九韶梅州归天。1258年，在秦九韶逝世10年前，宋理宗诏谕秦九韶知临江军，就是重要城镇临江军的军事保卫工作，责任重大。看一看秦九韶《数书九章》第八章军旅类，就知道秦九韶对军营计算、兵器制造、阵法布列、军需供应，以及其他相关的经济政治等问题，有深度研究。

1275年，文天祥入卫南宋京城临安。1283年，民族英雄文天祥，大宋风骨，大义凛然，宁死不屈，从容赴死。他给中华民族的后人留下万古名句："人生自古谁无死，留取丹心照汗青。"秦九韶以他的大智慧，给中华民族的后人留下《数书九章》学术经典，"自古人生寿有限，知识创新传万年"。

第二节 搜炼古今 博采沈奥

祖冲之（429—500年）是5世纪世界杰出的数学家，秦九韶（1208—1268年）是13世纪世界杰出的数学家，华罗庚（1910—1985年）是20世纪世界杰出的数学家，他们都在世界数学史上做出一流的创新成就。

祖冲之在《大明历议》中说："臣少锐愚，尚专功数术，搜炼古今，博采沈奥。唐篇夏典，莫不揆量。周正汉朔，咸加该验。"① 秦九韶正是以祖冲之为榜样，博采诸子百家之长，深度发现数学奥妙。给世界留下数学经典《数书九章》。

华罗庚先生写道：我很欣赏我国有名的科学家祖冲之对自己的学习总结的几个字。他说，他的学习方法是"搜炼古今"。"搜"是搜索，博采前人的成就，广泛地学习研究；"炼"是提炼，只搜来学习还不行，还要炼，把各种各样的主张拿来对比研究，经过消化，提炼。他读过很多书，并且做过比较、研究、消化、提炼，最后创立了自己的学说。②

秦九韶在宋宁宗嘉定元年（1208年），出生在普州（今四川安岳）天庆观街"秦苑斋"。出身于书香门第，进士之家。这一年是蒙古成吉思汗三年。宋金议和。宋朝北部边境暂时安定。祖父秦臻舜和父亲秦季槱，都是进士。祖父秦臻舜给孙子起名"秦九韶"。"九韶"的意思是：最美好的音乐诗歌。父亲秦季槱给儿子取字为"道古"。"道古"的意思是：学习道学儒学要从古人那里学。

秦九韶是在南宋的京城杭州的国家天文台里，从当时的天文历算家那里认真学习钻研过祖冲之的著作，包括祖冲之父子的一本艰深的数学著作《缀术》。唐朝立于官学的数学书中，《缀术》是最深的一部，要学四年。《隋书·律历志》记载：祖冲之"指要精密，算氏之最也。所著之书，名为缀术，官学莫能究其深奥，是故废而不理。"③ 后来《缀术》失传了。笔者对"缀术"的好奇心与研究就是从秦九韶的《数书九章》的一个问题"缀术推

---

① 《历代天文律历等志汇编》（六），中华书局1976年版，1760页。又见严敦杰著：《祖冲之科学著作校释》，辽宁教育出版社2000年版，第70—88页。
② 华罗庚：《学与识》，原载《中国青年》杂志1962年第12期。又见《华罗庚诗文选》，中国文史出版社1986年版，第189页。
③ 《历代天文律历等志汇编》（六），中华书局1976年版，1859—1860页。

星"开始的。① 笔者深度探索了秦九韶"求一术"的渊源，进一步从西汉天文学家落下闳的"通其率"的算法，给出了解决祖冲之求 π 的新解释。②

秦九韶的传奇生平和他的经典著作《数书九章》，就是"搜炼古今，博采沈奥"的典型案例。《九章算术》是中国古代的一本数学经典著作，秦九韶深入学习和研究过《周易》《道德经》《九章算术》等哲学和数学的经典，这是"搜古"；他在 40 岁之前，在工作和生活中，对遇到的许多问题：天文气象、田地测量、工程设计、赋税分配、房屋营建、军旅后勤、市场贸易，他都作为"数学问题"一一解决，并记录下来，这是"炼今"。博采诸子百家之长，深度发现数学奥妙。

秦九韶是一位大孝子。1238 年父亲秦季櫰去世，秦九韶回到临安（今杭州）丁父忧。为父亲守孝三年，其间秦九韶义务设计"西溪桥"，今名杭州"道古桥"；又回安吉州（今浙江湖州市）改建祖父购置、父亲曾经居住的老住舍。应用数学方法研究赋税负担。参与"多宝塔"遭雷击后的测量修复工程。淳祐四年冬十一月（1244 年）母亲病故，辞官离任，回到湖州丁母忧。为母亲守孝三年，闭门钻研，潜心写作，1247 年完成的数学经典著作《数术大略》，明末改为《数书九章》。

秦九韶的《数书九章》，全书约有 27 万字。《数书九章》的写作模式开创了一种"诗文结合""四言标题""九章八十一题"的写法——笔者称为"九章写法"。这种写法正是与老子的《道德经》的写法相似。《数书九章》既体现了"九韶"的意思，有音乐文学美；也包含了"道古"的含义，哲理丰富，数理深奥。下面，笔者就用现代汉语将秦九韶的《数书九章》，按照秦九韶的原文内容做一个全面简要介绍。

---

① 查有梁：《论秦九韶的"缀术推星"》，《大自然探索》，1987 年第 4 期。
② 查有梁：《"缀术求 π"新解》，《大自然探索》，1986 年第 4 期。Zha You－liang，"Research on Tsu Chung Chih's Approximate Method for π," Science and Technology in Chinese Civilization．Edited by Cheng－yih Chen．World Scientific Publishing Co．Singapore．1986，p77－p85．

第三节　《数书九章》序文今译

　　周代的教育内容有"六艺"（礼、乐、射、御、书、数），数学是其中之一。学者和官员们历来重视、崇尚数学这门学问。为了应用，人们要认识世界的规律，因而产生了数学。数学具有广泛的应用性。从大的方面说，数学可以认识自然、理解人生；从小的方面说，数学可以经营事务、分类万物。难道容许将数学视为一门浅近的学问吗？

　　过去，历算家们用筹算推演、制定天文历法；发现自然规律，预测季节变化。用"髀""矩"测山高河深，用"圭表"量日影，以定时刻与节气。天地如此之大，尚且不能置于数学之外，那么，天地之中的各种各样的事物，难道能离开数学吗？

　　自从"河图""洛书"，开创发现数学的奥秘；《周易》"八卦"、《九章算术》，在解决错综复杂问题时，显示了数学的精妙细微；"大衍术"在历法计算以及解诸多问题中的应用，使数学的精微作用发挥到极大。数学对于认识人世间各类事物的变化，无所不包。自然界中物质运动的聚散，也不能隐匿于数学之外。古代的圣贤学者很高明，了解许多数学的精微之处，留下的文字却十分简略，使一般人难于明白，难于领悟其中之奥秘。探究其原因，是因为"数学"与"哲学"同样深奥，本质一致，并不是两回事。

　　汉代离上古并不很远，有张苍、许商、乘马延年、耿寿昌、郑玄、张衡、刘洪等一批数学家和历算家。他们之中，有的精通天文历法，将算理算法传于后世；有的长于用筹运算，计算结果当时就能得到检验。

后世的一些学者，把自己看得太高，鄙视前人的成就，不虚心学习，不继承发展，使数学这门学问中有的内容几乎断绝失传。只有懂历法的历算家们会乘除运算，但对高深的"开方术""大衍术"，就不通晓了。官府的会计事务则只会一一累加进行计算。数学家的地位和作用从不被人们所认识，当权人士对此状况也听之任之。算学家只被当作工具使用，数学这门学问遭到鄙视也就理所当然了。

可悲啊！这就犹如制造乐器的人，仅仅只能拨弄出乐器的声音，就说这是与天下的知音者一道奏出了美妙悦耳的乐章，难道能够这样说吗？

当今数学之书，计有三十余家。天象历法的计算方法，称之为"缀术"（"逼近之术"）；应用于占卜术中的计算有"太乙、六壬、遁甲"，称之为"三式"，这些都称为"内算"，它们的算法是保密的，内传而不外传。《九章算术》所载的内容，就是《周礼》中的"九数"；（《九章算术》的九章是：方田、粟米、衰分、少广、商功、均输、盈不足、方程、勾股）有关测量方位、地形之高、深、远、近的方法，称为"蛊术"，这些都称为"外算"，它们的算法是公开的。"外算"是相对于"内算"而言的。"外算"与"内算"在应用上是彼此相通的，不应视为两种截然不同的算法。

唯独"大衍术"没有载于《九章算术》之中，未见有人能将"大衍术"的算法程序推演出来。历算家在制定历法时，应用"大衍术"进行计算的颇多；如果以为它是"方程术"，那就谬误了。

宇宙人世间的事情太多了，古代的人为解决某一问题，先进行策划，再确定方法程序，然后按程序实施行动。他们仰观天文，俯察地理，应用感官，应用直觉，谨慎地采用各种方法。为了让他们取得的成果不致被埋没，便用文字将这些成果记载下来，一代一代流传后世。

后人在做事时，往往从头开始，很少考虑前人已有的成果，导致在解决自然和人事的诸多问题时，混乱不堪、缺少根据。我们为什么不可以对前人的成果多多研究一番呢？

九韶愚昧，才疏识陋，但对学习"六艺"却不曾偷闲。笔者在青少年时代曾随父亲到过都城（临安，南宋京城，今杭州市），因此有机会访问国家天文台的历算家，向他们学习历算。此外，笔者还跟随隐居的学者学习数学。那时，蒙古军队入侵四川，长年路途阻塞，自己不得不长期处于战乱之中。尝尽艰险，历经忧患，就这样辗转度过了十年光阴，使人心力枯竭、元气失落。

但笔者坚信，世间万物都与数学相关。于是，笔者很有兴趣地置身于数学之中，向学者、能人求教，深入探索数学之精微，初步取得一些成果。对于数学的大的方面，认识自然、理解人生，笔者并没有什么发现；但在数学的小的方面，对于经营事务、分类万物，却有所得，笔者尝试以问答形式，拟出若干应用问题。历经多年，积累渐增，笔者怕一旦丢失甚为可惜，于是就取81个问题，分为9类，写出解题方法及运算程序，有的问题还在其中作图以示之。

笔者的这些成果，或许可供博学多识的学人闲暇之时品赏，这便达到了本书的目的，笔者也心满意足了。笔者原本要把数学提升到哲理（道）的高度，实在难以做到。如果有人说这些数学成果不过是历算学家们流传下来的东西，不能满足社会广泛的实际需要，那笔者也相信，这也不会使本书黯然失色。

上文乃秦九韶《数书九章》序文今译。下面介绍秦九韶《数书九章》具体内容包括所附诗九首的今译，一章有一首诗，但不是呈现数学的原题，原题内容数字很多，其解就更多了；而只是给读者说明这道题提出什么问题，解决什么问题。保留的标题是秦九韶的"四言标题"。由此，可总观《数书九章》的大概内容。

第四节　《数书九章》古诗今译与题目简介

一、"第一章　大衍类"

巍巍昆仑，气势磅礴，
世界本原，在于数学。
圣人发现推算历法的大衍术，
大衍微妙之处源于《周易》。

取奇数的竹棍进行运演，
一分为二，舍去模的倍数。
用"大衍术"，解出未知数，
要深入探索奥秘，方知原由。

数学这门学问的发生发展，
要依靠实际应用做出判断。
那本著名的《九章算术》，
唯有大衍之术未曾记载。

历算家虽然知道如何计算，

却不知这些算法之所以然。

我尝试做出解释，让人明白。

且看如何由特殊推广到一般。

此章称为"大衍"，列为第一。

此章内容是统一用"大衍求一术"解各类问题。

1. 蓍卦发微 中国古代的《易经》中写道："大衍之数五十，其用四十有九……"记载了人们用蓍草占卦的过程。秦九韶将此过程上升为数学模式，发现其中的奥秘，并给以解释。大衍，即大演，意思是演变。"大衍求一术"是秦九韶最重要的数学成果，提出了解一次同余式组的一般算法。

2. 古历会积 推导出古代历法中的"上元积年"。一种历法计算时间的起点称为"历元"。例如，汉武帝在公元前104年公布使用的《太初历》的"历元"那一时刻应是：冬至、朔旦（初一）、甲子日、夜半。"上元积年"是推上距离"历元"多久，又是处于冬至、朔旦（初一）、甲子日、夜半，这种状态，即"上元积年"。这个问题，实际是计算"日月处于相同状态的最小公倍数的时间有多少年？"

3. 推计土功 给出一些特定的已知条件，计算筑堤的总工程量，以及几个县的民工分别筑堤的工程量。

4. 推库额钱 推算地方政府的钱库，按照一定的折合率，将税收折换后，应得的税收是多少等财政问题。

5. 分粜推原 几个人按国家标准的量器分得粮食，然后，到几个地方去出售。各地应用的粮食量器标准不一样，由此推求原来这几个人各自分得的粮食。

6. 程行计地 通过传递信息所给出的条件，计算路程和时间等问题。

7. 程行相及 根据各自的追及速度，推算行程等问题。

8. 积尺寻源 根据砖料的大小尺寸等条件，计算总工程量的问题。

9. 余米推数 根据几箩米减少后的余数（余米）等条件，分别推知这几箩米原来是多少的问题。

二、"第二章 天时类"

七大行星，苍穹回旋，
世间诸事，变化多端。
用"缀术"逼近天体运动，
白天日影测，夜里星象观。

历法用久了，误差就增大，
历算家就得改革旧历。
如果不实际去观测天体，
沿袭旧的模式绝对无益。

平原山川的农民耕种收获，
全靠大自然的风调雨顺。
阳光雨露，庄稼滋生，
雨水淋淋，雪水润润。

农业官员忧心气象天文，
下了多少雨？用器皿测量。
测量数据以器皿形状变移，
各地不统一，忧喜皆非。

此章称为"天时"，列为第二。

此章内容是有关天文、历法、气象等问题。

1. 推气治历 已知某两年的冬至节气的具体时刻，由此推算这两年之间的某一年的冬至的时刻，以及这一年的回归年时间与 360 日的差数等历法问题。

2. 治历推闰 根据某一历法上甲子年的冬至发生时刻等条件，推算实际的回归年时间与该历法纪年时间之差。这个差，又叫"闰"。

3. 治历演纪 根据某历法的回归年和朔望月的数据，以及某年甲子日后冬至发生时刻，朔望发生在甲子日后的时间等，推演出一系列历法的重要数据（共有 23 个数据）。

4. 缀术推星 根据对木星运行在"合伏段"和"顺行段"的时间和度数的观测数据，应用逼近方法（即"缀术"），计算木星视运动的初速率、末速率及平均速率等问题。

5. 揆日究微 "圭表"测定不同地区的日影长度（称之为揆日），探究两地具有相同日影长的时间差，以及不同历法的计算中，在同一天的日影长度之差的问题。

6. 天池测雨 根据一定尺寸的圆台形状的"天池盆"，测量雨水，用以推算平地的"雨水深"的问题。

7. 圆罂测雨 根据一定尺寸的圆形的小口大腹的"盛酒器"（称为圆罂），测量雨水，用以推算平地的"雨水深"的问题。

8. 峻积验雪 根据一定尺寸的斜面上积雪的厚度，用以推算出平地上积雪的厚度。

9. 竹器验雪 根据一定尺寸的圆形竹箩里积雪的厚度，用以推算平地上积雪厚度。

三、"第三章　田域类"

百姓虽小，当放首位，

审时度势，以观世界。

周代实行井田制度，

第四章 / "搜炼古今" 秦九韶

这关系施行仁政所在。

历史一朝朝，人口一代代，
开垦的土地，一天天增多。
需要量度田亩，整治赋税，
重要的是精确进行测量统计。

田地形状，方圆各异，
有斜、有正、有高、有低。
测量技术，内容精深，
潜心研究，方能辨明。

测量之时，差之毫厘，
最后结果，谬之千里。
于公于私，皆是大弊，
征收赋税理当仔细又仔细。

此章称为"田域"，列为第三。

此章内容是有关各种田地面积的计算问题。

1. 尖田求积 一个"尖田"，即一个三角形的田；两个"尖田"，组合成一四边形。已知有两尖田的边长，即四边形的四边之长，以及中宽，求这个"尖田"的面积。这是一个几何问题，秦九韶将此题转化为一个解四次方程的代数问题，给出数值解。《数书九章》中，共有六个问题是应用高次方程数值解法。秦九韶命名为"正负开方术"，是一项重要的数学成果。

2. 三斜求积　已知三角形（田）的三条边的长度，求此三角形（田）的面积。秦九韶得出了"三斜求积"的一般公式。

3. 斜荡求积　已知呈四边形的一"荡湖"的四边之长度，及一边之高，求此"荡湖"的面积。

4. 计地容民　已知沙洲四边之长，计算这一四边形沙洲的面积。每户分 15 亩，计算能容纳多少户流民。

5. 蕉田求积　有蕉叶形田一块，已知中长和中宽，求此蕉叶形田的面积。

6. 均分梯田　已知一梯形的田的上底、下底及高，三兄弟要平均分。求总面积，三兄弟各分之面积，分后的三个梯形的上底、下底及高。

7. 漂田推积　一块三角形的田，被水冲去一隅，成了一个四边不等的梯形。测出梯形的三边长及高，推算原三角形田的面积等问题。

8. 环田三积　有圆环形田、大圆田、小圆田，共三个，已知圆环形田的外圆周长及内圆直径，已知大圆圈直径、小圆田的周长，计算出这三个田的面积。

9. 围田先计　这是一个有关"图湖造田"的设计蓝图的计算问题。

四、"第四章　测望类"

　　　　山之不高，莫称高山，
　　　　水之不深，莫称大川。
　　　　大禹治水时，测定山川，
　　　　使用的矩尺才得以后传。

　　　　智慧的创造，巧妙的论述，
　　　　用"重差术"进行测算。
　　　　求解之法，详尽而又周全，

测量的对象总是变化多端。

又高、又深、又广、又远，
进行测量绝不是容易简单。
有时是形势险要，进之艰难，
有时是敌方营垒，不能着边。

要求出未知数，怎么办？
先后两次用"表"测量。
用两次测量之差进行计算，
远离其境也可知高深广远。

此章称为"测望"，列为第四。

此章内容是有关测量的问题。

1. 望山高远 用标杆（"表"）进行两次测量，根据二次测量之差计算（此法称为"重差术"），以测算出一座山的高度和此山距测点的距离。

2. 临台测水 在临靠水边筑成的城台之上，根据一些已知数据，测算"水退的深度"和"涸岸的斜长"等问题。

3. 陡岸测水 在陡峭的河岸边，利用一竹竿，测望这条河水面的宽度。

4. 表望方城 通过立标杆（"表"）进行测量，计算敌人的一座方形城墙的边宽和敌城离测点的距离。

5. 遥度圆城 从远处的地方观测一圆形的城，已知两个数据，求圆城的直径与周长。

6. 望敌圆营 利用立标杆（"表"），进行两次测量，以求出敌人圆营的周长与直径。

7. 望敌远近 通过两次测望，应用"重差术"，测量敌军距我方观测点的距离。

8. 古池推元 一个圆形的古池已经坍塌，只剩下一个小段，根据一些已知数据，推算古池原貌的大小。

9. 表望浮屠 用标杆（"表"）测量佛塔（梵语称为"浮屠"）。标杆上部有刻度，经过两次用表测望，计算出佛塔的高度等问题，以便修复已倾斜的佛塔。

五、"第五章　赋役类"

国家规定，征收赋税，
民间百事，正待兴办。
要依据田亩人口的多少，
取之有度必须进行测算。

徭役虽然可以不免，
但应事先商量和计算。
应用比例分配要恰当，
赋税徭役要均匀承担。

汉代距古代并不太远，
他们以算赋收取租税。
协调均衡收的谷与钱，
用以抵御灾害，防洪抗旱。

当官的要施仁政，为民着想，

第四章 / "搜炼古今"秦九韶

> 设身处地,犹如自己溺水挨饿。
> 如果赋税徭役分配不均,
> 难道能让人心安理得吗?
>
> 此章称为"赋役",列为第五。

此章内容是有关赋税、徭役的问题。

1. 复邑修赋 被海冲坍的一个县,重新申请恢复县制,即复邑。根据该县各乡的上等、中等、下等的田,按土地的肥瘠,应用分配比例进行计算,来征收赋税。秦九韶主张,根据实际情况合理分摊赋税。这正是针对南宋政府当时不谙土地肥瘠,平均征税的时弊。

2. 围田租亩 已知兴修的围田的总亩数,上、中、下三个等级的田租率,田亩的比例,计算三等田各多少亩和各收多少租金。

3. 筑埂均劳 四个县共同修筑防洪的堤埂,根据四个县派出的人力,计算各县承担的劳动工程量。

4. 宽减屯租 根据议定的宽减屯田租额的比率,计算有关原来的租额、宽减的租额、实征租额等问题。

5. 户田均宽 州、郡宽减了下等税户的纳税,但有的下等税户已经缴纳了全税。实际上,只对拖欠税款的税户实行了宽减。为了纳税合理,平均都得到宽减,计算明年征税时的各项减免额。

6. 均科绵税 某县有上等、副等、中等、次等、下等,共五等蚕农,生产丝绵,这五等要纳税的农户按不同比率交税。已知总户数、总绵税额,计算各户及各等应纳多少绵税的问题。

7. 户税移割 甲将自己的田地卖给乙和丙,即田地转户,计算因为田地转移之后,甲乙丙三户各纳多少赋税等问题。

8. 移运均劳 有三县五乡,派民工运输边防用的军粮,到某郡交纳。

要按物力多少、路途远近，平均分摊，使劳费相等。即按"均输法"（配分比例法）计算各县、乡派民工数的问题。

9. 均定劝分 动员富有之家卖米以赈济灾民（即劝分）。卖米数量依据富家的物力田亩多少来确定。富家一共分了九等。劝富家卖米的数量，按等次，所卖米数依等差递减，计算各等富家卖米多少的问题。

六、"第六章 钱谷类"

纳粮上税，要看等级，
粮食入库，要看时节。
一粒粒粟，一寸寸丝，
都是男男女女的劳动所得。

封建官府要向人民征粮收税，
腐败之风频频发生。
达官贵人相互攀缘，欺诈百姓，
这些大小贪官污吏，用尽心机。

我曾听说治理财政，
理当犹如智者治水。
正本清源，有条不紊，
治标治本，消除隐患。

那些愚蠢贪官视而不见，
人民悲惨，还用刑不断。
这是离开理智愈来愈远，
贪官不仁啊！可叹可叹！

此章称为"钱谷",列为第六。

此章内容是有关钱、粮的数学问题。

1. 折解轻赍 地方政府(郡)负担的国税,要上交朝廷。国税有三种:现金(金银)、丝绢、佣金(运费)。按规定折算后,要运解京城。这些国税折算为纸币后,称为"轻赍"。其中有一系列计算问题。

2. 算回运费 水路运输大米至甲地,已知运费,但只运到中途的乙地,就停下不运了,计算要收回多少运费。

3. 课籴贵贱 官府派人到五个地区采购大米。五个地方的米价、斗容、运费均有所不同,用统一的纸币和容器标准(官斛),比较各地区收购米价的贵贱。

4. 囤积量容 已知盛米圆囤的上口直径、下底直径及高,计算其容量。制作 5 倍于"租斗容量"的方斛和圆斛,计算其新制方斛、圆斛的尺寸,计算用新制的方斛、圆斛为容量单位,计算盛米圆囤有多少米。

5. 积仓知数 官府征购的粮食等待转运,临时存放在仓库和寺屋中。已知这些仓库和寺屋的宽、深、高,计算这些临时仓库一共能存放多少粮食。

6. 推知籴数 官府用一定资金收进粮食,要给中间商(南宋时称为"牙人")付一定的中介费(称为"牙钱"),还要付运输费。计算这些资金能收进多少粮食等问题。

7. 分定纲解 地方政府(州郡)将某一税收分给三个部门,分配的比例已定,计算各部门可得多少的问题。

8. 累收库本 已知官方钱库发放一次性贷款,即本金,以及利率、每月还钱数额,计算要多少个月才能还清本息。

9. 米谷粒分 某农户交纳公粮,大米之中夹杂有谷子。随机取出一勺,测出大米和谷子各多少,从而计算出整个交纳公粮中夹杂有多少谷子。秦九韶已会应用随机抽样统计的方法。

七、"第七章　营建类"

如此房屋，如此城墙，
国家栋梁，社会保障。
百姓居住的地方，
财富聚散的市场。

城市建筑作用巨大，
一定要制订好规划。
如果策划与营造，不合章法，
就会劳民伤财，浪费很大。

楚昭王围困蔡国时坚木筑墙，
这是采纳了子西的建议。
汉代工匠设计天文观象台，
汉文帝也担忧造价太昂贵。

唯有武力才能争夺战功，
唯有节俭才能生财积德。
国家太平，家庭才有安全，
而今我们从哪里取得规范？

此章称为"营建"，列为第七。

此章内容是有关土木建筑工程的问题。

1. **计立城筑**　修筑一城的设计方案已定，计算这项设计进行施工时，需要各类建筑材料多少。

2. **楼橹功料**　在修筑城墙之上，要盖瞭望楼。瞭望楼称为楼橹。根据对瞭望楼的设计，计算建造瞭望楼需要各类建筑材料多少。

3. 计造石坝 设计建造一座石板砌成的坝，计算需要石板、石灰多少，用工多少。

4. 计浚河渠 开通运河，用开河挖出的土修筑河堤。根据设计要求，计算河积、堤积、堤高，以及用工等问题。

5. 计作清台 设计建筑一座高台，计算有关该项工程用工、一系列问题。

6. 堂皇程筑 官府的大堂，称为堂皇。建筑官府大堂的地基，限定完工时间，计算所需筑土工是多少。

7. 翻砖计积 "六门砖"是宋代建筑用砖的一种。已知"六门砖"的尺寸，以及堆砖若干垛的尺寸。计算总砖数，以及计算铺砌几处地面用多少、余多少。

8. 竹围芦束 已知竹子每一捆外围的竿数，求每捆有多少竹子；已知某一规格的芦苇束数，折换为另一规格的芦苇，应有多少束。

9. 积木计余 堆成尖垛形的杉木，取用后，只知其中间一层的杉木数。计算原有杉木和余下杉木各多少。

八、"第八章 军旅类"

自然界有金木水土火，
金属兵器，非有不可。
士兵不训练就去打仗，
这是上级的严重过错。

威威阵容，恢恢步履，
应以鹅鹳行列为楷模。
军营布阵，当有规矩，

这是将军们的职责。

军队打仗要取得胜利，
依靠官兵的智、仁、勇。
夜读兵书，重在领悟，
首先就要讲究谋略。

我听说在过去的战例中，
轻敌，就会缺智寡谋，
侥幸，就会失败害民，
这也是孔子所担忧的。

此章称为"军旅"，列为第八。

此章内容是有关军营计算、兵器制造、阵法布列、军需供应的问题。

1. 计立方营　已知军队人数及每人占地面积，计算建造一个方形营地的面积。

2. 方变锐阵　已知军队总人数及每人占地面积，布成正方形阵；然后正方形阵又变为正三角形阵（即锐阵），计算有关问题。

3. 计布圆阵　已知步兵人数，布成圆阵，计算有关圆阵的内、外直径等问题。

4. 圆营敷布　周代编制一军，布成圆营有九重。当这个圆营敷设开后，计算有关问题。

5. 望知敌众　从远处观测敌军圆营，测量出圆营的大小，以推算敌军人数。

6. 均敷徭役　军队戍边，要安排士兵守烽火台，按照前、后、中、左、右五军人数的比例，合理分配各自应该承担的任务。

7. 先计军程　已知军队人数、队形及行军速率；路狭，队形又发生变化。计算行军的路程。

8. 军器功程　制造一定数量的军器（弓、箭、刀），已知工匠人数及制造的速度，计算工期问题。

9. 计造军衣　仓库里有布、绵、絮三种材料，给出已知条件，计算这些材料可为多少士兵制造军衣等问题。

九、"第九章　市物类"

太阳东升，市场热闹，
万民生计，买卖依靠。
商人贸易才能积累财富，
一分一毫他们都会计较。

为富不仁者奴役平民百姓，
封疆大吏们却要点头称好。
舍本求末，兼并财富，
这并非合理的治国之道。

此章称为"市物"，列为第九。

此章内容是有关贸易和利息的问题。

1. 推求物价　已知贸易商场三次卖出三种货物的总价，计算三种货物的单价。秦九韶应用了"互乘相消法"解线性方程组。

2. 均货推本　有四人合股出海经商，已知四人合股的资本，已知出海贸易在海关缴纳实物商税之后，还余若干货物。计算有关货物的价格，以及四人怎样按入股资本分配盈余货物的问题。这又是应用"互乘相消法"解线性方程组。

3. 互易推本 有四种商品（或票证）是等价的，经过四次商品交换后，得到的银两数已知，计算原本第一次进行交换的商品数额。

4. 菽粟互易 有关豆类（菽）和主要粮食（小麦、大米）进行交易的计算问题。

5. 推计互易 糯谷按一定比率加工出糯米，糯米按一定比率换小麦，小麦按一定比率制曲，曲按一定比率将糯米酿造成酒。已知糯米总量，计算经上述"互易"之后的各种问题。

6. 炼金计值 金库中有三种成色的金若干，并分别知道这些金的数量与价格。把这些金炼为足色金（纯金），需要加工费用。计算能炼出多少足色金和它的价格。

7. 推求本息 已知三个库按货款的数额多少，分段计息，利率不同；又知每库各段计息的比例，计算这三个库各得多少利息。

8. 推求典本 典当一物，借期到时，已知本利和、利率和借期，推求典当的本金。

9. 僦值推原 已知一租房户现在交纳的租金额。此租房户已多次减过房租，推算原来每日应交房租的数额。

第五节　《数书九章》是国学经典

秦九韶的《数书九章》共 27 万字，本章的介绍仅仅 8000 多字，只能称

第四章 / "搜炼古今"秦九韶

为鸟瞰《数书九章》。笔者认为《数书九章》是中国的"国学经典",又是当代教育提倡的"STEM""通识教育"的古代原型。当今世界的学校教育中,推行的"科学(Science)、技术(Technology)、工程(Engineering)、数学(Mathematics)"的综合教育,简称 STEM 教育。我们可以在秦九韶的《数书九章》中,找到 STEM 教育的古代原型。[①] 我们应当在中国的基础教育中,有系统地介绍和学习秦九韶的《数书九章》思想方法,提升中国人的数学思维能力和数学应用能力。四川省安岳中学在 2003 年就开始了教育改革探索,尝试给中学生讲述秦九韶的《数书九章》,[②] 取得了良好效果。

在中学和大学中比较系统地进行《数书九章》的学习探讨,与当代世界教育推行 STEM(科学 技术 工程 数学)的跨学科综合教育非常一致。秦九韶的《数书九章》是 STEM 教育的古代原型。《数书九章》对于人们理解数学建模、信息技术、人工智能、机器学习、人机融合也有启发性。数学与计算机科学的发展,重视语言与算法,强调模式识别、模式建构,正改变着当代的数学教育。[③]

《九章算术》成书于一世纪,对三国时期魏元帝景元四年(263 年)刘徽影响深远。1982 年,吴文俊主编《〈九章算术〉与刘徽》,1987 年,吴文俊主编《秦九韶与〈数书九章〉》,这些研究为现代数学教育更好地继承中国传统数学的精华提供了新的启示。中国传统数学的"算法建模"与古希腊《几何原本》的"公理方法",都应是现代数学教育的重要内容。

秦九韶于 1247 年完成的《数书九章》是"国学"的重要经典之一,这本书能让中学生、大学生以及学校的数学教师基本了解秦九韶的数学思想方法、数学上的创新。鉴于国内外已出版了一些研究秦九韶《数书九章》的专著和论文,笔者和合作者于 2003 年 1 月撰写了一本供学生和老师参考

[①] 查有梁:《现代教育中的〈数书九章〉》,《教育科学研究》,2018 年第 1 期。
[②] 查有梁、吴永娣、周步骏、陈更生:《杰出数学家秦九韶》,科学出版社 2003 年版。
[③] 查有梁:《现代教育中的〈数书九章〉》,《教育科学研究》,2018 年第 1 期。

的科普读物《杰出数学家秦九韶》，由科学出版社出版。

2003年出版《杰出数学家秦九韶》一书之后，当代数学家吴文俊先生（1919—2017年），于2003年10月14日给笔者来信，写道："承惠赠尊著《杰出数学家秦九韶》不胜感谢。我还没有完全拜读尊著，目前还只拜读前一部分，但已感到受益匪浅，以前读秦九韶序时，只觉得格塞难明，现在拜读白话译文，得以了然，此外如关于学习与创新的许多创见，以及数书九章的条目简介，都使我得益不少，此书必将成为被广为阅读与征引的读物。在此敬致谢意，并祝成功。"吴文俊先生给予我们四位作者极大的鼓励。

秦九韶《数书九章·序》，短短一千余字，思想深邃，诗文结合，数理交融，视野广阔，充分体现了中华文化的博大精深。笔者的白话译文有三千余字。① 从这些译文中，笔者提炼出九点科学思想方法：（1）数学应用的普遍性；（2）数学与哲学的一致性；（3）继承与发展的必要性；（4）"内算"与"外算"的统一性；（5）应用"数学建模"的综合方法；（6）不断虚心学习，方能有所创新；（7）"问答术草图"的思维模式；（8）数学与文学的高度整合；（9）数学原理一旦发现，必须公开。据此，笔者阐述对秦九韶《数书九章·序》的理解以及几个特殊的句子为什么要如此翻译的缘由。②

1247年，是秦九韶的奇迹年，他的《数术大略》在这一年成书问世。1248年，秦九韶因为这本杰出的数学著作，得到南宋皇帝宋理宗的正式召见。在当代，在纪念秦九韶杰出成就方面至少有三个亮点：

第一个亮点：2000年12月21日，在北京新建中华世纪坛的青铜甬道上，刻有："公元1247年，丁未 宋理宗淳祐七年 秦九韶《数书九章》、宋慈法医学著作《洗冤集录》成书。"③

第二个亮点：1987年5月21日至25日，秦九韶《数书九章》成书740周年纪念暨学术研讨国际会议（ISCMTNC）（又称全国第一次秦九韶学术研讨会），在北京师范大学举行。秦九韶《数书九章》的数学创新，得到国际数学史界认同。吴文俊主编《秦九韶与〈数书九章〉》由北京师范大学出版社于1987年出版。

第三个亮点：2000年12月1日至3日，中国数学学会、中国数学史学会与安岳县人民政府在秦九韶的故里隆重举行"秦九韶纪念馆"落成典礼暨全国第二次秦九韶学术研讨会。"数书九章，中华之光"八个鎏金大字，永留九韶故乡。

---

① 查有梁：《〈数书九章·序〉今译》，《中华文化论坛》2005年第1期。
② 查有梁：《秦九韶数学思想方法》，《自然辩证法研究》，2003年第1期。
③ 中华世纪坛组织委员会编：《中华世纪坛青铜甬道铭文》，中国财政经济出版社2000年版，第282页。

秦九韶赞

（一）教育领先
出生蜀地，扬名世界。家教卓越，长辈期盼。
祖孙三代，考取进士。名师传法，高人指点。

（二）全面发展
书院体验，促进发展。搜练古今，彻地通天。
众星出现，巨星耀眼。多才多艺，性格乐观。

（三）珍惜时间
少年入伍，民兵队长。官运坎坷，鞠瘁勇敢。
为父守孝，道古桥建。为母丁忧，潜心立言。

（四）文理融合
交结师友，宰相吴潜。终身互助，合作典范。
民间疾苦，留下诗篇。正本清源，痛斥贪官。

（五）继往开来
继落下闳，历法精算。承祖冲之，数学留典。
九韶音乐，优美调弦。数学哲理，宇宙本元。

（六）积累问题
九章算术，深度钻研。数书九章，登峰极点。
解一小题，三斜求积。八十一问，包罗广泛。

（七）独辟蹊径
创求一术，解周易谜。缀数推星，逼近天边。
穷年致志，探幽溯源。幸而得知，即刻公展。

（八）革新算法
算学之魂，数道合一。求解方程，世界领先。
文比东坡，理超刘徽。学超高斯，术赛霍纳。

（九）名垂宇宙

人生自古，谁无终点？文天祥诗，光照人间。

自古人生，寿命有限。秦九韶法，万代相传。

2020 年 8 月 1 日

[问题与思考]

秦九韶的数学杰作《数书九章》，采用的"四言标题""九章写法"，你喜欢吗？笔者也是按照这种写作模式撰写《秦九韶生平亮点》和《秦九韶赞》。请读者尝试应用"九章写法"，为苏东坡撰写一篇《苏东坡新传》。在本书《巨星闪耀——知识创新与成才之道》里，笔者也采用了"九章写法"的架构。

如果在四川的历史文化名人中，要选择一位与秦九韶旗鼓相当的杰出的通才全才，那么苏东坡无疑是最佳人选。苏东坡（1037—1101 年）与秦九韶（1208—1268 年）各有千秋！两人均是宋代才子，天府名人，全球影响，至今不衰。你看过话剧《苏东坡》吗？你看过川剧《梦回东坡》吗？你有什么评论？

"眉山三苏"和"安岳三秦"可以相提并论。请你写出"眉山三苏"三位的名字。请你写出"安岳三秦"三位的名字。"眉山三苏"和"安岳三秦"都有良好的家庭教育。请你尝试写一篇"三苏"的家庭教育故事。再尝试写一篇"三秦"的家庭教育故事。

第五章

钱学森之问的一种回答

本章从五个方面去尝试回答"钱学森之问"：（1）"钱学森之问"与"李约瑟问题"；（2）钱学森提出"大成智慧学"，此即他自有的回答；（3）按照人才成长规律去培养杰出人才；（4）社会发展的需要是培养杰出人才的基本动力；（5）中国培养大批杰出人才的社会条件。本章尝试积极、全面、客观地去回答"钱学森之问"。①

回答"钱学森之问"应当注意以下三类方法：（1）应用"内外结合"的系统方法论，要从"内部"和"外部"去研究；（2）应用"时空联系"的进化方法论，要从"纵向"和"横向"去研究；（3）应用"三体相关"的层次方法论，要从"个体""群体""整体"三个层次去研究。要回顾历史，研究现实，展望未来。

"钱学森之问"不是简单性问题，不是应用"还原论"的线性方法可以破解的。只有各类专家学者各抒己见、求同存异、知识互补、共同努力，花费较长的时间，才能在现实中真正解决这个问题。

本章将"钱学森之问"与"李约瑟问题"联系起来，从近三百年来世界科学技术发展的历史动力、科学技术进化的社会条件、杰出人才培养的途径等多层次多方面，给出对"钱学森之问"与"李约瑟问题"这一类"复杂性问题"的一种回答。当然，这只是一种尝试性的回答。

提出问题与解决问题，两者同样重要。在此，笔者也进一步提出问题："科学知识增长的问题"与"杰出人才成长的问题"有什么联系？各类知识是如何增长与传播的？各类人才是如何发现和培养的？"人工智能"能不能不需要人就解决或者实现"科学知识增长的问题"？"机器学习"是不是可以解决或者代替"杰出人才成长的问题"？

---

① 本文发表在《中国教育科学（2014年第3期）》，人民教育出版社2014年版，第192—219页。

第一节 "钱学森之问"与"李约瑟问题"

一、钱学森之问的提出

"为什么我们的学校总是培养不出杰出人才?"这就是著名的"钱学森之问"。"钱学森之问"是一个引起全国广泛关注的问题,需要整个教育界、科学界乃至社会各界共同研究破解。2005年7月30日,钱学森曾向温家宝说:"现在中国没有完全发展起来,一个重要原因是没有一所大学能够按照培养科学技术发明创造人才的模式去办学,没有自己独特的创新的东西,老是'冒'不出杰出人才。这是很大的问题。"[①] 钱学森提出了问题,同时,也指出了解决问题的方向。他希望中国有几所大学能够按照培养科学技术发明创造人才的模式去办学。

新中国成立六十多年以来,学校培养了一些杰出人才。特别是,学校主要面向国家的经济发展,培养国家急

---

① 记者李斌:"温家宝总理看望钱学森",《新华每日电讯》,2005年7月30日,第一版。

需的"应用型"人才，以解决国家急需解决的各种问题。因此，培养"专业型人才"，成为中国大学的主要培养目标。研究"钱学森之问"，有利于中国的大学改变这种状态。

一流大学的经验证明：没有"通识教育"与"专业教育"的有机结合，没有"自由探索"和"任务引领"的有机结合，没有"学术自由"与"鼓励创新"的有机结合，就不可能培养出现代的杰出人才。

二、李约瑟问题的提出

与"钱学森之问"十分相关的问题是"李约瑟问题"。李约瑟等人历经几十年，完成多卷本巨著《中国科学技术史》（英文原版由英国剑桥大学出版，已有几种中文译本），其宗旨之一，正是试图回答"李约瑟问题"。

"李约瑟问题"的正式表述是："如果我的中国朋友们在智力上和我完全一样，那为什么像伽利略、托里拆利、斯蒂文、牛顿这样的伟大人物都是欧洲人，而不是中国人或印度人呢？为什么近代科学和科学革命只产生在欧洲呢？……为什么直到中世纪中国还比欧洲先进，后来却会让欧洲人着了先鞭呢？怎么会产生这样的转变呢？"[1] 李约瑟问题有两方面：一是，从古代到中世纪，为什么中国的科学技术还比欧洲先进？二是，中世纪之后，为什么中国在近代科学上落后了？"李约瑟问题"并不是一些中国人认为的那样：中国从古至今科学技术都一直落后于欧洲。笔者在这里不展开讨论这个"误解"问题。

在上文的引述中，李约瑟提到了 4 位杰出人才。在同一时期，我们中国没有出现能够与之相比的科学技术方面的杰出人才。伽利略（1564—1642 年）于 1632 年发表《关于托勒密和哥白尼两大世界体系的对话》；牛

---

[1] 见李约瑟主编的《中国科学技术史》，由科学出版社与上海古籍出版社 1990—2022 年联合出版。

顿（1643—1727年）于1687年发表《自然哲学之数学原理》。杰出人才都有划时代的成果。时代在发展，现在看来，对世界影响巨大的杰出人才又有了新的变化，今后，当然还会变化。

"欧洲300年文明展"有三张落地照片：第一个是爱因斯坦（1879—1955年），因为他对人类认识客观物质世界做出重大贡献；第二个是马克思（1818—1883年），因为他对认识人类社会做出重大贡献；第三个是弗洛伊德（1856—1939年），因为他对认识人类自身做出重大贡献。这三位杰出人才对于欧洲，同时也是对于整个世界的文明进步，影响深远。

近100多年以来，应当说有4位杰出的大师：达尔文，于1859年发表《物种起源》，奠定了现代生物学的基础；马克思，于1867—1894年发表《资本论》，奠定了政治经济学的基础；爱因斯坦，于1921年发表《相对论的意义》（包括了1905—1915年的研究成果），奠定了现代物理学的基础；弗洛伊德，于1917发表《精神分析引论》，奠定了现代心理学的基础。在这些基础科学方面，咱们中国没有出现这种奠基性大师。这是事实，应当引起我们深刻反思。

"李约瑟问题"涉及一个国家的科学技术如何才能持续进步并走到世界的先进行列。"钱学森之问"涉及一个大学如何才能培养出杰出人才，促进科学技术的创新。这两个问题是有内在联系的。如果很好地解决"钱学森之问"，就可以很好地回答"李约瑟问题"；如果较好地回答"钱学森之问"，就可以较好地回答"李约瑟问题"。"李约瑟问题"问得宏观一些；"钱学森之问"问得微观一些。两个问题是有内在联系的。[①]

笔者在《牛顿力学的横向研究》（1987，2014）和《爱因斯坦与教育》（2008）两书之中，就分别回答了上述两个问题。本章则要将对这两个问题的回答"综合集成"起来，给出一种新的回答。这两个问题引起了学术

[①] 查有梁：《"钱学森之问"与"李约瑟问题"都是真命题》，《中国社会科学报》，2011年9月22日。

界广泛的关注和热烈讨论,但是,看法大相径庭,至今没有比较确定的答案。① 所以,本章只能命名为:《钱学森之问的一种回答》。

三、钱学森之问与李约瑟问题是复杂性问题

"李约瑟问题"和"钱学森之问"都不是"简单性问题",而是"复杂性问题"。这两个问题都与教育和人才密切相关。当代方兴未艾的复杂性科学研究,就是试图解决复杂性问题。钱学森先生指出:"如果子系统种类很多并有层次结构,它们之间关联关系又很复杂,这就是复杂巨系统。如果这个系统又是开放的,就称作开放的复杂巨系统。例如,生物体系统、人脑系统、人体系统、地理系统(包括生态系统)、社会系统、星系系统等。"② 钱学森对"复杂性"这样定义:"所谓'复杂性'实际是开放的复杂巨系统的动力学,或开放的复杂巨系统。"③

苗东升将钱学森关于"复杂性"的定义理解为:"规模巨大性、组分异质性、等级层次性、非线性、动态性、开放性综合在一起所涌现出来的系统性,就是复杂性。具有这种特性的事物,就是开放复杂巨系统。"④ 笔者认为:"复杂系统的显著特点是具有开放性、层次性、动态性、整合性、非线性、多样性、演化性、差异性等。"⑤ 社会系统和人脑系统都不是一个简单系统而是开放的复杂巨系统。

教育是培养人的一种社会活动,它同社会的发展、人的发展有着密切的联系。教育既与个人相关,又与社会相关。"教育、素质、发展"这三

---

① 林可济:《重新审视"李约瑟问题"——从中西文化哲学差异的视角》,《自然辩证法研究》,2013 年第 11 期。
② 钱学森、于景元、戴汝为:《一个科学新领域——开放的复杂巨系统及其方法论》,《自然杂志》(第 13 卷),1990 年第 1 期。
③ 涂元季:《钱学森书信》(第 7 卷),国防工业出版社 2007 年版,第 200 页。
④ 苗东升:《复杂性科学研究》,中国书籍出版社 2013 年版,第 126 页。
⑤ 查有梁:《论教育的原理、模式与经验》,《校长》,2014 年第 4 期。

大范畴，属于教育学的整体性范畴。① 教育系统是开放的复杂巨系统。认识教育系统在系统科学之中的分类性质，有利于较好回答"李约瑟问题"和"钱学森之问"。

应用复杂性科学研究的方法解答"李约瑟问题"和"钱学森之问"，会与以往大多应用简单性科学的"还原论"的分析方法研究这两个问题有所不同，研究过程和研究所得到的结论都会有所不同。我们要力求以开放性、层次性、动态性、整合性、非线性、多样性、演化性、差异性等，综合集成起来的方法论，来探索"李约瑟问题"和"钱学森之问"。钱学森认为："要解决开放的复杂巨系统问题，要建立从定性到定量的综合集成方法。""外国人好的东西我们要学习，但我不相信他们能解决开放的复杂巨系统问题，这要靠我们自己努力。"②

四、大成智慧学有助于复杂性问题的解决

"李约瑟问题"和"钱学森之问"都属于开放的复杂巨系统的问题，而对开放的复杂巨系统的问题的普遍解决方法，人类至今并没有找到，还没有学术界公认的普遍有效的方法。钱学森为此奋斗了一生，到了晚年他终于建构起系统工程学、知识体系学、大成智慧学，找到了解决开放的复杂巨系统问题的方法论。如果我们不理解和掌握"从定性到定量的综合集成方法"，不理解和掌握"集大成，得智慧，善创新"的"大成智慧学"的一般方法论，就很难解决开放的复杂巨系统问题，也就难以解决"李约瑟问题"和"钱学森之问"。

虽然，全世界有许许多多的学者，都在尝试从不同的立场、观点、方法去探索"李约瑟问题"和"钱学森之问"，得到了许许多多不同的见解

---

① 查有梁：《论教育学的核心范畴》，载《中国教育科学（2013年第3辑）》，人民教育出版社2013年版。

② 钱学森：《再谈开放的复杂巨系统》，《模式识别与人工智能》（第4卷），1991年第1期。

和看法。这些看法都有利于"李约瑟问题"和"钱学森之问"的较为满意的解决。但是，我们一旦认识到开放的复杂巨系统问题，并不是可以应用简简单单的分析就可以得到满意答案，那么，我们就会认认真真思考和学习钱学森提出的系统工程学、知识体系学、大成智慧学，理解和掌握"从定性到定量的综合集成方法"，理解和掌握"集大成，得智慧，善创新"的"大成智慧学"的一般方法论。

本章尝试从"个体""群体""整体"三个层次，去研究"钱学森之问"和"李约瑟问题"。个体层次，要回答"如何培养杰出人才？"或者，"培养杰出人才有何基本原理？"群体层次，要回答"大学如何培养更多的杰出人才？"或者，"培养杰出人才的教育有何基本原理？"整体层次，要回答"一个国家的科学技术如何走到世界的先进行列，并涌现出一大批杰出人才？"

"个体""群体""整体"这三个层次是有其内在联系的。整体制约群体，群体制约个体；个体影响群体，群体影响整体。这样思考，正是将"钱学森之问"和"李约瑟问题"作为同一个开放的复杂巨系统问题，而不是仅仅作为一个简单性问题去分析解决。

1978年9月27日，钱学森、许国志、王寿云在《文汇报》上发表长篇论文：《组织管理的技术——系统工程》，正式提出系统工程的概念。正是在这篇论文的结尾一段，钱学森已经涉及"钱学森之问"了。他写道："我们这样干是一种创新。这也使我们想起一百多年前的事：19世纪下半叶，当时工业生产后进的美国为了追上先进的西欧资本主义国家，创办了理工科结合的科学技术高等院校，第一所这样的大学可以说是1861年建立的麻州理工学院。在20世纪20年代初美国为了同一目的又创办了着重培养研究人才的加州理工学院。这些突破传统的院校为美国培养了高质量的科学技术人才，使美国科学技术在21世纪中叶达到了世界先进水平。今天为了适应我国四个现代化的需要，在我国创办理工科结合的、培养组织管理科学技术人才的新型高等院校,并在其他高等院校设置这方面的课程,那我们一定能后来居上,使我国组织管理很快地达到世界最先进的水平!"①

1984年初,在钱学森系统思想的启发下,作者在《教育研究》上发表连载三期的论文《控制论,信息论,系统论及其对教育科学的意义》②,尝试应用系统科学的原理,解决教育有关的复杂问题。在钱学森先生的直接教诲之下,作者完成且发表专著《系统科学与教育》,尝试从系统论的观点去研究认识论,又从认识论的观点去研究系统论,进而将系统论和认识论结合起来研究教育科学。《系统科学与教育》是在系统科学原理的指引之下,将教育原理、教育技术、教育美学、教育模式、教育经验基础上提炼的教育原则和方法结合起来去解决教育的复杂问题。③

第二节 钱学森之问 他自有回答

钱学森先生是一位战略性的科学家和前瞻性的教育家。他开创了"工程控制论""物理力学讲义""星际航行概论"三门新学科。他具体指导了中国的"两弹一星"研制过程,为国家强大做出巨大贡献。他为人类的航空航天事业培养了大批杰出人才,包括其直接和间接培养的中国科学家和

---

① 钱学森等:《论系统工程》,湖南科学技术出版社1982年版,第24页。
② 查有梁:《控制论,信息论,系统论及其对教育科学的意义》,《教育研究》,1984年第5,6,7期。
③ 查有梁:《系统科学与教育》,人民教育出版社1993年版。

外国科学家。他提倡科学技术、文学艺术、哲学社会科学的紧密结合，将中华传统文化与西方现代科学融会贯通。晚年，他提出"系统工程学""知识体系学"和"大成智慧学"三大学问。钱学森创建的三门新学科和三大学问是一脉相承的。

"钱学森之问"，钱学森自己有回答。笔者认为，这"三大学问"是有内在联系的创新。特别是根据"大成智慧学"建构"大成智慧教育"，有可能较好回答"钱学森之问"。我们要在"大成智慧教育"的指引下，建构"大成智慧教学"，将"大成智慧教育"落实到学校教学，促进教师成才、学生成长、学校成功，如此中国就能够培养出较多杰出人才。

一、从"系统工程学"到"知识体系学"

钱学森开创"工程控制论"（1954年英文版，1980年中文修订版）、"物理力学讲义"（1953年英文讲义，1962年由科学出版社出版中文本）、"星际航行概论"（1963年科学出版社）三门新学科。三门新学科都是钱学森根据工程技术的实际应用问题，提升创建的"技术科学"。在科学方法论上，它们都是跨学科的综合集成，都体现了系统科学思想的具体应用。这与钱学森1955年回国之后，能够在短短10年之内胜利完成"两弹一星"的研制密切相关。这与钱学森晚年提出"集大成，得智慧，善创新"的"大成智慧学"有密切关系。

钱学森通过参与指导组织"两弹一星"研制的长期实践，提炼出"系统工程"的新概念。钱学森写道："在我国国防尖端技术科研部门建立的这种组织就是'总体设计部'。""总体设计部的实践，体现了一种科学方法，这种科学方法就是'系统工程'（Systems Engineering）。'系统工程'是组织管理系统的规划、研究、设计、制造、试验和使用的科学方法，是一种对所有'系统'都具有普遍意义的科学方法。我国国防尖端技术的实践，已经证明了这一方法的科学性。"①

经过 22 年的不断研究，钱学森在他 90 岁时出版《创建系统学》。② 其宗旨就是为了解决开放的复杂巨系统的问题。

钱学森将他建立的"现代科学技术体系"的内容不断丰富扩展，同时又将"现代科学技术体系"称为"人类知识体系"，即"知识体系学"，属于知识论范畴；而他提出的"大成智慧学"，则属于认识论范畴。知识论着重研究人类认识的结果，认识论着重研究知识获得的过程，两者有不可分割的联系。

笔者根据对于钱学森科学思想的学习研究认为，钱学森建立的"现代科学技术体系"是现代较为完整的"知识体系学"，钱学森提出的"大成智慧学"是现代较为新颖的"现代认识论"。钱学森创建的这种知识论和认识论，对于学校教育的课程改革，特别是新型高等院校的课程改革，有很大的指导意义，对于培养杰出的科学技术人才，意义重大。

钱学森关于"人类知识体系"的探索，直接促进他对于"大成智慧学"的探索，以及"大成智慧教育"的设想。③

钱学森的"知识体系学"纵向有 6 个层次：（1）前科学（包括：不成文的实践感受、实践经验知识库和哲学思维）；（2）应用技术；（3）技术科学；（4）基础理论；（5）学科哲学（钱学森称为"桥梁"，即通向马克思主义哲学的桥梁）；（6）马克思主义哲学——人认识客观和主观世界的科学。"学科哲学"，例如"自然科学哲学"（自然辩证法）、系统科学哲学（系统论）等，都在不断丰富和发展马克思主义哲学。

钱学森的"知识体系学"横向方面的学科不断增加，到 1996 年增加到 11 门大学科：（1）自然科学；（2）社会科学；（3）数学科学；（4）系统科

---

① 钱学森等：《论系统工程》，湖南科学技术出版社 1982 年版，第 11—12 页。
② 钱学森：《创建系统学》，山西科学技术出版社 2001 年版。
③ 钱学敏：《钱学森科学思想研究》（第 2 版），西安交通大学出版社 2010 年版，第 57—83 页。

学；(5) 思维科学；(6) 人体科学；(7) 地理科学；(8) 军事科学；(9) 行为科学；(10) 建筑科学；(11) 文艺创造和文艺理论。

笔者认为，钱学森的"知识体系学"横向可以归纳简化为6门大学科：(1) 自然科学；(2) 社会科学；(3) 数学科学；(4) 系统科学；(5) 人文科学；(6) 综合科学。其中人文科学主要包括：音乐、美术、文学、艺术等学科。综合科学则包括：管理科学、思维科学、人体科学、地理科学、军事科学、行为科学、建筑科学等。这实质上还是钱学森提出的"知识体系学"范畴。

对于上述11大门类学科，钱学森认为，其中，每一大学科都可以再细分为内容丰富的五大层次。例如，系统科学的第1层次"应用技术"包括：系统工程、控制工程、信息工程；系统科学的第2层次"技术科学"包括：运筹学、控制论、信息论、事理学；系统科学的第3层次"基础科学"即系统学（尚未建立起来）；第4层次是"系统哲学"（系统论）；第5层次是"马克思主义哲学"。[1] 推而广之，11大门类学科，都有各自的五大层次。

二、从"大成智慧工程"到"大成智慧学"

复杂性科学研究是当今世界科学研究的热门，研究复杂性问题成为科学探索的前沿。世界一些杰出的科学家，1984年聚集在美国新墨西哥州的首府圣菲市召开了一次研讨会，研究各学科共同关心的"人类究竟是如何认识和处理复杂性的"这个难题，并建立起圣菲研究所。从1994年开始举办乌拉姆系列讲座，在首次报告会上，提出了"复杂适应系统"（简称CAS）理论。[2]

在中国，钱学森最先关注复杂性研究。从1986年1月7日开始，钱学

---

[1] 王文华：《钱学森学术思想》，四川科学技术出版社2007年版，第361页。

[2] 约翰·亨利·霍兰：《隐秩序》，周晓牧等译，上海科技教育出版社2000年版。或参考许国志主编：《系统科学》，上海科技教育出版社2000年版，第249—295页。

森亲自领导了"系统学讨论班"的开放式科学研究活动,参加讨论班的大多是来自科研单位和著名大学的中青年学者,讨论班的宗旨是吸取当代科学研究成果,创建系统科学的基础科学:系统学。这个"系统学讨论班"坚持了数年,成果累累,逐渐形成钱学森学派。钱学森学派于1990年正式提出"开放的复杂巨系统"(简称 OCGS)理论。[1] 钱学森进而提出以人为主,发展大成智慧工程,以及大成智慧学。

钱学森说:"我是从搞工程技术走向科学论的,技术科学的特点就是理论联系实际。因而我思考问题,一方面在理论上要站得住,另一方面在工程上还要有可操作性。23年来,系统工程和系统科学已经有了很大发展,我们已经从工程系统走到了社会系统,进而提炼出开放的复杂巨系统的理论和处理这种系统的方法论,即以人为主、人机结合,从定性到定量的综合集成法,并在工程上逐步实现综合集成研讨厅体系。将来我们要从系统工程、系统科学发展到大成智慧工程,要集信息和知识之大成,以此来解决现实生活中的复杂问题。"

接着,钱学森说:"系统科学的这一发展,结合现代信息技术和网络技术,我们将集人类有史以来的一切知识、经验之大成,大大推动我国社会物质文明和精神文明建设的发展,实现古人所说'集大成,得智慧'的梦想。智慧是比知识更高一个层次的东西了。如果我们在21世纪真的把人的智慧都激发出来,那我们的决策就相当高明了。我相信,我们中国科学家从系统工程、系统科学出发,进而开创的大成智慧工程和大成智慧学在21世纪一定会成功,因为我们有马克思主义哲学作为指导。"[2]

钱学敏教授在《钱学森科学思想研究》中,对于"大成智慧学"这样写道:

---

[1] 钱学森、于景元、戴汝为:《一个科学新领域——开放的复杂巨系统及其方法论》,《自然杂志》(第13卷),1990年第1期。

[2] 许国志:《系统科学与工程研究》,上海科技教育出版社2001年版,第650-656页。原载《文汇报》2001年3月20日第1~2版。

如何尽快提高人们的智慧，以适应新世纪发展的需要？这是钱学森几十年来，尤其是近十年来，着力探索与思考的时代课题。他认为这是件大事，很重要，其意义甚至不亚于当年"两弹一星"的研制、发射。他所倡导的"大成智慧学"简要而通俗地说，就是引导人们如何尽快获得聪明才智与创新能力的学问。①

钱学森为什么定名为"大成智慧学"？笔者可以给出一种诠释：孔庙的大殿，称为"大成殿"。孔子的儒学就是"集大成"。孟子说："孔子之谓集大成。集大成也者，金声而玉振之也。金声也者，始条理也；玉振之也者，终条理也。始条理者，智之事也；终条理者，圣之事也。智，譬则巧也；圣，譬则力也。"② 孟子用音乐比喻集大成，生动而形象，称孔子是将智慧和圣德"集大成"于一身。

哲学（Philosophy）在古希腊文中为"爱智慧"的意思。大成智慧，就是将古代中国的"集大成"和古代希腊的"爱智慧"结合在一起，就是"集大成，得智慧，善创新"。钱学森先生倡导研究和应用系统科学，坚持数年执着地建构系统学，努力解决复杂性问题，于是建立起一门学问：大成智慧学。

三、从大成智慧学到大成智慧教育

"大成智慧学"与以往关于智慧或思维学说的不同，在于"大成智慧学"强调以马克思主义的辩证唯物论为指导，利用现代信息技术和网络、人机结合以人为主的方式，迅速有效地集古今中外有关经验、信息、知识、智慧之大成，总体设计，群策群力，科学而有效地去解决各种复杂性

---

① 钱学敏：《钱学森科学思想研究》（第2版），西安交通大学出版社2010年版，第84页。
② 《孟子·万章章句下》。

问题,[①] 从而获得开放的复杂性巨系统的知识。所以,笔者认为,钱学森的"大成智慧学"是现代认识论。

大成智慧学包含有钱学森提出的"知识体系学"纵向的 6 个层次:前科学、应用技术、技术科学、基础理论、学科哲学、马克思主义哲学。将钱学森提出的"知识体系学"的纵向和横向方面结合起来,应用在大学教育的课程改革里,就是:要将社会实践、理科、工科、文科(包括社会科学)、艺术、哲学,几大学科和学科之内的 6 大层次"综合集成"起来,才有利于培养有创新能力的杰出人才。

大成智慧学这一命名是名副其实的中西融合、古今汇通。将大成智慧学的思想应用于教育,从而建构起"大成智慧教育"的新模式,这是钱学森的一大创新。

老子在《道德经》第一段一开头就指出:"道,可道,非常道。名,可名,非常名。"老子认为知识有两大类:一类是"可道的知识",一类是"不可道的知识"。现代的"知识论"提出知识分为两大类:言传知识和意会知识(也称为逻辑知识和经验知识,或称为显性知识和隐性知识,或编码知识和暗默知识),前者主要是客观知识,后者主要是主观知识。中国传统文化重视"阴阳互补"。这两大类知识,一阴一阳,是互补的。

《中庸》提出"大学之序":"博学之,审问之,慎思之,明辨之,笃行之。""学、问、思、辨、行"中的前四项,即"学、问、思、辨"都是有关"知识",即学知识、问知识、思知识、辨知识。因此,"学、问、思、辨、行",简言之,即"知与行"。中国传统的"知行学说",既包含"认识论"也包含"知识论"。

中国传统文化深入思考了"知行学说"问题。这是中国传统文化"阴阳互补"的思想在教育中的具体化。"学、问、思、辨、行",这"五行"当然也是"相生相克"、相互联系、相互转化的。任何教育都离不开"博

[①] 钱学敏:《钱学森科学思想研究》(第 2 版),西安交通大学出版社 2010 年版,第 183 页。

学之，审问之，慎思之，明辨之，笃行之"；"知行合一"也就是"理论结合实际"。

四、大成智慧教育：德才兼备，五育并重，五科并行

我国的教育方针已经明确提出：要让学生在德、智、体、美诸方面得到全面发展。蔡元培先生提出"五育"。关于"五育"现在有多种表述："德、智、体、美、劳"，或"德、智、体、美、群"，等等。钱学森的"大成智慧学"强调的五育是德育、智育、体育、美育、创育。简言之即"德、智、体、美、创"。"劳""群""创"三者是相通的、相连的、一致的，因为劳动创造了世界，群众创造了历史。"创"就包含了"劳"和"群"。

"创育"包括创业教育、创造教育、创新教育。钱学森的"大成智慧学"中的"创育"，主要是指创新教育。钱学森的"大成智慧学"，希望培养出有创新能力的"杰出人才"。杰出人才的标志，就是要"有创新"。创新教育，其中应当包容陶行知先生实施的"创造教育"，以及当代胡晓风提出的"创业教育"。

钱学森特别强调：品德情感与智慧能力并重，是培养高尚品德和科学精神的思路。杰出人才的成长，要靠伟大的科学精神和崇高品德的教育与熏陶，要靠自觉地追求真理的兴趣与激情，要靠人在与计算机优势互补中对知识的有效集成与积累，要靠在社会实践中长期的锻炼。这是钱学森强调的"大成智慧"需要"德才兼备"的基本内容。

对于大学生而言，基本的"五学科"是"理、工、文、艺、哲"。即理科、工科、文科、艺术、哲学。这里的文科即社会科学。

1993年10月7日，钱学森先生在给钱学敏教授的信里，提出了培养18岁的"大成智慧学"的硕士。钱学森关于"大成智慧教育"的设想："要人人大学毕业成为硕士，18岁的硕士，但什么样的硕士？现在我想是

大成智慧学的硕士。具体讲：（1）熟悉科学技术的体系，熟悉马克思主义哲学；（2）理、工、文、艺结合，有智慧；（3）熟悉信息网络，善于用电子计算机处理知识。"钱学森强调："必集大成，才能得智慧。""大成智慧"教育重在理论与实践相结合。"大成智慧"教育要把哲学与科学技术相结合。"大成智慧"教育必须加强情感和品德的教育。"大成智慧"教育将是一场伟大的革命。①

钱学森的这一观点，比当代部分大学强调的"通识教育"具体丰富得多。以上五条，可以简化为"理、工、文、艺、哲"五科并行。更详细的有11大部门。钱学森认为，人类知识体系纵向结构有三个层次：基础科学、技术科学、应用技术；人的思维结构有三个层次：知识层次、情感层次、智慧层次。从上述两个"三层次"来建构"理、工、文、艺、哲"，是课程改革的重大创新。

从钱学森的"大成智慧学"的内容，可以看到钱学森的父亲钱均夫送给钱学森的人生格言的内涵："人，生当有品：如哲、如仁、如义、如智、如忠、如悌、如孝！"② 这对于钱学森"大成智慧学"有深刻的影响。

五、大成智慧教育：人机结合，高效学习，缩短学制

对于当代的学生而言，要尽早掌握信息处理的工具：电脑和网络。至少要采用五种方式，进行高效而系统的学习："人、机、网、书、传"，即"人脑、电脑、网络、书刊、传播"。1993年12月18日，钱学森先生给笔者来信说，除哲学之外的四大学科是："科学、技术、社科、文艺四大门"。同时强调："人的智慧不只来源于人脑，还有计算机和信息网络，是人·机结合的智慧！"③ 钱学森的学术思想远远走在时代前面。

---

① 钱学敏：《钱学森科学思想研究》（第2版），西安交通大学出版社2010年版，第182—194页。
② 王文华：《钱学森的情感世界》，四川人民出版社2002年版，第12页。
③ 查有梁：《再读钱学森先生的3封来信》，《科学时报》，2007年9月28号，B2。

20年后，应用电脑和网络的"大规模开放在线课程"（MOOC）成为一种重要的教育形式。MOOC这种大规模网络公开课，在2013年引发了世界很多国家的关注和争论。[①] 有人将MOOC音译为"慕课"。笔者以为这种翻译不准确。如果要简明的翻译，就直接称为"网课"。对于"网课"，教师必须熟悉和掌握，有效利用"网课"来进修和代替部分教学；但是，"网课"不可能完全代替教师在教室里上课。在基础教育里，"网课"的比例不可能太大。但是，大学教育理应充分发挥"网课"的积极作用。

传统的书籍和报刊，仍然是传播知识的重要途径之一，这是不言而喻的。"人脑、电脑、网络、书刊、传播"五种方式，正在经历系统整合。现在，许多书刊都"网络化"了。电脑、网络、书刊三者"一体化"了。这给全民终身学习提供了极大的方便。钱学森的"大成智慧学"，提倡高效率地学习，从技术上看已是可能。传统教学与网上教学的融合，个性化学习与共性化学习的统一，个别教学、班级教学、远程教学的三结合，这是教育革新的一个重要方向。[②]

为什么要加上"传播"呢？这是指学习者，不仅要通过"人脑、电脑、网络、书刊"来进行高效的学习，而且，要将自己的创新，通过"电脑、网络、书刊"及时地传播出去，与同行进行及时交流。按照系统科学的原理，学习者主动传播知识本身，也是一种有效学习。高效的学习，总是双向的，而不是单向的；总是非线性的，而不是线性的。创新需要应用"人、机、网、书、传"五种方式整合。"自适应学习"和"自传播分享"相结合，将会大大提高全人类的教育水平。

钱学森提出大成智慧教育的学制是："（1）8年一贯制的初级教育，4

[①] 《环球科学》2013年9月号，发表多篇文章讨论：MOOC：教育革命？
[②] 查有梁：《教学效率数学模型建构的教育原理及意义》，《现代远程教育研究》，2012年第4期。

岁到 12 岁，是打基础。（2）接着的 5 年（高中加大学），12 岁到 17 岁，是完成大成智慧的学习。（3）最后一年是'实习'，学成一个行业的专家，写出毕业论文。这样的大成智慧硕士，可以进入任何一项工作，如不在行，弄一个星期就可以成为行家。以后如工作需要，改行也毫无困难。当然，他也可以再深造为博士，即主要是搞科学技术研究，开拓知识领域。"[1]

现在中国的学校教育，有四次升学考试：小学升初中，初中升高中，高中升大学，大学升研究生。为了准备升学考试，平均要用 3 年时间左右，在低水平上，简单重复地"应考"。"大成智慧教育"的学制主张，应当缩短这 3 年的"应试时间"。学习期间要进行平时考试，目的是及时改进教与学，提高教学质量。如果 18 岁达到硕士，则有可能超越考试，全力以赴，参与创新。

从"学、问、思、辨、行"，到"德、智、体、美、创"；从"理、工、文、艺、哲"，到"人、机、网、书、传"，这些，正是钱学森"大成智慧教育"的关键词。

应用"大成智慧教育"的思想方法，启发人们要将"传道、授业、解惑、自主、合作、探究"的多种学习方式，结合起来，灵活应用。

六、"大成智慧"教学的思维模式和基本程序

"大成智慧"教学的思维模式，是多种模式的有效结合：（1）教师晓之以理，学生思考接受，重在逻辑思维；（2）教师导之以行，学生活动探究，重在操作思维；（3）教师动之以情，学生情感体验，重在情感思维；（4）教师传之以神，学生合作交流，重在交往思维；（5）教师创之以新，学生整合顿悟，重在综合思维。

"大成智慧"教学的基本程序：（1）教师启发讲授：问题、实例、故

---

[1] 钱学敏：《钱学森科学思想研究》（第 2 版），西安交通大学出版社 2010 年版，第 184 页。

事、鉴赏；（2）学生自主学习：预习、复习，都是自主学习；（3）学生互动交流：课堂上两两交流，效率最高；（4）学生练习展示：学生展示成果，是变学为教；（5）教师积极评价：正面积极的评价，促进学习；（6）重视随机生成：抓住随机问题，是教育智慧。

教师的讲课要求高质量。但是，天天讲新课，教师很疲劳。教师要应用教育技术，让部分课程用网络的公开课来取代，或部分课程用教师自己的优质录像课取代，教师不再为天天重复单调的讲课而辛劳。大力提倡"自适应学习""自适应教学"，让每一位教师有时间空间持续有效提高自身作为教师的专业水平，为学生提供更多、更精彩的优质教学，提供更生动、更有针对性的个别辅导。逐渐解决"优质教学世界稀缺"这一个"老大难"问题。

"大成智慧"教学的基本方法：（1）故事引导成一线，精讲精练；（2）实例生动纵横联，突出重点；（3）启发讲授要精简，抓住关键；（4）问题讨论促发言，互相共勉；（5）展示成果重发展，知识成链。

"大成智慧"教学的基本标准：（1）时间短，效果好；因材学，因材教；（2）乐于学，乐于教；主动学，生动教；（3）结构简，过程优；细鉴赏，重提高；（4）善启发，问题好；有实例，故事妙；（5）有交流，有互动；真善美，循大道。

钱学森的"大成智慧教育"思想，对于广大教师自主建构多种多样的教学模式，以实现因材施教，提高教学质量有极大的启发性。[1]

---

[1] 查有梁：《钱学森教育思想与教学模式创新》，这是作者应邀在"中国教育学会第二十六次全国学术年会"，分会议1："教学模式创新与教育质量提升"上的报告。2013年11月23日，青岛。

第三节　按照人的成长规律去培养人

笔者在此尝试回答"钱学森之问"。大学要培养杰出人才有 6 大基本条件：（1）学生的基础好，身心健康，博学深专；（2）遵循教育规律办大学；（3）有一流导师的指导，能够"站到巨人的肩上"；（4）有强烈的社会需求，有高期望，有高抱负；（5）有自由独立思考的时间空间；（6）有长期超越寻常的个人努力。

一、学生的基础好，身心健康，博学深专

学业基础好，身心健康，力争早日成才。成才年龄律：一般是 25～45 岁之间。有大器早成，也有大器晚成。不同专业，成才的年龄分布不同。根据杰出人才的统计，自然科学家创新的高峰期在 37 岁左右；杰出教育学家，出版成名之作在 52 岁左右。

要遵从以下三大规律培养人才。

【学习律】实践与理论结合

每个人要成才，必须善于学习，终身学习，将实践与理论结合起来。第一，既要学习书本知识，又要学习经验知识（直接经验、间接经验）。学习是他人不可能代替的，必须依靠自己努力。学习又是不能孤立进行的，必须向他人请教。第二，学习促进创新，创新又促进学习。学习知识与创新能力成正相关，知识与创新相互促进。热爱是最好的老师，乐学才

能提高效率。第三，学习与实践是不能分割的，"学而时习之"非常重要。教与学是相互促进的，教是最好的学。"学而不厌，诲人不倦"。这才有可能成为有创新能力的杰出人才。

以钱学森为例。钱学森少年时代就读于北京师范大学附属中学，受到良好的教育，在基础知识、基本技能、基本态度、基本方法，这"四基"方面，都打下了扎实的基础。钱学森从小就树立了用科学技术报效祖国的志向。1929年（18岁时）考入上海国立交通大学机械系铁道专业。1934年，以优异成绩考取清华大学公费留学生。1935年赴美国留学，他选择了航空工程专业，仅一年即获得美国麻省理工学院航空工程硕士学位。他又勤奋学习研究三年，1939年获美国加州理工学院航空博士学位与数学博士学位。钱学森的博士学位选择"航空与数学"，既是工程方面（航空）的博士学位，又是理科方面（数学）的博士学位。这真是博学深专。

从钱学森的专业选择看，钱学森是很有远见的，其专业均是当时的"前沿""尖端""综合"的领域。他在空气动力学、航空工程、喷气推进、火箭技术等方面的前沿探索上，做出了突出贡献。钱学森一心想"学成归国，报效祖国"。在第二次世界大战后，他不可能继续在美国研究与"军事"紧密相关的"火箭"技术。研究的领域越有保密性，他将越没有可能回国服务。于是，他改而研究《工程控制论》《物理力学讲义》——这些领域均是他独具慧眼的选择，并开辟了两个学科研究的新领域，受到国际科学技术界的高度评价。

钱学森成才之道的第一条是：志向远大，博学深专。这正是创新杰出人才成才之道的学习律。

【发展律】经验与反思结合

每个人要成才，都有一个成长的经历，要不断将经验与反思结合起来。第一，必须在德、智、体、美诸方面和谐发展，成为合格人才。以德为本，健康第一，才能持续发展。第二，努力学习，深入实践，成为有一技之长的专门人才。有职业道德，社会公德，才能持续发展。第三，任何一项重大创新都要经历相当长时间的"愤悱"。统计数据告诉我们，要经过 10 年以上的集中努力，开放、交流、涨落、远离平衡态，既要循序渐进，又要超越跃进，有所发展，持续发展，这才可能成为有创新能力的杰出人才。

以钱学森为例。钱学森在上海国立交通大学读书时，受到了优良的教育，许多优秀教师给他留下深刻印象。他对"恩师永志于心"。他在攻读"航空与数学"博士学位时，主要导师是"美国航空之父"、世界杰出的力学大师西奥多·冯·卡门（Theodore von Karman，1881—1963 年，美籍匈牙利人）。创新杰出人才的成长过程中，大多有杰出导师的指引。"师高弟子强"，这也是一条统计出来的规律。中国传统文化，一方面强调"尊师重道"，另一方面也强调"青出于蓝而胜于蓝""当仁不让于师"。

钱学森尊敬他的老师，又超越他的老师。1947—1955 年钱学森先后在美国麻省理工学院和加州理工学院任教授，并在加州理工学院的喷气推进中心任 Goddard 讲座教授，开设物理力学、工程控制论等课程。1955 年，钱学森从美国回中国前，去拜望老师，与老师告别，并将新著《工程控制论》《物理力学讲义》呈送老师。他的老师冯·卡门激动地说："我为你骄傲！现在你在学术上已经超过我。"钱学森之所以能"超越名师"，正在于他在科学技术上做出了重大贡献和创新。在科学技术上没有发展就没有贡献，没有创新就没有贡献。所以"重在贡献"是基于对于科学技术的发展与创新。不能仅仅是师教子传，因循守旧；而是要与时俱进，开拓创新。

钱学森成才之道的第二条是：超越名师，重在贡献。这正是创新杰出人才成才之道的发展律。

【整合律】积累与传播结合

每个人要成才，都要打好基础、发展个性、促进创造，将积累与传播结合起来。第一，打好基础，包括做人、做事、做学问的基础，必须不断提高综合素质，包括思想道德素质、文化科学素质、身体心理素质、劳动技能素质、审美创新素质，重在将这些素质整合起来。第二，要将学、问、思、辨、行整合起来，要教学研合一，真善美统一，德才识统一。重视发展个性，有所为又有所不为，善于选择，扬长补短，努力做到博学深专。第三，解放思想，动手实干，重在实践，勤于贡献。要善于辩证整合、纵横整合、系统整合，并且要重视传播，这才可能成为有创新能力的杰出人才。

20世纪30年代以来，发达国家出现了理工结合的大学教育。"理"重在认识世界，"工"重在改造世界。只有深刻认识世界，才能有效改造世界；只有参与改造世界，才能更深刻认识世界。理工是紧密结合，不可分割的。穷究于理，成就于工。钱学森的学术代表作《工程控制论》《物理力学讲义》，都是将理科与工科、交叉渗透、纵横联系，形成的新学科。《工程控制论》是将数学家诺伯特·维纳（Norbert Wiener，1894—1964）提出的《控制论》，全方位地应用于工程学，所形成新的学科。《物理力学讲义》提出从物质的微观规律确定其宏观力学性质，这为以后的计算力学等学科，开辟了道路。

钱学森十分重视对马克思主义哲学的学习，深刻领悟了马克思主义关于"人的全面发展"的学说。钱学森是"全面发展"的典范。1955年，钱学森回国以后，为中国的火箭、导弹、航天等领域做出了开创性的突出贡献，由此获得"国家杰出贡献科学家"荣誉称号和一级英雄模范奖章。与此同时，他为中国的近代力学、系统工程的理论与应用研究方面做出奠基性的贡献。此外，他还在哲学、社会科学，以及自然科学与社会科学的结合上，有许多影响深远的重要成果。20世纪80年代以来，他一直倡导深入研究"系统科学、思维科学、人体科学"。创建"系统工程学""知识体系学""大成智慧学"，再次走在科学技术的"前沿""尖端""综合"的领域。钱学森是许多交叉科学和横断性科学的倡导者。

钱学森成才之道的第三条是：理工结合，全面发展。这正是创新杰出人才成才之道的整合律。

钱学森的成才之道，可以概括出三点：其一，志向远大，博学深专；其二，超越名师，重在贡献；其三，理工结合，全面发展。研究钱学森是怎样成为创新杰出人才的，对于我们探讨创新杰出成才之道，富有启发。

进入大学的学生，在基础教育阶段要在"德智体美创"诸方面打好坚实的基础，要主动地得到较全面的发展，要身体心理都健康。学前教育、小学教育，要有"游乐园精神"，要让儿童少年有"金色的童年"；中学教育要有"博物馆精神"，要让中学生在各种兴趣的尝试中，找到自己的发展方向，遵循培养人才三大规律：学习律、发展律、整合律。

二、遵循教育规律办大学

大学要按照教育基本原理去办学。

教育有三大原理：生存与发展原理，适应与超越原理，继承与创新原理。这三个原理就是教育的基本原理。教育的宗旨，是要关心人的生存与发展；教育的方法，是要适应与超越；教育的途径，是要遵循继承与创新。

按照三大原理去实施教育，才有可能让每一个受教育者在获得平安、健康、快乐、幸福的基础上，知识、能力、审美、人格得到全面发展，能够在社会上创业、创新、奉献、贡献。原理一是确保个人生存与发展的基础；原理二是要求学校教育要适应与超越；原理三是要求社会发展要继承与创新。三大原理分别应用于个体、群体、整体，具有系统性。

教育的第一原理——【生存与发展原理】

生存与发展原理的简要表述是：生活在世界上的每一个人，都享有基本人权，即生存权和发展权。你自己想生存，也帮助别人生存；你自己想发展，也帮助别人发展；你自己想受教育，也帮助别人受教育。教育促进健康生存，教育促进和谐发展。只有健康生存，才可能和谐发展。

教育的第二原理——【适应与超越原理】

适应与超越原理的简要表述是：教育一定要适应自然、适应社会、适应个性，才可能是面向现代的有效教育；同时，教育又要超越自然、超越社会、超越个性，才可能是面向未来的进步教育。教育要做到"适应与超越"的有机结合，适应是超越的基础，超越是适应的提高。

教育的第三原理——【继承与创新原理】

继承与创新原理的简要表述是：生命的进化依靠"遗传与变异"，社会的进步依靠"继承与改革"。社会的文明进化的基本过程是在继承基础上的创新。没有继承就没有创新，没有创新也就没有真正的继承。继承中有创新，创新中有继承。要领会前人的创新，自己才可能有创新。

这是一个完整的系统。以这三大原理作为理论的出发点和基础去办大学，才有利于培养杰出人才。

大学要有安静的环境，让人沉下心来学习与研究。教师要有稳定的心境，深入钻研学术问题。学生要有独立的思考，自由探讨自己喜爱的学业。大学的师生都应有高度的自主性。用一句话来概括"大学精神"，这就是举世认同的"象牙塔精神"，即：淡泊明志，宁静致远；精读经典，参与实验。更具体地说，大学精神是"图书馆精神，实验室精神"，学生要进图书馆，要进实验室，但同时需要"走出象牙塔"。

三、有一流导师的指导，能够"站到巨人的肩上"

大学教师要善于"站到巨人的肩上"，成为一流的导师。杰出人才必须善于学习、善于发展、善于整合。教师应按照人才成长规律去培养人才。这包括，学习律：实践与理论结合；发展律：经验与反思结合；整合律：积累与传播结合。

有一流导师的一对一指导。培养杰出人才需要一对一指导。对有潜力的学生要重点引导。杰出人才，影响最大的因素是导师。社会公认的一流杰出人才，理应积极承担起培养学生的历史使命。

杰出人才需要一对一指导。对有潜力的学生要重点引导。杰出人才，影响最大的因素是教师。钱学森的老师是冯·卡门（美籍匈牙利人），他是"美国航空之父"。冯·卡门一对一指导过钱学森。杨振宁的老师是泰勒，他是"美国氢弹之父"。泰勒一对一指导过杨振宁。李政道的老师是费米（美籍意大利人），他是"美国原子弹之父"。费米一对一指导过李政道。海森伯的老师是玻尔，玻尔是量子力学的奠基人之一。玻尔一对一指导过海森伯，师生两人先后获得诺贝尔物理学奖。

当代的大学教育应当是"创业创新教育"，研究生教育应当是"站到巨人肩上的教育"。研究现代生物学的学者，要站到达尔文的肩上，继承达尔文，超越达尔文。研究政治经济学的学者，要站到马克思的肩上，继承马克思，超越马克思。研究现代物理学的学者，要站到爱因斯坦的肩上，继承爱因斯坦，超越爱因斯坦。研究现代心理学的学者，要站到弗洛伊德的肩上，继承弗洛伊德，超越弗洛伊德。如果一个国家缺少一流的导师，缺少"站到巨人的肩上"的精神，就难以培养出杰出人才。

四、有强烈的社会需求，有高期望，有高抱负

有强烈的"社会需求"。社会需求是人才成长的最强大的动力。有高期望，是成为杰出人才的重要因素。名牌大学必须出科学家、发明家、艺术家、董事长、总经理、部长、总理、主席，要出领导人才。

以蒸汽机的广泛应用为标志的近代第一次产业革命，由于强烈的"社会需求"，大大促进了力学和热力学的发展；以电力和无线电的广泛应用为标志的第二次产业革命，由于强烈的"社会需求"，大大促进了电子科学技术的发展；以电脑和网络的广泛应用为标志的第三次产业革命，由于强烈的"社会需求"，大大促进了信息科学技术的发展。一旦社会有强烈需求，就会极大促进科学技术的发展。只有在这样的社会背景下，才可能涌现出大批科学技术的创新杰出人才。

有高期望，有高抱负，是成为杰出人才的重要因素。名牌大学对于培

养的学生要有高期望,必须出科学家、发明家、艺术家、董事长、总经理、部长、总理、主席,要出杰出人才。我国要普及教育,并不意味着否定"英才教育"。我国在较长时期里,严厉批判"个人主义""名利思想",强调培养"普通劳动者"——这有合理性。但是,曾经一个时期批判离了谱,不敢提培养"杰出人才"。只有低期望,从社会需求上,就拒绝了培养杰出人才;只有低抱负,目标短浅,眼光狭隘,这就很难出现杰出人才。

五、有自由独立思考的时间空间

有自由独立思考的时间空间。在适当的时期,为人才提供独立思考、自由创造的较长时间。大学教师和学生都需要有"创作、创造、创新"的自由时空。人的全面而自由的发展,是培养大批杰出人才的关键之关键。

张衡(78—139年)"精思博会,十年乃成",写出《二京赋》等名篇,并且他在科学技术上有一系列创新;秦九韶(1208—1268年)在守孝三年期间,写出13世纪的数学名著《数书九章》(1247年);伽利略(1564—1642年)用了5年时间,才完成《关于托勒密和哥白尼两大世界体系的对话》;爱因斯坦(1879—1955年)于1905年,也就是他在专利局工作的第3年,写出划时代的论文5篇;钱学森(1911—2009年),1950年以后,在美国被"禁止回国"的5年期间,写出《工程控制论》《物理力学讲义》。

王国维在《人间词话》中说:"古今之成大事业、大学问者,必经过三种之境界:'昨夜西风凋碧树。独上高楼,望尽天涯路。'此第一境也。'衣带渐宽终不悔,为伊消得人憔悴。'此第二境也。'众里寻他千百度,回头蓦见,那人正在灯火阑珊处。'此第三境也。"笔者想就此表达直接一些,想来想去,终于发现,第一种境界即:广博地学习;第二种境界即:勤奋地思考;第三种境界即:独特地创造。要达到这三种境界,都要求学者有自由独立思考的时间空间。

六、有长期超越寻常的个人努力

第一个统计律是"十年成才律":从受专业训练开始,必须集中精力,有十年的专心努力,方可能做出一流的贡献,成为杰出人才。"十年成才律"是成为杰出人才的下限时间,上限时间将更长。杰出人才要善于选择专业方向的前沿突破点。第二个统计律是"成才年龄分布律":一般是25~55岁之间。有大器早成,也有大器晚成。不同专业,成才的年龄分布不同:自然科学家创新的高峰期在37岁左右;杰出教育学家出版成名之作通常在52岁左右。杰出人才通常都要长期地付出艰苦努力,且不受到严重的干扰和折腾,不要错过创新的最佳时期。

上述六条不是一个线性的因果关系,而是互为因果:既有个人成长为杰出人才的基本条件,也有学校教育在培养杰出人才时应当采用的基本原理;既有对于导师的基本要求,又有对于社会大环境的要求,有高期望,有高抱负。当然,良好的学校教育和社会教育是不可缺少的必要条件,而个人的自觉努力则是成为杰出人才的基本的内在原因。从上述六条可以较为全面看到,要成为杰出人才需要多方面的条件。

第四节 社会发展的需要是培养人才的动力

笔者在此尝试回答"李约瑟问题"。近代科学技术西方领先于中国有六大原因:(1)地理大发现,刺激了社会生产;(2)封建主义消亡,资本主义兴起；（3）文艺复兴，启蒙运动，宗教改革，解放思想；（4）技术进步与国际贸易的增长；（5）社会经济文化发展的强大需求；（6）研究型大学的建立与发展。分别论述如下。

一、地理大发现，刺激了社会生产

1492 年，哥伦布（约 1451—1506 年）发现美洲新大陆，这成为新大陆开发和殖民的新纪元，是历史上一个重大的转折点。麦哲伦（1480—1521 年）是葡萄牙著名的航海家和探险家，先后为葡萄牙和西班牙做航海探险。他从西班牙出发，绕过南美洲，发现麦哲伦海峡，然后横渡太平洋。虽然麦哲伦在菲律宾被杀，但他的船队依然继续西航回到西班牙，完成史上第一次环球航行，至此，欧洲人"发现了世界"。麦哲伦被世界认为是第一个环球航行的人。欧洲人的这些地理大发现，大大刺激了社会生产，开辟新殖民地，促进全球贸易，建立世界市场。

中国明代的郑和（1371—1433 年），在 1405 年 7 月 11 日（明永乐三年）受命于明成祖，率领 240 多艘海船、27400 名士兵和船员组成的远航船队，访问了在西太平洋和印度洋的众多国家和地区，加深了中国同东南亚、东非的联系。他和船队每次都由苏州刘家港出发，一直到 1433 年（明宣德八年），他一共远航了七次，其航海的规模和科技水平大大超过哥伦布和麦哲伦。郑和七下西洋，可以说是让中国人"发现了世界"。可是，中国很快就停止了"走向世界"。在封建社会相当长的时期内，中国处于"闭关锁国"的状态，特别是对世界科学技术的新成就，了解很慢。例如，牛顿的名著《自然哲学之数学原理》，1687 年在英国出版，中国则在 19 世纪才开始有译本。

二、封建主义消亡，资本主义兴起

自秦始皇（公元前 259—前 210 年）在公元前 221 年统一中国以后，

中央集权的郡县制在中国延续了2000多年，一直到1911年辛亥革命成功，中国的封建帝制才得以瓦解。比之于奴隶制社会，封建主义社会的社会生产力得到较大发展。但是，正由于中国长期处于封建集权的帝制，所以，具有更高生产力的资本主义社会，迟迟没有建立起来。直到1949年，中华人民共和国成立，中国才开始由新民主主义向社会主义过渡。

欧洲的所谓黑暗的"中世纪"，是从476年西罗马帝国灭亡开始，到1453年东罗马帝国灭亡。在长达近千年的时期内，欧洲大部分地方是封建割据，战争频繁，科学技术和生产力发展停滞，思想愚昧，文化落后，人民生活在毫无希望的痛苦中，所以，"中世纪"在欧美普遍称作"黑暗时代"。15世纪以后，欧洲通过发现新大陆，通过文艺复兴、启蒙运动、宗教改革，思想逐步得到解放。1688年的"光荣革命"是英国资本主义发展的重要起点。在18世纪，法国、德国、美国相继确立资本主义制度，大多数西欧国家基本上都是在19世纪确立资本主义制度。

欧美经过300年资本主义制度的建立、巩固、发展，社会生产力和科学技术的水平超过了同一时期仍处于封建集权帝制社会的中国。而中国直到新民主主义革命成功后，进入社会主义建设时期，才开始结束持续落后的局面。

三、文艺复兴，启蒙运动，宗教改革，解放思想

文艺复兴，是14世纪至16世纪末叶，西欧以复兴古代希腊罗马文化的形式，掀起的反对封建文化、创造资产阶级新文化的运动。文艺复兴运动于14世纪发端于意大利；到15世纪中期以后，先后波及西班牙、法国、英国、德国等地。但丁的《神曲》、达·芬奇的《蒙娜丽莎》、莎士比亚的《哈姆莱特》，是"文艺复兴三巨人"的传世杰作。在科学上，则以哥白尼的《天体运行论》为代表。文艺复兴实际是在继承古代希腊罗马文化基础上的创新，是人文主义的兴起，它使欧洲摆脱腐朽的封建专制和宗教神学

的束缚，是人类历史上的一次思想解放运动。

启蒙运动是17—18世纪继文艺复兴之后，欧洲反对教会神权和封建专制王权的文化运动，是追求政治和学术思想上的自由，提倡科学技术，把理性推崇为思想和行为的基础的第二次思想解放运动。启蒙运动最初在英国兴起，而后发展到法国、德国等国家。法国的孟德斯鸠、伏尔泰、狄德罗、卢梭是杰出的四大启蒙思想家。启蒙思想家们宣扬的如自由与平等、民主与法制等思想原则，得到广泛传播，形成了强大的社会思潮，动摇了封建统治的思想基础，推动了资本主义的发展，促进了社会的进步。启蒙运动是文艺复兴的深化，是从反封建的思想意识深入到反封建的政治制度。

宗教改革是16世纪至17世纪欧洲的一次基督宗教教义的重大改革，实质是反对封建统治和罗马教会的政治运动。这次宗教改革重叠在文艺复兴和启蒙运动之中。宗教改革既受到文艺复兴的影响，又促进了启蒙运动的深入。1517年，马丁·路德提出了著名的《九十五条论纲》，掀起了宗教改革的序幕；1536年，加尔文出版了《基督教要义》，宗教改革运动形成体系。宗教改革确立了适应资产阶级需要的价值观念、伦理规范和生活方式，打破了天主教会的精神垄断，使人们的思想得到解放，发展了人文主义的思想。

16世纪开始，中国儒家的经典《四书》、老子的《道德经》，相继译为拉丁文、法文、英文、德文、意大利文、西班牙文等世界各国文字。孔子人文主义的伦理学说，老子自然主义的辩证法，对于欧洲的文艺复兴、启蒙运动、宗教改革等一系列解放思想的运动，都起过积极的推动作用，且至今仍在发挥正面的影响力。15世纪以来，"西学东渐""东学西渐"，东方和西方的学术成就相互影响、相互交流，甚至不存在任何"本土意义"的科学与哲学，现代科学技术和学术思想成就是全人类的贡献。

四、技术进步与国际贸易的增长

中国古代的重大发明，特别是指南针在航海中的应用，火药在开矿、采矿中的应用，造纸和印刷术在传播文化上的巨大功能，对于欧洲人发现新大陆、环球航行，以及文艺复兴、启蒙运动、宗教改革，都起了重要的推动作用。在古代技术的基础上，欧洲在牛顿力学和数学的指引下，使技术有了更大进步。英国人瓦特（1736—1819 年）所改进的现代蒸汽机的普遍应用，直接推动了 18 世纪的工业革命。工业革命必然引发商业革命、价格革命，加速了世界市场的形成。

工业革命开创了以机器代替手工劳动，以工厂代替手工工场，是一次深刻的社会革命。工业革命使社会生产力得到极大提高，市场不断扩大，产量不断提高，特别是纺织品、丝织品产量成倍增长。英国是世界上第一个完成工业革命的国家，很快成为世界上最富强的国家。1807 年，富尔顿制造出蒸汽轮船。1814 年，史蒂芬孙发明蒸汽机车，大大提高了在海上和陆地的运输能力，国际贸易大大加快。人类社会首先从欧洲开始，由农业文明走向工业文明。

五、社会经济文化发展的强大需求

最先建立资本主义制度的英国在全世界抢占商品市场，抢占原料生产地，倾销工业品。资本主义社会经济发展的强大需求，大大促进社会生产力的发展。英国率先开辟新殖民地，促进全球贸易，建立世界市场。英国的殖民地遍及亚洲、非洲、拉丁美洲、大洋洲，19 世纪成为"日不落帝国"。20 世纪，经过两次由资本主义国家发动和引起的"世界大战"，美国超过英国，成为世界的超级大国。

中国地大物博，资源多样丰富，人口众多，市场广阔，加上清政府腐败无能，经济落后，闭关锁国，国防不强，必然受到资本主义国家的侵略。英国对中国发动两次鸦片战争,将中国沦为半殖民地半封建社会。八国联军攻入北京,火烧圆明园,大肆抢夺财宝。连年的战争给中国带来深重的灾难,造成中国的落后和贫穷。资本主义国家以广大殖民地的落后和贫穷为代价,一时间得到极大发展,但是,这个发展不可能使世界持续地发展。

资本主义上升时期,工业文明的建立,社会经济发展有强大社会需求;而半殖民地半封建社会的中国,是自给自足的农业经济,社会经济发展缺乏需求,没有发展的动力。虽然中国也有"洋务运动",试图发展资本主义的经济,但是政治的动荡、连年的战乱、帝国主义的侵略、军阀的割据,给中国的发展造成巨大的阻力。马克思主义分析了资本主义社会固有的矛盾,揭示了资本主义社会的弊病,指出经济危机和世界大战就是资本主义社会弊病的集中表现。马克思还指出了资本主义社会最终要被社会主义社会所代替。

六、研究型大学的建立与发展

近代的大学,在欧洲建立最早,而且很快发展为研究型大学。文艺复兴、启蒙运动、宗教改革,这些思想解放的运动,都与大学息息相关。

意大利的博洛尼亚大学成立于 1088 年,是欧洲最古老的大学。14 世纪时,博洛尼亚大学就已经开设了法学、艺术、药学、哲学、数学、天文、逻辑学、修辞、语法等学科。神圣罗马帝国皇帝腓特烈一世于 1158 年颁布法令,规定大学是一个不受任何权利影响,可以进行独立研究的场所。该校 1364 年还建立了神学院。众多科学史和文学史上的名人都曾经在这里求学、研究或从事教学工作。文艺复兴时代的巨人但丁、哥白尼等,都出自这所大学。

法国的巴黎大学,创建于 1180 年。1180 年法国皇帝路易七世正式授予其"大学"称号,它与意大利的博洛尼亚大学并称世界最古老的大学,又被誉为"欧洲大学之母"。1458 年,巴黎大学开设研究希腊文学的讲座。于 1530 年建立了后来广设学科、享有很大思想自由的法兰西公学院。宗教改革的领导人之一的加尔文就曾在巴黎大学研究神学 3 年。启蒙运动的杰出代表、法国《百科全书》主编狄德罗在 1732 年获得巴黎大学文科硕士学位。

英国的第一所大学是牛津大学,创建于 1167 年。1209 年,一些牛津的学者迁离至东北方的剑桥镇,并成立剑桥大学。牛津大学和剑桥大学一直是被人们联系在一起的。牛津大学的知名校友约翰·洛克,于 1656 年获得学士学位,1658 年获硕士学位。约翰·洛克对于启蒙运动有深刻影响,他的思想极大地影响了法国启蒙运动的杰出学者。第一次科学革命的杰出代表牛顿,1661 年入英国剑桥大学圣三一学院,1665 年获学士学位。1667 年牛顿回剑桥后当选为剑桥大学三一学院院委,次年获硕士学位,1669 年任剑桥大学卢卡斯数学教授席位直到 1701 年。

德国最古老的大学是海德堡大学,创建于 1386 年。16 世纪的下半叶,海德堡大学就成为欧洲科学文化的中心。

到 1400 年,欧洲境内便有超过五十所大学。原由阿拉伯人保存的古文献被翻译成拉丁文,通过重新研究这些古老文献,教育、辩论、创新的学风得以助长,这才为文艺复兴、宗教改革、启蒙运动奠定坚实的基础,由此培养出大批杰出人才。

上述六条不是一个线性的因果关系而是互为因果。社会经济发展的力量是推动社会前进的基本动力。地理发现、文艺复兴、启蒙运动、宗教改革,起到了解放思想的重要作用,加速了欧洲封建主义的消亡和资本主义的兴起。由此导致社会经济发展有了更强大的需求,促进技术进步与国际贸易的增长。历史造就了杰出人才,杰出人才又改变了历史进程。大学在培养杰出人才方面起了极为关键的作用。

第五节 中国培养大批杰出人才的条件

新中国成立以来，中国人民经历了艰苦卓绝的探索，终于认识到只有社会主义才可以救中国，进一步认识到只有中国特色社会主义才可以使中国走向繁荣富强。

中国的科学技术达到先进的条件，也是中国培养大批杰出人才的基本条件，有以下六条：（1）坚持改革开放，以经济建设为中心，不动摇；（2）建设中国特色社会主义的经济政治制度，不折腾；（3）实施科教兴国战略和人才强国战略；（4）实施可持续发展战略；（5）科学发展观指导社会和人的全面发展；（6）努力建设一大批世界一流大学。

一、坚持改革开放，以经济建设为中心，不动摇

1978年12月18日至22日，中国共产党十一届三中全会在北京举行，邓小平作了《解放思想，实事求是，团结一致向前看》的重要报告，开启了中国改革开放的新时代。1987年，中国共产党第十三次全国代表大会，将党的基本路线明确概括为：一个中心，即"以经济建设为中心"；两个基本点，即"坚持四项基本原则，坚持改革开放"。1992年，邓小平的南方谈话强调：要坚持党的十一届三中全会以来的路线、方针、政策，关键是坚持党的"一个中心、两个基本点"的基本路线，一百年不动摇。

坚持四项基本原则：第一，必须坚持社会主义道路；第二，必须坚持

人民民主专政；第三，必须坚持共产党的领导；第四，必须坚持马克思主义、毛泽东思想。四项基本原则是立国之本，是社会主义现代化建设的根本政治保证。只有坚持四项基本原则，才能使社会主义现代化建设有坚定正确的方向，有团结稳定的环境，有统一的意志和行动。

是中国"改革开放"的新时代还将继续下去。中国"改革开放"新时代的关键词，也就是"改革开放"的时代精神。即是：解放思想，实事求是，与时俱进，科学发展。中国改革开放以来所取得的世界公认的巨大成就，充分说明只有坚持改革开放，以经济建设为中心，不动摇，中国才能持续发展。

二、建设中国特色社会主义的经济政治制度，不折腾

1911年，辛亥革命成功推翻了中国2000多年来的封建集权帝制，建立了"中华民国"。中国近代民主革命的先行者孙中山先生在中国"天下为公，世界大同"传统思想的基础上，汲取西方"民有、民治、民享"的"民主主义"思想的精华，提出了"三民主义"。孙中山的革命实践推动了中国从旧民主主义革命向新民主主义革命的转变。孙中山先生在《论三民主义》（1919年）一文中写道："何谓三民主义？曰民族主义，曰民权主义，曰民生主义是也。""何为民族主义？即民族之正义之精神也。""民权者，民众之主权也。""民生主义者，即社会主义也。"

1949年，中华人民共和国成立，标志署毛泽东的《新民主主义论》的理论探索和新民主主义革命的实践，取得了历史性的伟大胜利。毛泽东思想是将马克思主义与中国的革命实践结合起来，对于"中国特色社会主义"进行了全新的探索，留下许多历史的经验。中国的先进知识分子认识到：只有社会主义才能够救中国。但也有一部分知识分子认为：中国必须"全盘西化"走资本主义道路。历史经验证明：在社会道路的选择上如果搞折腾，就会极大影响中国的发展。中国要走社会主义道路是主流意识。

中国应当建设中国特色社会主义经济政治制度，不折腾。

中国特色社会主义是马克思主义基本原理与中国传统文化和中国现实国情相结合均实践，它借鉴人类文明一切优秀成果，着力建立中国特色社会主义的政治经济体制，以人为本，全面小康，和谐社会，和平发展。中国长期处于社会主义初级阶段，必须以经济建设为中心，坚持四项基本原则，坚持改革开放，不动摇。坚信只有中国特色社会主义才能使中国走向繁荣富强。建设中国特色社会主义经济政治制度，是确保中国的科学技术进步和教育文化发展的根本保证。

三、实施科教兴国战略和人才强国战略

在"人才资源是第一资源"的思想指导下，我国提出了人才强国战略。实施人才强国战略的根本任务，就是在建设中国特色社会主义事业中，把人才作为推进事业发展的关键因素，努力造就数以亿计的高素质劳动者、数以千万计的专门人才和一大批拔尖创新人才，建设规模宏大、结构合理、素质较高的人才队伍，充分发挥各类人才的积极性、主动性和创造性，开创人才辈出、人尽其才的新局面，大力提升国家核心竞争力和综合国力，为全面建成小康社会和实现中华民族的伟大复兴提供重要保证。

中国自实施科教兴国和人才强国战略以来，已经取得了明显的进步。中国学者在世界发表的论文数量和质量，取得专利的数量和质量，都渐渐接近和超过世界的平均水平。2000年至2010年11月1日的10年间，我国科技人员共发表国际论文总数约83.63万篇，按数量计排在世界第2位；论文共被引用423万次，排在世界第7位；平均每篇论文被引用6.21次，比上年度统计时的5.2次有所提高，但与世界平均值10.71次还有差距。[①] 中国劳动力人口平均受教育年限在持续增加，但是，与发达国家相比仍然很低。每千人中的大学生人数，每千人中的科学技术高级人才数，中国仍

[①] 孙英兰："跨越成果转化的'死亡之谷'"．《瞭望·新闻周刊》2011-12-19．

然远远低于发达国家。中国在科教兴国和人才强国方面需要长期持续努力。

四、实施可持续发展战略

可持续发展战略的核心思想是,健康的经济发展应建立在生态可持续能力、社会公正和人民积极参与自身发展决策的基础上;它所追求的目标是:既要使人类的各种需要得到满足、个人得到充分发展,又要保护资源和生态环境,不对后代人的生存和发展构成威胁;它特别关注的是各种经济活动的生态合理性,强调对资源、环境有利的经济活动应给予鼓励,反之则应予摈弃。

可以从三个层次理解"可持续发展":整体层次、群体层次、个体层次。

在整体层次上的"可持续发展"的观念,已逐渐被全世界所认同,这是一种新的社会文明观。它要求社会发展在满足当代人需要的同时,决不要对后代人的发展造成危害,实现社会经济与生态环境的协调发展。"可持续发展"观也可以表述为:既要满足当代社会和人的发展,又要满足后代社会和人的发展。

在群体层次上的"可持续发展"的观念,要求一些区域的发展,要有利于其他区域的发展;一些群体的发展,要有利于其他群体的发展。这样才可能实现可持续发展。科学发展观提出要"统筹城乡发展""统筹区域发展"等,正是为了建成和谐社会,实现可持续发展。"可持续发展"观还包含以下思想:既要满足这一区域和这一群体人的发展,又要满足那一区域和那一群体人的发展。

在个体层次上的"可持续发展"的观念,要求一个人在前一时期的发展,要有利于这个人在后一时期的发展。引导每一个人保持"身心健康",是一个人可持续发展的基础。我们要在社会所有媒体中,强调"生活健康"。每天要有适合个人的体育运动，起居饮食要科学合理。实施素质教育是全民的事，并非只是学校的事。

五、科学发展观指导社会和人的全面发展

2003 年 10 月，中国共产党十六届三中全会明确给出了"科学发展观"的简明而完整的表述："坚持以人为本，树立全面、协调、可持续的发展观，促进经济社会和人的全面发展。"

"科学发展观"的提出，集中代表了中国在新世纪所确定的人才观、自然观、社会观和科学观。"科学发展观"虽然是 2003 年才提出的发展观，但它有深厚的历史文化渊源。中国古代儒家的"大学之道"的人才观，是"科学发展观"的古代原型；中国古代道家的"道法自然"的自然观，是"科学发展观"的古代表述；中国古代传统文化所强调的"小康大同"的社会观，是"科学发展观"的古代源流；中国传统文化的"天人合一"的科学观，是"科学发展观"的古代渊源。

六、努力建设一大批世界一流大学

上海交大高教研究所的《2010 年世界大学学术排名》，其中前 10 名的大学是：哈佛大学、加利福尼亚大学伯克利分校、斯坦福大学、麻省理工学院、剑桥大学、加州理工学院、普林斯顿大学、哥伦比亚大学、芝加哥大学、牛津大学。美国的大学比之于欧洲的大学，可以说是"后来居上""青出于蓝而胜于蓝"。欧洲的大学已有近千年历史，美国的大学也有 300 多年的历史，有深厚的文化积淀。

中国的现代大学，仅仅有 100 多年的历史，中国大学的发展历史曲折而艰难。现在中国的大学发展较快。清华大学和北京大学已跻身 200 强。复旦大学、南京大学、上海交通大学、中国科学技术大学、浙江大学 5 所大学排在第 201－300 名。这说明，中国离建立一大批世界一流大学的目

标，还差得较远。我们要将100多年来中国大学发展的经验和教训认真加以总结，以利于今后中国大学更好发展。

2000多年之前，孔子首创私学，文翁开创第一所公办学校。中国的书院是研究型的学府，已有上千年的光荣历史。只需在继承古代文明的基础上，借鉴西方大学的成功经验，努力建设中国特色社会主义的新型大学，并要有自己的创新，这就完全可以建设一大批世界一流大学。

教育是社会发展的"慢变量""序参量"，淡泊方能明志，宁静方能致远，静心方能育人。培养杰出人才有其自身的规律，办好大学也要遵循教育的基本原理，社会发展也要求经济政治结构和功能的转变。

上述六条也不是一个线性的因果关系而是互为因果。历史经验证明：坚持改革开放，以经济建设为中心，不动摇；建设中国特色社会主义经济政治制度，不折腾，这是实现中国经济社会发展和自然生态保护，以及科学技术进步的基本保证。没有社会经济发展和自然生态保护的大环境，学校教育不可能得到稳定的发展。但是，如果不努力建设一大批世界一流大学，培养更多的杰出人才，中国的社会、经济、科学、技术、教育、文化，也难以快速发展。

中国在"科学发展观"指导下，实施"三大战略"：科教兴国战略、人才强国战略、可持续发展战略，这是"振兴中华"的根本途径。"科学发展观"将人文精神与科学精神很好结合起来，解决了人文与科学相互分割的弊病，这是一个重大的创新。在这样强大的社会需求之下，中国一定能办好一批世界一流大学，培养出更多的杰出人才。

从上述六条可以较为全面地看到：如果再经历50年到100年的持续努力，中国可以再次走到世界科学技术的最前沿。"十年树木，百年树人"对中华文化振兴，中国和平崛起，实现中华民族伟大复兴的中国梦，我们要有信心，要有耐心！

[问题与思考]

  本章既回答了"钱学森之问",同时,还回答了"李约瑟问题"。笔者认为这两大问题有内在联系。"钱学森之问"和"李约瑟问题"都属于社会发展和人才培养的复杂性问题。复杂性问题应当有很多的回答,所以,本章只能是"钱学森之问"的一种回答。

  在科学哲学之中,或者说在"认识论"和"知识论"之中,有所谓"休谟问题"和"康德问题"。"休谟问题"又称为"归纳问题",是有关科学发展的逻辑问题;"康德问题"又称为"分界问题",是科学与非科学的分界问题。波普尔认为,这两个问题是有关"科学知识增长的问题"。[①] 科学知识增长需要杰出人才创新。"科学知识增长的问题"这个科学哲学问题,与"钱学森之问"和"李约瑟问题"也是有关联的。

  笔者在这章提出一个问题:

  "科学知识增长的问题"与"杰出人才成长的问题"有什么联系?

  知识,应当包括科学知识、技术知识、文学知识、艺术知识、管理知识,等等。杰出人才里,有杰出的科学人才、杰出的技术人才、杰出的文学人才、杰出的艺术人才、杰出的管理人才等。这是需要分门别类加以研究的,于是,笔者更具体提出如下问题:

  各类知识是如何增长与传播的?各类人才是如何发现和培养的?

  "人工智能"能不能不需要人就解决或者实现"科学知识增长的问题"?

  "机器学习"是不是可以解决或者代替"杰出人才成长的问题"?

  ——这一系列问题就留给大家分类研究之后,再进行综合思考吧!希望大家给出有个性的回答,同时,探索有共性的回答。

[①] 卡尔·波普尔:《科学知识进化论——波普尔科学哲学选集》,纪树立编译,生活·读书·新知三联书店 1987 年版。

第六章
华罗庚传奇人生的教育启示

本章对杰出数学家和数学教育家华罗庚传奇一生提炼了九点评述，介绍了先生的学术成就，论述了华罗庚先生的成就对人们的九点启示，以纪念华罗庚先生诞生110周年。[①]

　　华罗庚的一生对人才培养有重要启示意义。华罗庚在他的著作中，实事求是地指出中国人在数学方面的贡献，这是我们编写中学数学教材、大学数学教材时应充分注意的。在诠释学习方法时，强调学而要用，学而要创，学而要新，学无终结。在诠释研究方法时，强调研究的对象不同，应用的数学方法也就不同，研无止境。在学习方法和研究方法上，强调脚踏实地，一步一步前进。在管理科学上，强调要适应我国经济和工业生产的实际情况，尽量采取现代化的方法，经得起实践的检验，从理论的高度进行分析。

---

　　① 查有梁、查莉芬、张小涛：《华罗庚先生的〈学法九章〉——纪念华罗庚先生诞辰110周年》，载《数学教学》2020年第8期。

第一节　华罗庚的传奇一生

华罗庚（1910—1985 年）是世界著名的中国数学家。1910 年 11 月 12 日出生于江苏省金坛县。其父华瑞栋早年参加过辛亥革命，曾经商，后来破落了。其母是一位善良贤惠的家庭妇女。有关华罗庚先生的传记很多，篇幅都较长。其中，出版较早且影响较大的有华罗庚先生的学生、杰出数学家王元先生撰写的《华罗庚》[1]，顾迈南著的《华罗庚传》[2]，以及孟宪明撰写的《华罗庚传》[3]，赵宏量编写的《回忆华罗庚》[4]，丘成桐、杨乐、季理真主编的《传奇数学家华罗庚——纪念华罗庚诞辰 100 周

---

[1] 王元：《华罗庚》，开明出版社 1994 年版；王元、华罗庚：中国现代科学家传记（第一集），科学出版社 1991 年版，第 24—41 页；王元、华罗庚：《中国大百科全书》（数学卷），中国大百科出版社 1988 年版，第 303—304 页。

[2] 顾迈南：《华罗庚传》，复旦大学出版社 1998 年版；王樵裕、葛能全、顾迈南、何黄彪等：《中国当代科学家传》（第一辑），知识出版社 1983 年版，第 91—104 页。

[3] 孟宪明：《华罗庚传》，河南文艺出版社 2018 年。

[4] 赵宏量：《回忆华罗庚》，西南师范大学出版社 1988 年。

年》① 等。

一、献给数学

华罗庚先生小学毕业后，进入家乡的金坛中学，读初中时他就深深地爱上了数学并表现出在数学方面的才能，因此得到早年留学法国、归国后在金坛中学教数学的王维克老师的鼓励和精心培养。王维克先生是华罗庚先生的启蒙老师。

1925年，华罗庚先生在金坛中学毕业后，为养家糊口，进入上海中华职业学校学习，后因交不起学费而辍学回家。他一面帮助父亲在"乾生泰"小杂货店里干活、记账，一面刻苦自学、钻研数学。

18岁时，华罗庚先生染上伤寒，病愈后留下左腿关节变形的终身残疾。他想："我别无他择。干别的工作要到处跑，或者要设备条件。我选中数学，是因为它只需要一支笔，一张纸——道具简单"②。于是，华罗庚先生决定把一生献给数学。

华罗庚先生开始他的数学生涯时，仅有一本代数、一本几何以及一本50页的微积分书。他反复钻研，不断加深理解，搞懂了最基本的数学概念和定理。用当今话语说就是：华罗庚先生经过反复迭代、深度学习，终于领悟了数学的精华。有志者事竟成！

二、清华伯乐

华罗庚先生在19岁时写出《苏家驹之代数的五次方程式不能成立的理由》一文。1930年，上海《科学》杂志第2期刊登了这篇文章，清华大学数学系主任熊庆来教授看后对这篇文章很赞赏，很快就邀请华罗庚先生到

---

① 丘成桐、杨乐、季理真：《传奇数学家华罗庚——纪念华罗庚诞辰100周年》，高等教育出版社2010年版。

② 王楼裕、葛能全、顾迈南、何黄彪等：《中国当代科学家传》第一辑，知识出版社1983年版，第93页。

清华大学。可以说，熊庆来教授是发现华罗庚先生的第一位伯乐。

21 岁的华罗庚先生进了清华大学，任数学系助理员。他一面工作，一面学习、旁听。他最先感兴趣的是研究数论，并得到熊庆来教授的鼓励。华罗庚先生在清华大学的四年中，在数论方面发表了 10 余篇论文，还自修了英语、法语和德语。25 岁时，华罗庚先生已成为蜚声国际的青年学者，由助理员破格提升为助教、教授。之后，被中华文化基金会聘为研究员，并于 1936 年夏天由该会资助到英国剑桥大学留学。

1935 年，美国麻省理工学院的数学教授诺伯特·维纳（Norbert Wiener，1894—1964 年）访问中国，成为清华大学的客座教授。华罗庚先生系统地听维纳教授授课，并能深入理解。维纳注意到华罗庚先生的潜能，并极力向当时英国剑桥大学著名数学家哈代（Godfrey Harold Hardy，1877—1947）推荐。诺伯特·维纳是发现华罗庚先生的第二位伯乐，功不可没。

三、剑桥访学

1936 年，华罗庚先生前往英国剑桥大学访学，他参加了一个包括英国著名数学家哈罗尔德·达文波特、哈代、李特尔伍德、法国数学家埃斯特曼和汉斯·海尔勃洛恩等人在内的有名的数学家小组。华罗庚先生在剑桥大学的工作主要是研究堆垒素数论。堆垒素数论涉及将整数分解成某些别的整数的和。华林问题、哥德巴赫问题等都是这一学科中的著名问题。

华罗庚先生对华林问题和哥德巴赫问题进行了深入研究，由此得出著名的华氏定理。在剑桥大学的两年中，他就"华林问题""他利问题""奇数的哥德巴赫问题"写了 18 篇论文，先后发表在英国、苏联、印度、法国和德国等国家的杂志上，其中就包括《论高斯的完整三角和估计问题》。这篇论文为华罗庚先生在数学界赢得了世界荣誉。

四、艰难创新

1937年夏天，日本全面侵犯中国，清华大学与北京大学迁到昆明，改名为西南联合大学。1938年，华罗庚先生由美国回国，其间，他除了担任西南联合大学的数学教授外，还兼任国民政府时期（1949年以前）的中央研究院院士和资源委员会专门委员。在昆明郊区的一个小村庄里，这位国内外负有盛名的大学教授一家七口人挤住在两间小厢房里。晚上，华罗庚先生在昏暗的菜油灯下进行研究；白天，他拖着病腿外出上课，用微薄的薪水养活全家。就是在这样的艰苦环境中，华罗庚先生先后撰写20余篇论文，并于1938年完成了他的第一部著作《堆垒素数论》的手稿。

何鲁（1894—1973年），四川广安人，是我国著名的数学家、教育家。他力荐华罗庚先生的《堆垒素数论》发表，是发现华罗庚先生才华的第三位伯乐。1938年，华罗庚先生任教西南联合大学，在极其艰苦的条件下完成数论经典著作《堆垒素数论》。著作原稿送到中央研究院，无人能审，最后连原稿亦丢失了。这本书稿后来被送到教育部，交部聘教授何鲁主审。何鲁冒着酷暑，在重庆一幢小楼上挥汗审读。审阅中不时称赞叫绝，一再说："此天才也！"何鲁阅后不仅为该书稿长篇作序，还坚持给华罗庚先生授予数学奖。1941年，华罗庚先生成为当时中国第一位数学奖的获得者。

五、经典成名

1945年下半年，华罗庚先生应苏联科学院的邀请到苏联访问。早在20世纪30年代，华罗庚先生就与苏联数学家维诺格拉陀夫院士开始通信，他们关于三角和方法的理论进展显著地改变了解析数论整个学科。为褒奖华罗庚先生的贡献，苏联杂志《报告》从1937年到1941年每年都刊登华罗庚先生的一篇论文。1947年，苏联科学院出版了他的成名代表著作《堆垒素数论》。

1946年秋，华罗庚先生应美国普林斯顿大学魏尔教授的邀请访问美国。在美国的四年，华罗庚先生先后担任普林斯顿大学客座讲师、伊利诺伊大学教授等。这期间，他研究的范围扩大至多复变函数论、自守函数和矩阵几何。

新中国成立初，华罗庚先生毅然放弃了伊利诺伊大学终身教授的职务，带领全家登上一艘邮轮，于1950年2月动身回国。途经香港，他给留美的中国留学生写了一封公开信，动员大家回国参加社会主义建设。3月16日，华罗庚先生到达北京，回到清华大学担任教授。

六、雅篇艳什

回国后，华罗庚先生先后担任中国科学院数学研究所、应用数学研究所所长，中国科学技术大学副校长，中国科学院学部委员、数理化学部副主任、副院长，中国科学技术协会副主席等职务。他为中国的数学科学的研究事业做出了重大贡献。在多复变数函数论特别是典型域方面的研究是华罗庚先生对数学的突出贡献之一。

早在1944年，华罗庚先生就指出，四大类典型域的研究可以归化为矩阵几何的研究。从那时起，他就系统地建立了四类典型域上的解析函数的调和分析理论。这些工作不仅有其函数论上的重要意义，而且对于李群表示理论、齐性空间理论以及多复变函数、自守函数理论等发展都十分重要。他在这些方面所引入的度量被称为华罗庚度量。

七、卓尔出群

1957年1月，华罗庚先生的《多复变数函数论典型域上的调和分析》获中国科学院自然科学一等奖。20世纪50年代，华罗庚先生撰写了两本关于数论方面的书。1953年，《堆垒素数论》中文版出版。1957年，他又出版了60万字的《数论导引》，其中有大量以前未公开发表的结果，包括三角和方面的基本材料、华林问题和他利问题等。

国际性数学杂志《数学评论》（1959年2月号）高度评价《堆垒素数论》：这是一本有价值的、重要的教科书，有点像哈代与拉伊特的《数论导引》，但在范围上已超过了它；这本书清晰而深入浅出的笔法也受到称赞，推荐它作为那些想研究中国数学的人的一本最好的入门书。据不完全统计，数十年间，华罗庚先生共写了152篇论文、9部专著和11部科普著作。1939年至1965年，在《数学评论》上，评论华罗庚先生著作与论文的文章多达105篇。[①]

八、迭互秀出

华罗庚先生除致力于数学研究外，还非常注意发现和培养有志于献身数学科学的青年人，积极倡导在中学生中开展数学竞赛。在华罗庚先生的培养下，中国科学院数学研究所出类拔萃的人才不断涌现。在他的学生中，万哲先在代数方面有成就，陆启铿在函数论方面有创造，王元、陈景润等人在数论方面有重要贡献。1963年，华罗庚先生和万哲先合著出版了《典型群》一书，该书成为训练数学研究人员的教材。

1958年以后，华罗庚先生将优选法、运筹学等研究成果应用于工农业生产。他带领一支小分队深入生产第一线，传播、推广优选法与运筹学。在增加产量、提高质量和降低消费等方面取得了良好效果。他撰写了通俗易懂的《优选法平话及其补充》《统筹方法平话及其补充》两本科普读物，言传身教，带动大批数学家将数学理论有效地应用于生产和生活实践。

---

① 王樵裕、葛能全、顾迈南、何黄彪等：《中国当代科学家传》第一辑，知识出版社1983年版，第98页。

九、从实以终

1979年，华罗庚先生再次到美国访问，历时8个月。他以伯明翰大学为基地，在美国各地讲学。其间，华罗庚先生还应邀到法国、荷兰和西德访问了1个多月。美国伯明翰大学授予其客座教授，法国南锡第一大学授予其名誉博士。在即将结束西欧之行时，华罗庚先生对新华社记者说："在我几十年从事数学研究的生涯中，我最深的体会是：科学的根本是实。我已是古稀之人，但仍以此告诫自己。树老易空，人老易松，科学之道，戒之以空，戒之以松。我愿一辈子从实以终。"①

1979年冬，华罗庚先生光荣地加入中国共产党。邓颖超同志以"老同志，新党员"相勉励。华罗庚在《破阵子·奉答邓大姐》一词中感慨道：

五十年来心愿，
三万里外佳音，
沧海不捐一滴水，
洪炉陶冶砂成金，
四化作尖兵。

老同志，深愧怍；
新党员，幸勉称。
横刀哪顾头颅白，
跃马紧傍青壮人，
不负党员名。②

---

① 王樵裕、葛能全、顾迈南、何黄彪等：《中国当代科学家传》第一辑，知识出版社1983年版，第100页。

② 中国民主同盟中央委员会宣传部编：《华罗庚诗文选》，中国文史出版社1986年版，第41页。

1985年6月12日，华罗庚先生访问日本，在东京大学讲学完毕时，心脏病突发，结束了献身数学事业、创新不止的传奇一生。

第二节　华罗庚的主要学术成就

数学界的同行给予华罗庚先生很高的评价和赞扬。著名数学家劳埃尔·熊飞尔德评论："由于他工作范围之广，使他堪称世界上名列前茅的数学家之一。"李普曼·贝尔斯赞扬"他是绝对第一流的数学家，他是作出特别多贡献的人"。罗兰德·格雷汉的评价是："受他直接影响的人也许比历史上任何数学家直接影响的人都多，他有一个普及数学的方法"。[1] 当代世界杰出数学家丘成桐教授以简洁优美的文字评价华罗庚先生："先生起江南，读书清华。浮四海，从哈代，访俄师，游美国。创新求变，会意相得。堆垒素数，复变多元。雅篇艳什，迭互秀出。匹夫挽狂澜于既倒，成一家之言，卓尔出群，斯何人也，其先生乎！"[2]

华罗庚先生逝世之后，受到了党和国家的高度评价。聂荣臻认为："罗庚同志是国际上杰出的数学家，一生精勤不倦，奋斗不息，即使在受到严重挫折、屈辱时，他为学术，为祖国的赤诚之心，丝毫未减。他在数学上的造

---

[1] 华罗庚：《大哉数学之为用：华罗庚科普著作选集》，上海教育出版社2018年版。
[2] 丘成桐："序"，载于丘成桐、杨乐、季理真主编：《传奇数学家华罗庚：纪念华罗庚诞辰100周年》，高等教育出版社2010年版。

诣之深世所公认。他治学严谨，强调学以致用，堪为学界的楷模。他使数学密切结合国民经济的发展，为国家的四化建设做出重大贡献。"[1] 习仲勋认为："华罗庚同志是一位自学成才的科学家，他在数学理论研究领域里才华横溢，造诣很深，成就突出，在国内外科学界享有很高的声誉。尤为难能可贵的是，他从 20 世纪 50 年代末期起，把数学方法创造性地应用于国民经济领域，创建了优选法、统筹法，取得了显著的成绩。"[2]

笔者将搜集到的华罗庚先生的 25 本主要著作进行整理，分为学术经典、科普精品、综合名篇三大类汇集如下。其中，有些书有多家出版社出版多次并加印，是名副其实的畅销书。整理时，笔者参考了《华罗庚的数学生涯》。[3]

一、学术经典

主要是指华罗庚先生具有学术创新的专业性著作，这些是数学领域的经典之作。

1.《堆垒素数论》：1947 年出俄文版，1956 年出英文版，1959 年出德文版和匈牙利文版。中文版分别由中国科学院（1953 年）和科学出版社出版（1957 年）。

2.《数论导引》：1957 年由科学出版社出版。

3.《多复变数函数论中的典型域的调和分析》：1958 年由科学出版社出版。

4.《指数和的估计及其在数论中的应用》：1959 年出德文版，1963 年出中文版（科学出版社），1964 年出俄文版。

---

[1] 中国民主同盟中央委员会宣传部编：《华罗庚诗文选》，中国文史出版社 1986 年版，第 391 页。
[2] 中国民主同盟中央委员会宣传部编：《华罗庚诗文选》，中国文史出版社 1986 年版，第 392 页。
[3] 王元、杨德庄：《华罗庚的数学生涯》，科学出版社 2005 年版。

5. 《典型群》（与万哲先合著）：1963 年由上海科学技术出版社出版。

6. 《数值积分及其应用》（与王元合著）：1963 年由科学出版社出版。

7. 《高等数学引论》：1963 年科学出版社出版（第一卷），1981 年由科学出版社出版（第二卷），1984 年由科学出版社出版（余篇）。《高等数学引论》（共 4 册，王元校），2009 年由高等教育出版社出版。

8. 《从单位圆谈起》：1977 年由科学出版社出版。

9. 《数论在近似分析中的应用》（与王元合著）：1978 年由科学出版社出版。

10. 《二阶两个自变数两个未知函数的常系数线性偏微分方程组》（与吴兹潜、林伟合著）：1979 年由科学出版社出版。

11. 《优选学》：1981 年由科学出版社出版。

12. 《华罗庚文集》（英文版）：1982 年由斯普林格出版社出版。

13. 《数学模型选谈》（与王元合著）：1991 年由湖南教育出版社出版。

二、科普精品

主要是指华罗庚先生为普及数学知识，推广数学的应用，专门为中学生以及人民群众撰写的科学普及著作。

1. 《给青年数学家》：1956 年由中国青年出版社出版。

2. 《从杨辉三角谈起》：1956 年由科学出版社出版。

3. 《数学的性质和作用》：1959 年由科学出版社出版。

4. 《从祖冲之的圆周率谈起》：1962 年由中国青年出版社出版。

5. 《数学归纳法》：1963 年由上海教育出版社出版。

6. 《谈谈与蜂房结构有关的数学问题》：1964 年由人民教育出版社出版。

7. 《从孙子的"神奇妙算"谈起》：1964 年由人民教育出版社出版。

8. 《统筹方法平话及补充》：1965 年由中国工业出版社出版。

9.《优选法平话》：1971 年由科学出版社出版（署名齐念一）；《优选法平话及其补充》：1971 年北京国防工业出版社出版。

10.《聪明在于勤奋 天才在于积累》：2006 年由中国少年儿童出版社出版。

三、综合名篇

综合名篇主要是指跨学科、跨领域、综合性和普及性的著作，有极高的收藏价值，是难得的传世精品书籍。中国数学教师包括高等学校、中等学校、职业学校等各类学校的教师，应当认真研读华罗庚先生的著作《华罗庚科普著作选集》和《华罗庚诗文选》。其中，《华罗庚科普著作选集》包括华罗庚先生专门为中学生写的一系列数学小书。

1.《华罗庚科普著作选集》：1984 年由上海教育出版社出版。时隔 34 年，2018 年上海教育出版社又再版这本书，取名为《大哉数学之为用：华罗庚科普著作选集》。

2.《华罗庚诗文选》：1986 年由中国文史出版社出版。

第三节　华罗庚的成才之道

研究古今中外杰出人才的成才之道，笔者概括提炼为三大规律：其一是学习律；其二是发展律；其三是整合律。下面，首先概述这三大规律，然后，再具体探究华罗庚先生的成才之道。①

笔者曾经应用学习律、发展律、整合律，具体分析研究张衡、秦九韶、钱学森、爱因斯坦的成才之道。② 笔者提出的杰出人才成才之道的三大规律（学习律、发展律、整合律），既有案例分析的证明，也有统计数据的证明。③

1. 学习律：格物致知，好学乐学。

学习律的简单公式是：实践＋理论

每个人要成才，必须善于学习。格物致知就是强调从实践中学习。第一，既要学习书本知识，又要学习经验知识（直接经验、间接经验）。学习是他人不可能代替的，必须依靠自己努力。学习又是不能孤立进行的，必须向他人请教。第二，学习促进创新，创新又促进学习。学习知识与创新能力成正相关，知识与创新相互促进。热爱是最好的老师，好学乐学才能提高效率。第三，学习与实践是不能分割的，"学而时习之"非常重要。教与学是相互促进的，教是最好的学。"学而不厌，诲人不倦"。这才有可能成为有创新能力的杰出人才。

学习律用一个程序公式表述为：

乐趣→艰巨→成功

对学习首先要有乐趣，要热爱；经过艰苦努力，包括学习知识，参与实践，互教互学；取得成功，从而得到更大的乐趣。后一个乐趣即经过艰苦努力，做出贡献，有了创新，取得成功后的乐趣。在此基础上再学习，形成良性循环，从而做出更大贡献，更多创新，取得更大成功，成为公认的杰出人才。

2. 发展律：搜炼古今，推陈出新。

---

① 查有梁、查莉芬、张小涛：《华罗庚先生的成才之道》，《教育科学研究》2020年第10期，第22－24页。

② 查有梁、查宇：《爱因斯坦与教育》，四川教育出版社2008年版，第109－127页。

③ 查有梁：《给教师的20把钥匙》，四川教育出版社2007年版，第160－168页。

发展律的简单公式是：经验＋反思

每个人要成才，都有一个发展过程：第一，必须在德、智、体、美、劳诸方面和谐发展，成为合格人才。以德为本，健康第一，才能持续发展。第二，努力学习，深入实践，成为有一技之长的专门人才。有职业道德与社会公德，才能持续发展。第三，任何一项重大创新都是要经历相当长时间的"愤悱"，要经过10年以上的集中努力，既要循序渐进，又要超越跃进，有所发展，持续发展，这才可能成为有创新能力的杰出人才。

发展律用一个程序公式表述为：

继承→包容→创新

首先，要打好基础，继承前人成果，知识面宽，身心健康，成为合格人才；其次，要掌握一门专业，要包容"诸子百家"在这一专业上已取得的成就，成为专门人才；第三，要深入领悟创新之道：开放才能创新，交流才能创新，涨落才能创新，远离平衡态才能创新。杰出人才的关键是要有重大创新。

3. 整合律：深专博学，整合传播。

整合律的简单公式是：整合＋传播

每个人要成才，必须将"打好基础、发展个性、促进创造"三者整合起来，缺一不可。第一，打好基础，包括做人、做事、做学问的基础，必须不断提高综合素质，包括思想道德素质、文化科学素质、身体心理素质、劳动技能素质、审美创新素质，重在将这些素质整合起来。第二，要将学、问、思、辨、行整合起来，要教学研合一，真善美统一，德才识统一。重视发展个性，有所为又有所不为，善于选择，扬长补短，努力做到博学深专。第三，解放思想，动手实干，勤于贡献，重在实践。要善于辩证整合、纵横整合、系统整合，这才可能成为有创新能力的杰出人才。

整合律可用一个程序公式表述为：

博学→深专→传播

只有博学，才可能深专；只有深专，才可能真博；博专整合，才可能有创造和贡献。公式中的第一个"博学"是通才的博学，第二个"深专"是专才的深专，第三个"传播"是英才的传播。在此基础上进一步再深专，形成良性循环，从而专得更深，博学更广，创得更新，产生更大的社会影响。

下面，应用杰出人才成才之道的"学习律、发展律、整合律"，来具体探究华罗庚先生的成才之道。

一、学习律：勤奋自修，高人引领。

华罗庚成才之道的第一条就是他善于学习。其关键的两条是：勤奋自修，高人引领。

华罗庚（1910—1985年），出生于江苏常州金坛区，祖籍江苏丹阳。他的家庭教育，平平常常。他所接受的小学和初中教育，也非"名校"。初中毕业后，进入上海中华职业学校，因交不起学费而中途退学，回家帮助父亲料理杂货铺，他一生只有初中文凭。按照今日的舆论，华罗庚早就"输在起跑线"了！但是，他用5年时间自学完高中和大学低年级的全部数学课程。勤奋自修是华罗庚最重要的方法。他将他自学成功的方法概括为一篇著名的文章：《聪明在于学习，天才由于积累》。[①]

华罗庚说：根据我自己的体会，所谓天才就是靠坚持不断的努力。有些同志也许觉得我在数学方面有什么天才，其实从我身上是找不到这种天才的痕迹的。他善于吸取自己学习成功的经验和失败的教训，及时调整。华罗庚发现学习方法中最主要的，就是"熟能生巧"。他坚持勤奋学习，循序渐进，夯实基础，由浅入深，学会分析综合，把握中心和主要矛盾。华罗庚非常肯定地说，任何一个人如果养成了自修的习惯，都是终身受用

[①] 华罗庚：《聪明在于学习，天才由于积累》，《中国青年》杂志，1956年第7期。后收录于《华罗庚诗文选》，中国文史出版社1986年版，第123—130页。

不尽的。但如果因为强调自修而放弃集体学习的机会,也是不正确的态度。

华罗庚一方面"勤奋自修",另一方面认真接受了"高人引领"。对于每位学生,华罗庚认为:"没有督促检查,没有领导指引,自修往往自流,以致有始无终。"每个人在求学的时代,总会遇见一些高人"指点迷津";如果不虚心接受高人引领,就会失去进步的可能。

华罗庚进入金坛县立初中后,王维克老师发现其数学才能,并尽力予以培养。王维克是华罗庚遇见的第一位"高人"。1930年,清华大学数学系主任熊庆来教授,了解到华罗庚的自学经历和数学才华后,打破常规,让华罗庚进入清华大学图书馆担任馆员。熊庆来是华罗庚遇见的第二位"高人"。1935年,数学家诺伯特·维纳(Norbert Wiener)在清华大学访问,华罗庚听维纳的讲学,向维纳提问,维纳发现华罗庚的数学潜能,向当时英国著名数学家哈代极力推荐。诺伯特·维纳是华罗庚遇见的第三位"高人"。

勤奋自修,高人引领,对于杰出人才的成长是不可缺少的。这是成才之道的学习律。

二、发展律:学术圣殿,潜心钻研。

华罗庚成才之道的第二条就是他善于发展。其关键的两条是:学术圣殿,潜心专研。

华罗庚在中国清华大学、英国剑桥大学、国立西南联合大学、美国普林斯顿高等研究院、美国伊利诺伊大学、中国科学院、中国科技大学等世界公认的"学术圣殿"学习、访问、研究、交流、教学。无论环境优越,还是环境艰苦,华罗庚先生都一以贯之,潜心钻研,创新成果,接连不断。

1936年,华罗庚前往英国剑桥大学,度过了关键性的两年。这时他已经在华林问题(Waring's problem)上有了很多成果,而且在英国的哈代－李特伍德学派的影响下受益。他至少有 15 篇论文是在剑桥的时期发表的。其中一篇关于高斯的论文给他在世界上赢得了声誉。

1937 年，他回到清华大学担任正教授，后来迁至昆明的国立西南联合大学，至 1945 年为止。1939 年到 1941 年，在中国抗日战争最为艰苦的岁月，华罗庚在昆明的一个吊脚楼上，写了 20 多篇论文，完成了第一部数学专著《堆垒素数论》。1946 年 2 月至 5 月，他应邀赴苏联访问。同年 9 月，在美国普林斯顿高等研究院访问。1947 年，《堆垒素数论》在苏联出版俄文版，又先后在各国被翻译出版了德、英、日、匈牙利和中文版。1948 年，被美国伊利诺伊大学聘为正教授。论学历，华罗庚不高；但是，论经历，华罗庚却到了世界上最好的学术机构工作。

华罗庚一生留下了十部巨著：《堆垒素数论》《指数和的估价及其在数论中的应用》《多复变数函数论中的典型域的调和分析》《数论导引》《典型群》（与万哲先合著）、《从单位圆谈起》《数论在近似分析中的应用》（与王元合著）、《二阶两个自变数两个未知函数的常系数线性偏微分方程组》（与他人合著）、《优选学》及《计划经济范围最优化的数学理论》，其中八部为国外翻译出版，已列入 20 世纪数学的经典著作之列。[①]

潜心钻研需要有高尚境界。华罗庚说：一个人生命是有限的、短促的，如果我们要把短短的生命过程使用得更有效力，我们最好是把自己的生命看成前人生命的延续，是现在共同生命中的一部分，同时也是后人生命的开端。如此地继续下去——整体般地进行下去，科学就会一天比一天更光明灿烂，社会也会一天比一天更美好繁荣。总之，我们善于总结及利用前人的经验，再在已有的经验上进一步地提高——发展性或创造性的提高，更为后人开辟道路。

学术圣殿，潜心钻研，对于杰出学术创新人才的成长是不可缺少的。这是成才之道的发展律。

---

① 见百度 https://baike.baidu.com：华罗庚。

三、整合律：积累创新，推广传播。

华罗庚的成才之道的第三条就是他善于整合。其关键的两条：积累创新，推广传播。

华罗庚的求学的一生，自始至终将自学、研究、创新、发表、传播紧密地整合在一起。1930 年，华罗庚 20 岁，他在上海《科学》杂志上发表《苏家驹之代数的五次方程式解法不能成立之理由》，引起清华大学数学系主任熊庆来教授的关注。华罗庚来到清华大学一面自学，一面教学，教学相长，为今后的创新积累了坚实的基础。

1950 年，华罗庚一家人从美国经香港抵达北京，担任清华大学数学系主任。1952 年，华罗庚受中国科学院院长郭沫若的邀请，成立了数学研究所，并担任所长。数学研究工作任务艰巨，但是华罗庚非常重视给广大的中学生大学生，介绍学习数学和研究数学的经验。1953 年 3 月 3 日在《中国青年报》发表文章《谈谈同学们学科学的几个问题》。1954 年 4 月 6 日在《人民日报》发表文章《谈革命干部学习科学知识问题》。1955 年 1 月在《中学生》杂志发表文章《和同学们谈谈学习数学》。[1] 华罗庚非常重视将自己学习研究数学的经验，集中整合，面向社会，广为传播。1956 年，华罗庚正式发表《给青年数学家》一书，由中国青年出版社出版，在全国产生很大影响。

华罗庚从 20 世纪 50 年代开始，最先在中国倡导和组织中学生的数学竞赛。华罗庚写了一篇通俗而又深刻的文章——《写在一九五六年数学竞赛结束之后》[2]。华罗庚在这篇文章中，全面论述了为什么要进行数学竞赛，以及如何科学地进行数学竞赛。这篇文章至今仍有指导意义。为纪念

---

[1] 华罗庚的这 3 篇文章，见中国民主同盟中央委员会宣传部编《华罗庚诗文选》，中国文史出版社 1986 年版，第 92—118 页。

[2] 华罗庚：《写在一九五六年数学竞赛结束之后》，《光明日报》，1956 年 5 月 31 日。载《华罗庚诗文选》，中国文史出版社 1986 年版，第 135—138 页。

杰出数学家华罗庚教授，1986年开始举办"华罗庚金杯少年数学邀请赛"（简称"华杯赛"），这是全国性大型少年数学竞赛活动。通过自上而下地组织大中小学生的数学竞赛，促进了数学知识的传播，产生了广泛的社会影响。

华罗庚既从事纯数学理论研究，同时，他在后期又非常重视应用数学研究成果的推广，寻找数学和生产实践相结合的道路。他看到，数学中的统筹法和优选法是生产中能够比较普遍应用的方法，能够提高工作效率，改善工作管理程序。他写成了《统筹方法平话及补充》《优选法平话及其补充》，亲自带领大学师生到全国各地的一些企业工厂推广和应用"双法"。1970年4月，国务院根据周总理的指示，邀请了七个工业部的负责人听华罗庚讲统筹法、优选法。

积累创新，推广传播，对于杰出人才的成长是不可缺少的。这是成才之道的整合律。

第四节　华罗庚杰出成就的教育启示

一、编好教材

数学教材的编写者，要认真读一读华罗庚先生的著作。华罗庚先生给中学生讲数学的小册子有：《从杨辉三角谈起》《从祖冲之的圆周率谈起》《从孙子的"神奇妙算"谈起》《数学归纳法》等。从标题就可知道，华罗庚先生非常重视中国传统文化中数学的成就。就连《数学归纳法》中也有一个小标题：李善兰恒等式。[①]

总之，华罗庚先生在他的著作中，都实事求是地指出了中国人在数学方面的贡献。这是我们编写中学数学教材、大学数学教材时应充分注意的原则。

华罗庚先生编写的教材《高等数学引论》，从1963年第1版到现在已经多次再版了。这是中国人自己编写的经典高等数学教材。

对于教材，无论是中小学教材还是大学教材，大家都要有敬畏感。不是什么人都可以编撰教材，必须专业；不是什么内容都可以进入教材，必须精选；不是什么出版社都可以发行教材，必须权威；不是什么机构都可以变更教材，必须统筹。

近百年来，中国人在小学、中学、大学读书时使用的基本是西方的教材。在一段特殊的历史时期，几乎完全使用苏联的教材。引进先进的数学文化完全有必要，但不能"完全照搬"而忘记了我们的祖先。这值得我们深刻反思。

当然，中国的数学家也编写了不少优秀的数学教材，但很少持续地修订并再版。笔者认为，华罗庚先生编写的数学教材是能与中国古代的数学名著《周髀算经》《九章算术》《数书九章》一样具有生命力的。

二、学而有感

华罗庚的数学著作中，经常将诗歌与文字结合，这是笔者很欣赏的。这也是中国杰出数学家的一个优秀的文化传统。1959年5月28日，笔者是成都石室中学高中三年级学生，看了华罗庚在《人民日报》发表的文章《大哉数学之为用》，很有感触，认识到学好数学，用处太大了。于是，就

[①] 华罗庚：《数学归纳法》，上海教育出版社1963年版。

巨星闪耀——知识创新与成才之道

写了一首小诗：[①]

学好数学用处大

从前咱们受欺压，列强嘲笑不发达。
拨开乌云见晴天，智慧聪明并不差。
全面研究各科学，切莫丢瓜拾芝麻。
分析综合齐使用，既要演绎也归纳。

只见树木不见林，以点代面闹笑话。
实践检验为标准，不要变成睁眼瞎。
多多进行深研究，结论最好不早下。
一孔之见不固执，实事求是不浮夸。

认识论要搞透彻，灵活应用辩证法。
世界不断在发展，不要静止看待它。
不被现实所迷惑，头脑清醒本质抓。
事物彼此有联系，形而上学不得法。

宇宙秘密待发现，数学语言来表达。
精确定量要科学，工具钥匙作用大。
困难曲折不要怕，辛勤劳动定结瓜。
必然超过笛卡尔，高斯欧拉在话下。

笔者深受华罗庚先生的影响，读中学就有诗中所写的雄心，还是有用的，能促进创新。虽然笔者的第一专业是物理学，但在数学方面，也有些成果。物理与数学是两门大的学科，对于其他学科的发展都有较大的启发

[①] 查有梁：《教育诗：童心》，教育科学出版社1997年版，第50—51页。

性、工具性、渗透性。为此，笔者在撰写了《牛顿力学的横向研究》之后，与大学数学教师李以渝合作编著《数学智慧的横向渗透》，[①] 又与中学数学教师合作撰写《杰出数学家秦九韶》。[②]

三、学无终结

华罗庚在诠释学习方法时，强调：学而要用，用而要创，创而要新，学无止境。华罗庚写道：

> 有人说西方文明之飞速发展是由于欧几里得几何的推理方法和进行系统实验的方法。牛顿的工作也是逻辑推理的一个典型。他用简单的几条定律推出整个的力学系统，大至解释天体的运行，小到造房、修桥、杠杆、称物都行。但是人们在认识自然界而建立的理论总是不会一劳永逸完美无缺的，牛顿力学不能解释的问题还是有的。用它解释了行星绕日公转，但行星自转又如何解呢？地球自然一天二十四小时有昼有夜。水星自转周期和公转一样，半面永远白天，半面永远黑夜。还有一个有名的问题：水星进动每百年 $42''$，这是牛顿力学无法解释的。[③]

笔者认真研读牛顿的《自然哲学之数学原理》、爱因斯坦的《相对论的意义》《爱因斯坦文集》（三卷本），并在这些自学研究的基础上，撰写了《牛顿力学的横向研究》[④]。在物理学和数学方面都有一些创新的研究结果，这是直接受到华罗庚先生的启发。笔者在中学时代就阅读了华罗庚先

---

① 查有梁、李以渝：《数学智慧的横向渗透》，四川教育出版社1990年版。
② 查有梁、吴永娣、周步骏、陈更生：《杰出数学家秦九韶》，科学出版社2003年版。
③ 中国民主同盟中央委员会宣传部编：《华罗庚诗文选》，中国文史出版社1986年版，第153页。
④ 查有梁：《牛顿力学的横向研究》，四川教育出版社1987年版，2014年第2版。

生的著作《给青年数学家》，知道了认真研读经典著作的重要性，知道了独立思考的必要性，知道了自修学习的方法论，真正是终身受益。

为什么以牛顿力学为代表的近代科学，产生在英国，而没有产生在中国？这是"李约瑟问题"的核心思想。1980年，笔者在中国科学院成都分院自然辩证法室从事研究，在四川大学物理学教授吕子方先生研究"落下闳与太初历（三统历）"的基础上，完成了一篇论文《中国古代的系统观测和逻辑体系及对现代物理学的启发》[①]。1982年，笔者用这篇论文在"中国物理学会第三届代表大会上"作了大会报告，并得到钱学森先生的肯定。[②] 1982年，为了完成这篇论文，笔者学习了计算机编程，自己独立编写了计算"连分数－渐进分数"的程序，并学习了华罗庚先生《数论导引》的有关章节，具体验证了"落下闳算法"（"通其率"）的正确。

"落下闳系统"包括：制作"浑天仪"，提出"浑天说"，创立《太初历》，发明"通其率"。"落下闳系统"以天体的运行周期的实际观测，以及推算这些"运行周期"的"最小公倍数"——"上元积年"和"太极上元"，来建立中国古代天文学的独特体系，包括"二十八宿"的空间系统与"二十四节气"时间系统的对应与联系。

落下闳知道他对"二十八宿"的观测是近似的，知道他推算的《太初历》也是近似的。他说："后八百岁，此历差一日，当有圣人定之。"[③] 这些思想方法，与现代物理思想息息相通。这充分表明：中国古代科学中有自己独特的系统观测和算法的逻辑体系，在中国古代科学的基础上，可以通向近代科学。笔者以一种"独辟蹊径"的方式回答了"李约瑟问题"。

在"落下闳系统"的基础上，是不能建立类似"牛顿力学"的物理体

[①] 查有梁：《中国古代物理学中的系统观测和逻辑体系及对现代物理学的启发》，《大自然探索》，1985年第1期。

[②] 查有梁：《再读钱学森先生的三封来信》，《科学时报》，2007年9月28日。

[③] 中国古书《益都耆旧传》记载："巴郡落下闳，汉武帝时改《颛顼历》，更作《太初历》。曰：'后八百岁，此历差一日，当有圣人定之。'"

系的，因为牛顿力学强调"质点－轨道"模型，是"决定论"。在"落下闳系统"的基础上，可以建立类似"量子力学"的物理体系，因为量子力学强调"频率－能量"模型，是"非决定论"。周期的倒数就是频率，落下闳系统的物理思想是量子力学的"古代原型"。

2019 年，最新的天文观测计算表明：宇宙空间是正曲率，宇宙的一个封闭的三维球面。"可观测宇宙只是整个宇宙的一个空间区域，目前我们定义为以地球为观测中心，半径约 460 亿光年的一个理想球体。"① 即宇宙是一个"浑天"模型。

笔者用英语撰写《落下闳系统与托勒密系统的比较》，1985 年在"第 17 届国际科学史大会"上报告。撰写《"缀数求 π"新解》，② 在美国加利福尼亚大学圣迭戈分校报告，并收入程贞一教授主编的论文集。③ 这些研究成果完整记载于《世界杰出天文学家落下闳》④ 和《通天彻地落下闳》。⑤ 这些研究成果是华罗庚先生提倡"学无终结""研究止境"的具体启发和诠释。

四、研无止境

华罗庚在诠释研究方法时强调：研究的对象不同，应用的数学方法也就不同，研无止境。华罗庚写道：

> 即使研究这样小的原子核的结构也还是少不了数学。描述原子核内各种基本粒子的运动更是少不了数学。能不能用处理普遍世界的方

---

① https//www.nature.com/articles/s41550－019－0906－9.
② 查有梁：《'缀数求 π'新解》，《大自然探索》，1986 年第 4 期。
③ Zha You－liang, "Research on Tsu Chung Chih's Approximate Method for π," Science and Technology in Chinese Civilization. Edited by Cheng－yih Chen. World Scientific Publishing Co. Singapore. 1986，p77－p85.
④ 查有梁：《世界杰出天文学家落下闳》，四川辞书出版社 2001 年版，2009 年第二版。
⑤ 查有梁：《通天彻地落下闳》，四川辞书出版社 2019 年版。

法来处理核子内部的问题呢？情况不同了。在这里，牛顿的力学，爱因斯坦的相对论都遇到了困难。在目前人们应用了另一套数学工具。如算子论、群表示论、广义函数论等。这些工具都是近代的产物。即使如此，也还是不能完整地说明它。①

笔者学习了华罗庚为中学生撰写的几本数学的科普书。在认真研读钱学森撰写的《星际航行概论》之后，笔者不断探索对于一些应用高等数学方法解决的问题，能不能应用比较初等的数学方法去解决。笔者发现应用"切线变换和切线坐标"的方法能够得到一些新的物理方程和新的数学公式。

华罗庚曾经提醒研究者不要"闭门造车""孤陋寡闻"。华罗庚写道："我敢说他想出的东西很可能别人在几十年以前就已经想到了，很可能还停留在几百年以前或几十年以前的水平上面。这种情况说明他的劳动是白白的浪费，当然更谈不到赶上世界先进水平了。"②

受此教诲，笔者将"切线变换和切线坐标"文章初稿，送给四川大学数学系的胡鹏教授审阅，虚心求问：数学界有没有学者已经提出这种方法，并得到"天体运行统一的能量方程"。胡鹏教授还将笔者的文章寄给他的好友、南京大学天文学系的易照华教授审阅。得到的答复是：笔者的文章应用的方法是有创新，前人没有发表过这样的推导结果。这样，笔者才将论文寄出去，发表在《力学与实践》的创刊号上。③ 后来又应用这种算法发表了《引力定律的新研究》，④ 并应用新方法为中学生写了一本科普

---

① 中国民主同盟中央委员会宣传部编：《华罗庚诗文选》，中国文史出版社1986年版，第154—155页。
② 中国民主同盟中央委员会宣传部编：《华罗庚诗文选》，中国文史出版社1986年版，第128—129页。
③ 查有梁：《天体运行的能量方程》，《力学与实践》创刊号，1979年第1期。
④ 查有梁：《引力定律的新研究》，《大学物理》，1996年第2期至第3期。

著作《力学与航天》。①

五、珍惜时间

华罗庚十分珍惜生命、珍惜时间，提出独特的时间整体观。为什么要爱惜时间？怎样爱惜时间？华罗庚说得非常明白。华罗庚写道：

> 爱惜自己的时间的同时，更重要的是也爱惜旁人的时间。自己多花一小时备课，可以省下听课者每人一小时。那是很上算的事。对这样的时间不能吝惜。在集体中，经过全面考虑，要乐于抢着找重担挑，抢着做旁人的"垫脚石"。
>
> 对整个的社会来说，时间是整体。但是它是由各个个体的一分一秒所积成的。我们不能仅仅满足于个人时间的充分利用，还要顾大局，使旁人的时间也要用得更有效，业余也是如此。"张家长，李家短"，乱说一气，言不及义（特别是不谈政治，不谈专业），耗人时间，挑拨关系是一种要不得的态度。谈谈思想，谈谈学问，交流经验，相互学习，是一种值得提倡的态度。因为前者是抵消力量，后者是增加力量，对社会主义有完全不同的作用。
>
> 总之，业余时间和工作时间一样是十分宝贵的。但运用之妙，存乎于心——一心一意为人民的心。②

华罗庚先生一生，学术成果丰硕，研究水平一流，科普著作精彩，社会贡献巨大，得到世界学术界的公认。这与他珍惜时间的独特人生观和价值观，以及爱惜他人时间的高尚品德，抢着做旁人的"垫脚石"的献身精

---

① 查有梁：《牛顿力学与星际航行》，四川科学技术出版社1991年版。后遵照钱学森的建议，将第二版改书名为《力学与航天》，四川科学技术出版社2012年版，2019年再版。
② 中国民主同盟中央委员会宣传部编：《华罗庚诗文选》，中国文史出版社1986年版，第216—217页。

神,密不可分。这是华罗庚先生最有意义的人生智慧,值得我们效法。

六、脚踏实地

华罗庚的学习方法和研究方法,都强调脚踏实地,要一步一步前进;而且要尽快地一步一步前进。华罗庚写道:

> 同样的时间,同样的精力,如果脚踏实地做去,有可能把自己提到更高的水准。越级而进和钻牛角尖,只会把自己送进不可自拔的泥坑。
>
> 唯有按部就班地前进,唯有步步踏实地钻研,才可化雄心为现实。在这样基础上生长的雄心,才不是幻想,才不是白昼梦。①

华罗庚更强调:要尽快地一步一步前进。他写道:

> 我所谓要循序渐进,打好基础,并不是叫大家老在原地方踱步打圈子,把同一类型的书翻来覆去看上很多遍。譬如过去有些人研究数学,把同样程度的几本微积分都收集起来,每本都从头到尾看,甚至把书上的习题都重复地做几遍,这是一种书呆子的读书方法,毫无实际意义,这样做当然就会违反了"快"的原则。我个人的看法是:打好基础知识的时候,同一类型的科学,只要在教师的指导下选一本好书认真念完它就可以了(在这样基础上再看同一类型的书时只不过吸收其中不同的资料,而不是从头到尾的精读);然后再进一步看高深的书籍。循序渐进决不能意味着在原来水平上兜圈子,而且要一步一

---

① 中国民主同盟中央委员会宣传部编:《华罗庚诗文选》,中国文史出版社 1986 年版,第 98 页。

步前进；而且要尽快地一步一步前进。①

在华罗庚论学习方法的启发之下，笔者大学时就开始在假期里看"高深的书籍"，例如，恩格斯的《自然辩证法》。大学毕业之后，系统地研读有关控制论、信息论、系统论的经典著作。遵照华罗庚提倡的方法：坚持一步一步前进，而且尽快地一步一步前进。将这些学习成果应用于其他领域，探索教育学这门既古老而又年轻的学科的基本原理。1986年笔者出版了《控制论、信息论、系统论与教育科学》（四川省社会科学院出版社）。1990年此专著获"全国首届教育科学优秀成果二等奖"。1993年笔者发表了《系统科学与教育》，得到钱学森先生的肯定，为当今的教育改革提供了新的理论参考。1999年笔者发表了《恩格斯与物理学》。②笔者与查莉芬、张小涛合作，历经30多年，经过上百次的修改提炼整合，不断改进，终于完成了《华罗庚先生的〈学法九章〉》，2020年发表在华东师范大学主办的《数学教学》。③

七、改进学法

2005年，钱学森提出的一个问题：为什么我们的学校总是培养不出杰出人才？中小学是基础教育，是学生"打好基础"的时期。1956年，华罗庚在《聪明在于学习，天才由于积累》一文中，似乎已经发现并回答了"钱学森之问"。华罗庚写道：

> 我接触到过不少大学生，他们从来也没有想到过要和书上有不同

---

① 中国民主同盟中央委员会宣传部编：《华罗庚诗文选》，中国文史出版社1986年版，第126—127页。
② 查有梁：《恩格斯与物理学》，四川辞书出版社1999年版。
③ 查有梁、查莉芬、张小涛：《华罗庚先生的〈学法九章〉》，《数学教学》，2020，第8、9期。

的看法。这样，他们实际上变成了一个简单知识的传声筒。我们有些大学里过去实行过所谓包教包懂的制度。一次不懂便去问老师；两次不懂再问；三次不懂又再问，一直到懂为止。这虽然是个省力的办法，但可惜任何学问都是包不下来的。如果老师连你怎样做研究工作全都包下来了，那他就不需要你再做这个研究工作了。导师的作用在于给你指点一些方向和道路，免得去瞎摸，但在这条路上具体有几个坑，几个窟窿，那还得你自己去体验。何况我国目前科学上空白点很多。谁也没有去研究过的项目，你到底依靠谁呢？唯一的办法就是要依靠你自己在现有的知识基础上去创造，去深思熟虑。[①]

大学教师要研究一下：钱学森、华罗庚等杰出人才是怎样在大学学习的？这些杰出人才，又是怎样在大学里教学的？这些杰出人才，给大学生、研究生编撰的教科书又是怎样的？他们是怎样培养研究生的？这对于将来中国涌现出大批杰出人才是不可缺少的实际案例。

华罗庚先生所提倡的关于读书和做学问的方法简单明了：

"由薄到厚，由厚到薄。""埋头苦干是第一，熟能生出百巧来。""勤能补拙是良训，一份辛苦一分才。""聪明在于学习，天才由于积累。""拳不离手，曲不离口。""弄斧到班门，下棋找高手。"

按照我们中国古人强调的"学思结合""知行统一""格物致知""道法自然"去实践学习，这就是优质学习的普遍规律。

---

① 中国民主同盟中央委员会宣传部编：《华罗庚诗文选》，中国文史出版社1986版，第128页。

八、尊重前辈

1980年，华罗庚先生回到他的母校：江苏金坛县初中。他给同学们讲："从初中毕业到当大学教师，我前后大约用了6年半时间，通常初中到大学毕业要用8年。从这一点同学们可以看到，学习要自己努力，努力就可以很快上去。"①

他的老师王维克是留学法国的学者，当时是金坛县初中的校长，非常关心培养华罗庚。继任校长韩大受先生，为人很好。后来，熊庆来教授推荐华罗庚到清华大学的故事，尽人皆知了。华罗庚先生的求学经历，对于我们今天的教育改革，很有启发性。

清华大学算学系主任熊庆来教授（1893—1969年），1930年在《科学》杂志上看到华罗庚撰写的论文《苏家驹之代数的五次方程式解法不能成立之理由》，就认定"能写出这样的数学论文一定是个人才"，他当即做出决定把华罗庚请到清华大学来。那时，华罗庚仅仅只有一张初中毕业的文凭。新中国成立之后，华罗庚从美国回到中国，并担任中国科学院数学研究所所长。华罗庚感恩熊庆来前辈的知遇之恩，邀请远在法国访问的熊庆来教授到中国科学院数学研究所任职。

"文化大革命"结束之后，华罗庚最先提出要为熊庆来先生"落实政策"，使熊庆来成为第一批在报纸上正式平反的科学家之一。在举行熊庆来先生骨灰安放仪式时，华罗庚触景生情，百感交集，写下一首诗《哭迪师》。②

华罗庚的一生，创造了多项奇迹，至少有5个前无古人的"大亮点"，或者说，至少有5个光辉闪闪的"一瞬间"：其一，主要通过自修，从初中

---

① 中国科学院学部联合办公室编：《中国科学院院士自述》，上海教育出版社1996年版，第48页。

② 金雅芬：《华罗庚治学思想精粹》，人民出版社2016年版，第148—150页。

毕业到当大学教师，用了6年半时间；其二，19岁发表第一篇数学论文，第二篇就得到熊庆来教授的称赞；其三，37岁完成有创新意义的《堆垒素数论》这一数学经典；其四，毛主席和周总理，鼓励并肯定他在数学理论和应用上的重大贡献；其五，带病推广统筹优选，75岁在国际学术讲坛上作演讲。

九、穷理寻真

万哲先院士回忆华罗庚先生时说："他对学生要求非常严格，对研究工作要求很高，强调要选有意义的问题做，要有新的想法，要创造，不要依样画葫芦。一旦学生有了新的想法，取得点滴成果时，他就鼓励。另一方面他经常告诫学生，不要眼高手低，只要练好扎实的基本功，做到'拳不离手，曲不离口'，踏踏实实地工作，收获就会到来。"[1]

1984年，华罗庚在《自勉》一诗中写道：

> 从实从严，不骄不躁。
> 大处着眼，小处着手。
> 锲而不舍，蹊径自辟。
> 独立思考，穷理寻真。[2]

华罗庚先生对于在管理科学中，怎样选择科学方法，提出四点："第一点，科学方法要适应我国经济和工业生产的实际情况；第二点，应该尽量采用最现代的方法；第三点，要经得起实践的检验；第四点，要从理论

---

[1] 万哲先：《忆华罗庚老师1950年回到清华园执教》，原载于丘成桐、杨乐、季理真主编：《传奇数学家华罗庚：纪念华罗庚诞辰100周年》，高等教育出版社2010年版，第39页。

[2] 中国民主同盟中央委员会宣传部编：《华罗庚诗文选》，中国文史出版社1986年版，第49页。

的高度进行分析。"① 华罗庚把在管理上用得着的方法概括为三十六个字：

大统筹　广优选　联运输　精统计
抓质量　理数据　建系统　策发展
利工具　巧计算　重实践　明真理

华罗庚先生的这"三十六字"诀，最后一条是"明真理"。读了华罗庚先生的著作之后，笔者认识到真理是什么了。真理至少有四条标准：内在逻辑要连贯一致、外在实践要整体证实、群众感受要合情合理、历史检验要认同正确。②"怎样获得真理？"也有四条：站在巨人肩上、博采众家之长、提炼核心概念、原创新的思想。

最后，本章以华罗庚先生1985年的一段话为结束语："青年人羡慕老年人有知识、有能力、有经验，但这是可追的；老年人羡慕青年人有朝气、身体健康、思想活跃，这是老年人不能再获得的。所以，历史总是长江后浪推前浪，一辈新人胜古人。"③

[问题与思考]

华罗庚先生的著作很多，你读过哪些？对你有哪些帮助？

你读过哪些数学家的传记？科学、技术、工程、数学、艺术是相互独立又相互关联。但是数学家的评传写起来困难，读起来也困难，这是什么原因？

按照"学习律、发展律、整合律这样的研究模式，撰写一位科学家成

---

① 中国民主同盟中央委员会宣传部编：《华罗庚诗文选》，中国文史出版社1986年版，第276—279页。
② 查有梁：《系统辩证法与教育建模论》，《教育科学研究》，2017年，第1期。
③ 中国民主同盟中央委员会宣传部编：《华罗庚诗文选》，中国文史出版社1986年版，第382页。

才之道"，你认为可以普遍推广吗？请你选择一位你喜欢的教育家、科学家，尝试写一篇"略传"。

选择什么样的人作为榜样，这非常重要。这就需要"审是学习""选择经典著作阅读""站在巨人肩上""与创新杰出人才对话"。你同意这样的观点吗？

华罗庚先生将"站在巨人肩上"才能看得更远，比喻为"与高手下棋"，这样在"下棋"方面，才能有进步。现在，下棋的世界冠军高手都败给了"人工智能高手"，于是让人类智能相形见绌。我们要知道：人下棋时，人脑的耗费的功率22瓦左右，但是，人工智能机器人高手下棋，花费是"上兆瓦、上亿瓦"功率。我们只要知道这个真相，就不至于"恐惧"人工智能。人类学习与机器学习，各有特点和长处。人工智能毕竟还是人类设计和控制下的"机器智能"。我们要学会通过"人机融合的智能"去尝试解决新问题。你的看法如何？

[第七章]

浅论于光远的教育思想

于光远是一位百科全书式的学者。于光远在"政治经济学"和"自然辩证法"两个领域有重大的学术贡献，晚年在教育学的基本理论方面做了大量研究和创新探索。本章介绍于光远的"学术简历""教育略传"，论述于光远对教育科学的贡献，实际是尝试做"于光远教育思想评述"。最后，本章分析了历史上为什么较多的百科全书式的学者，往往都能对教育学理论做出贡献。[1]

---

[1] 本章内容发表在《中国教育科学》第 3 辑，人民教育出版社 2015 年版，第 136—169 页。

第七章 / 浅论于光远的教育思想

第一节 于光远的学术简介

于光远（1915—2013年），原姓郁，名锺正，上海人，中国社会科学院研究员。1936年毕业于清华大学物理系。1937年全民族抗战前，加入中国共产党。1939年兼任延安中山图书馆主任，曾任中共中央图书馆主任。先后在延安大学财经系、北京大学图书馆系任教。几十年间，他在北京大学和中国社会科学院兼职上课，指导研究生，并编写了多种教材，教育工作的经历丰富。

于光远1955年被推选为中国科学院哲学社会科学学部的学部委员。20世纪50年代，于光远曾较长时间在中宣部工作，担任中宣部科学处处长。1964年任国家科学委员会副主任。1975年以后，任国家计划委员会经济研究所所长、中国社会科学院副院长、中共中央顾问委员会委员、中国社会科学院顾问、《中国大百科全书》总编委会副主任。

1978年中国共产党十一届三中全会之前，于光远参与了邓小平重要讲话《解放思想，实事求是，团结一致向前看》的起草工作。邓小平的这篇重要讲话开启了中国"改革开放"的新时期。这一经历使于光远深受启发和教育，也为于光远后来在学术上的创新奠定了"解放思想"的基础。

中共中央党校原副校长龚育之（1929—2007 年）先生曾对于光远有过这样的评价："学识渊博，学贯'两科'，即将自然科学和社会科学有机地融为一体；在整个学术生涯中，他开拓了许多新的学科领域，尤其在促进中国的自然科学与社会科学联盟方面、在自然辩证法哲学学派的创立与发展方面、在反伪科学方面等，他是勇敢的开拓者、辛勤的耕耘者。"[①]

于光远的第一届哲学研究生朱相远，评价于光远有"五个贯通"："贯通文理""贯通东西""贯通古今""贯通知行""贯通天人"；是"全方位的大杂家""不停思索的大思想家""永远乐观的大玩家"。朱相远认为于光远"作为复合型人才的楷模，很值得中国教育界研究。我们的学校，如何才能培养杰出的复合型人才？可以从于光远的人生轨迹中找到答案。"[②]

于光远先生是一位"百科全书"式的杰出人才。[③] 于光远大学毕业之后，从事的主要研究领域是马克思主义的政治经济学、马克思主义的自然辩证法。于光远能够在"政治经济学"和"自然辩证法"等多个学术领域，都取得创新的成果，难能可贵！其原因就是：于光远能够"站在巨人肩上"，具有"实事求是，独立思考，坚信科学"的精神。这主要表现为：勇于反思，善于质疑，敢于批判。[④]

于光远 1988 年发表的《中国社会主义初级阶段的经济》；1992 年出版的《社会主义市场经济主体论》，以及《政治经济学社会主义部分探索》

[①] 参见百度百科：于光远。
[②] 朱相远：《当代复合型人才的楷模——纪念恩师于光远先生》，《自然辩证法研究》，2014 年，第 9 期。
[③] 芃子、任桑桑：《于光远：一部打开的"百科全书"》，《光明日报》，2013 年 1 月 17 日，13 版。
[④] 查有梁：《实事求是，独立思考，坚信科学——记于光远先生的一次来信》，《自然辩证法研究》，2011 年，第 12 期。

共 7 卷（1980—2001 年），是于光远研究"政治经济学"的主要代表著作。1984 年于光远等编译的恩格斯《自然辩证法》，1983—1993 年于光远倡议并主持编写的《自然辩证法百科全书》，以及 1996 年发表的《一个哲学学派正在中国兴起》，是于光远研究"自然辩证法"的主要成果。

在教育理论方面，于光远有独特见解和创新。1991 年，于光远主编《教育理论专题研究丛书》，由河南教育出版社出版。于光远单独撰写了《我的教育思想》一书。《教育理论专题研究丛书》一共 8 本：颜泽贤、张铁明的《教育系统论》；王宗敏、张武升的《教育改革论》；查有梁、齐小丹、过晓燕、唐德章的《教育人才素质研究》；王海山、王续琨的《教育·科学·社会》；曹南燕的《认知学习理论》；刘仲林的《跨学科教育论》；王前的《理科教育中的德育》；于光远的《我的教育思想》。这套丛书出版已经 24 年了，现在重读一遍，每一本书都有一些对于教育理论的原创性贡献，至今仍有学术价值。

1991 年，于光远先生 76 岁时，他用了几个月的时间，将自己从 1979 年开始，历经 12 年研究的教育的基本问题，所发表的教育方面论文和文章整理、加工、提炼、编写附录和索引，最后定稿取名为《我的教育思想》，由河南教育出版社 1991 年 10 月出版。[①] 这本书完整、综合地记载了于光远在教育科学上的研究成果。笔者认为，为了准确评论于光远的教育思想，应当充分直接"引用"于光远《我的教育思想》这本专著的原文。本章将这本书的书名简化为《W》，在引用于光远先生的这本书的内容时，就在直接引文之后标注《W》及页码，便于读者有需要时，直接查找阅读原文。

[①] 于光远：《我的教育思想》，河南教育出版社 1991 年版。其后由苏州大学出版社于 2000 年再版。

第二节　于光远的教育略传

研究一位杰出人才的教育思想，首先应当研究这位杰出人才受教育的经历，这样才能按照历史与逻辑相统一的方法，论述这位杰出人才的教育思想的缘起以及贡献。笔者在研究爱因斯坦的教育思想时，就是采用这种方法。[①] 这是一种研究"人才学"的方法。因此在概述于光远先生的教育思想时，笔者同样先概述于光远的教育经历对他的影响，然后再论述于光远对教育科学的影响和贡献。

概述于光远的教育经历对他的影响，分为四方面：家庭教育、学校教育、自我教育、社会教育。家庭教育和学校教育主要集中在一个人大学毕业之前这20多年里。自我教育和社会教育主要集中在一个人大学毕业之后，参加工作，直至终身。家庭教育、学校教育、自我教育、社会教育，这四大类教育，在时间空间上是相对独立的，但是彼此又有交叉和联系。概述教育经历的影响，实际上就是写于光远的教育略传。

一、于光远的家庭教育

于光远的家庭教育，特色鲜明。他诞生时，祖父已经谢世了20多年，祖母还在。他的祖母那一代还很富裕，祖母很爱他；但是祖母留给他的印象：躺在床上，不是在抽鸦片就是在生病，对他的母亲摆着婆婆的架子，

[①] 查有梁、查宇：《爱因斯坦与教育》，四川教育出版社2008年版，第1—39页。

而且在生活上很挑剔。于光远并不喜欢他的这位抽鸦片的、弄得他母亲每天都非常劳累的祖母。

于光远的父亲,从上海江南制造局工艺学堂"弹道专业"毕业后,在本校图书馆待了两年。袁世凯当政后,他父亲在北洋政府的陆军部谋到了一个挂名差使。1914年婚后不久就去北京任职。在北京待了几个月之后,就回上海了。1915年又去北京,谋到一个全国兵工厂事务处建设股股员的实职。1915年于光远出生时,祖上世代经商、相当富裕的于家,已经成为一个接受了近代科学技术教育的知识分子家庭。

于光远的母亲是江苏常州人。她性格开朗,喜欢热闹,爱交际,会在苦中找乐趣,并且喜爱文娱活动,爱看小说。《红楼梦》里的人物她很熟悉,其中诗词歌赋都能背出来。她也学唱昆曲,主演过《长生殿》,反串扮演的是唐明皇。她最爱讲故事给于光远听。于光远说:至今还记得许多故事和笑话。她是个非常疼爱孩子的母亲。于光远的性格深受她母亲的影响。她母亲老年时住在上海,于光远一直很孝敬地供养她。

1918年初,于光远的父亲在巩县骑马从马上摔下来受惊了,精神一度失常,不能再在工厂工作,也不能回北京陆军部。在北京家里休息了很短一段时间后,他父亲去南京协和书局工作,最后因为身体原因,1918年末带全家回上海。父亲第一次失业了。从1918年到1926年这8年中,他父亲长时间没有工作,于是老想在家制造什么产品去卖。家里不可能制造机械,他父亲学的一些机械知识不顶用,只能利用自己的一点化学知识来生产商品。他父亲制造的第一个产品是"民富"牌蓝黑墨水,这种蓝黑墨水的质量不错,但因为他父亲不会经商,"民富"牌墨水比不过"民生"牌墨水,经营以失败告终。于光远后来评价父亲是:正直而不合时宜。他父亲生病了,还是尝试自食其力,这种精神应当是很好的身教。

父亲母亲是孩子的第一位教师,家庭是孩子的第一所学校。家庭教育之中父亲母亲的言传身教,当然非常重要;同时,家庭给孩子提供的教育环境也是不可忽视的。于光远的家庭因父亲失业从富裕走向衰败,从具体的教育环境看还保留有一些优势,能够给于光远提供微型的图书馆和实验室。于光远父亲的藏书就是他的第一个图书馆。

于光远从7岁时起,就开始阅读家中的藏书,包括《三国演义》《水浒传》等中国古典文学,近代西方学者著述如赫胥黎的《天演论》,戊戌人物的政论如《梁启超文集》,以及代数、几何、物理、化学、枪炮制造原理等。于光远写道:"我自己是12岁那一年开始对哲学发生兴趣的。记不得由于什么事引发的,那一年我开始捧了一本王弼注的老子《道德经》啃,似懂非懂地'钻研'。"(《W》68)于光远从小就喜欢图书馆和实验室。

于光远的伯父在上海开办了一个"化学工业社",生产牙膏。由于技术不过关,牙膏放在那里,几个月后就干得挤不出来了。15岁的于光远在图书馆里查阅了化工手册后,建议在牙膏配方中加点甘油,没想到这样真就解决了问题。这事促成了一个属于他自己的化学实验室的诞生。在小小的实验室里,高二学生于光远搞出了"碳酸镁"(制造胶鞋的填充料)等一大堆五花八门的新发明,有的甚至批量生产了。

在于光远的家庭教育中,是他的父母对他的教育以及性格的形成和学业的发展都有重要影响。从人才学的研究角度看,"家庭教育"还应包括于光远自己建立家庭之后,与妻子以及子女之间的相互教育。

1952年,于光远结婚之后的家庭生活,最初几年平静幸福,1957年开始经历坎坷,起起落落。第一位妻子孙历生(1934—1968年)给于光远育有三个女儿。孙历生出生于北京一个知识分子家庭,她父亲曾是北京市第三中学校长,孙历生在三中担任政治教师。这所学校也是于光远读初中时的学校。孙历生家曾经住在北京小绒线胡同,邻居有前文化部部长、大作家王蒙,王蒙的妹妹和孙历生是同班同学,这种关系影响到王蒙小说《蝴蝶》中的故事。王蒙小说《蝴蝶》中的"海云"这一角色就是以孙历生为原型的。① 孙历生的墓碑是在红色花岗石上刻有"一只蝴蝶",而不是像《梁山伯与祝英台》那样从坟墓里飞出两只蝴蝶。

于光远的第二位妻子叫孟苏,是学工科,搞技术的,生有两个女儿。

于光远有五个女儿:于小红、于小康、于小蓓、于小东、于小庆。于光远的五个女儿,有学工的、学数学的、学计算机科学的、学医学的、学经济学的、当教授的、当编辑的、做研究的。百科全书式的学者的家庭教育,影响了子女走向"百科全书"的道路。

于小红是学工科的,于光远在女儿们的童年就着重培养她们的好奇心。好奇心驱使于小红从一个学科跳到另一个学科。上大学前她只读了初中。高中数学物理是她在宁夏干校在父亲指导之下用三个月时间速成的。于小红见到父亲时,父亲从来都很有兴趣听她谈科技进展。

于小康是学数学的,专业是计算复杂性,介于数学和计算机科学之间。在她初中毕业失学的年代里,家里的藏书使她自学了数学、物理、哲学、欧美文学。于光远的科学家朋友提供了帮助,中国科学院的胡世华先生、杨东屏先生、黄且圆先生(杨乐夫人)都是她的恩师。

于小蓓是学医的,很早去深圳参与创办公司。她最终还是回归本行,经营医院,推广开发微创手术的技术和设备,同时做救济山区学校的慈善事业和绿化工作。

于小东是学经济的,在北大任教多年,带研究生,同时编辑经济学术杂志。她也是对于光远晚年的工作帮助最大的,姐妹们对于小东为父亲的付出都很感激。

于小庆在美国取得经济学博士以后,进入世界银行,主要从事教育、健康与社会保障方面的经济政策研究。

于光远对他的五个女儿的教育是负责的、成功的;五个女儿生活的道路各不相同,虽然曲折,但是丰富多彩,前途光明。在这个家庭教育的过

---

① 卜昌炯:《于光远讳谈前妻》,《博客天下》,2013 年 12 月 5 日,第 145 期。

程之中，于光远自己也受到了刻骨铭心的教育。

二、于光远的学校教育

于光远受到的学校教育更是丰富多样，他进过各式各样的学校。于光远的父母亲给他选择的学校，基本上都是上海和北京很好的学校，那时要进入好学校要通过考试。于光远上过"教会办的"上海清心幼稚园和北平铭贤小学；上过私塾，跟着一个姐姐上过女校；上过江苏"省立"第二师范附小；上过北平"市立"第三中学；上过"私立"大同大学和它的附中；上过"国立"的师大附中和国立清华大学。

于光远写道："六十多年前，我在上海的江苏省立第二师范附属小学上学的时候，老师还让我们五年级的小学生制作肥皂和雪花膏。这与以后我对化学有浓厚的兴趣是分不开的。"(《W》73)于光远在中学时代就自主开始了"研究性学习"，他的基础知识很扎实，这是他的家庭教育与学校教育相互结合的结果。

12岁时，于光远随父母搬到北京。整个初中三年和高中的第一学期，于光远是在北京读书学习的。于光远写道："我在初中时代的母校，今天的北京市第三中学，它的前身是雍正当权时对宗室子弟的教育实行改革而建立起来的右翼宗学（曹雪芹曾在这个右翼宗学担任过瑟夫的职务。瑟夫是一个什么样的职务，曹学家们至今还未搞清楚）。"(《W》96)曹雪芹曾在右翼宗学做事当差十年，并在此构思写作了鸿篇巨制《红楼梦》初稿。瑟夫这个职务，显然是个闲职，曹雪芹才有时间和精力思考和撰写小说。"雪芹十年辛苦、经营写作《红楼梦》的时间，就大部分和他在宗学的时间相吻合。"[①] 辛亥革命后，学校在1912年改为"京师公立第三中学校"。老舍先生是1913年考入京师公立三中的学生。1950年学校改成北京市第三中学。《红楼梦》是世界文学中一座高耸的丰碑。这所学校文脉深厚，

[①] 周汝昌：《曹雪芹小传》，百花文艺出版社1980年版，第138页。

源远流长。曹雪芹算是于光远的老校友,老舍先生是于光远的先后同学。于光远的岳父又曾经是北京市第三中学的校长。于光远的第一位妻子也在这所学校工作。曹雪芹和《红楼梦》对于这所学校的校长、教师、学生都有不可忽视的文化浸润和潜移默化的影响。《红楼梦》不仅是一部小说,而且是一部社会的百科全书。

于光远写道:"1930年我进了师大附中二部(理科)。给我们班上数学课的就是傅钟荪,那时他是师大数学系教授,新中国成立后他当过北京师范大学的校长。上化学课的王鹤清,那时他是师大化学系教授。他们讲的那两门课给我留下的印象特别深刻。"(《W》288)钱学森(1911—2009年)于1923年至1929年就读于国立北京师范大学附属中学。钱学森和于光远是先后同学。钱学森提到给他深刻影响的老师,其中也有数学老师"傅仲孙"和化学老师"王鹤清"。[1] 顺便指出,这两位同学都把数学老师傅种孙的名字写错了,叶永烈先生在《钱学森》一书中也将之写错为傅钟荪。北京师范大学的校史里写得很清楚:"1928年,傅种孙被聘为北京师范大学数学系教授,当时我国数学学科未出国留学而直接晋升为教授的人是极少的。"[2] 优秀教师影响学生一辈子。卓越学校的关键是要有杰出的教师。

于光远读高二时又从北京随家转到上海,边读书,边教学,半工半读了。他写道:"我自己就曾在十六岁半的时候给一个学校的高中三年级学生上过一个学期的课,并且当过比我大的学生的家庭教师。"(《W》16)"在高中、在大学学习时期一直半工半读。"(《W》103)"后来我在高三和大学一年级学习时,在上海的两所中学各教过一个学期的课。"(《W》289)在高三时,于光远在私立的上海中学教了一个学期的高三物理课。

---

[1] 叶永烈:《钱学森》,上海交通大学出版社2010年版,77页。
[2] 李仲来:《北京师范大学数学科学学院史》(1915—2009),北京师范大学出版社2009年版,第12页。

于光远说："因为当时没有办法，家里的经济情况比较困难，正好这所学校的高三物理老师因故不能教了，学校就来找我父亲，希望他能去代课。可他不敢去，家里又不愿意放弃这个机会，所以我就去了。"这是他父亲对于他物理学水平的信任。于光远在高中大学时期就开始代课，当教师。"教"是最好的学习方式，这种通过"教中学""做中学""用中学""创中学"的方式，几乎贯穿了于光远的一生。

于光远在学校教育阶段，学习过四次初等几何。(《W》288-289)这给他留下深刻印象，对于提高他的逻辑思维能力起了重要作用。第一次在小学四五年级，读的是清朝末年他父亲学过的课本。课本非常简明，他自修课本，困难不大，"无师自通"；第二次是在初中（现北京市第三中学）时学的课本：《三S平面几何》（这是一本翻译的中学教材），教师是师范大学来的实习老师，讲得挺清楚；第三次是在北京师范大学附中读高一时，由傅种孙教授讲课，用的是傅种孙自己编写的讲义：《高中平面几何》，这本教材有自己一整套体系，"采用该书的教师都说用起来有事半功倍之效"。钱学森回忆说："听傅（种孙）老师讲几何课，使我第一次懂得了什么是严谨科学。"[①] 于光远说他好好听了傅（种孙）老师讲的几何课，连他讲义中所写的前言中几句带有哲理性的话："几何者非他，乃纯乎伦理之大盘演绎也。不但放之四海而皆准，即脱离人世间也不得变更者也"，至今还一字一句地记得。(《W》289)第四次学平面几何是到了上海大同大学四二制高中的二年级，大同大学吴在渊教授讲课，吴教授也有一个关于平面几何的自己创立的体系。

1932年，十七岁的于光远高中毕业后直接从（上海）大同附中升入了大同大学本科。学校设置了文、理科，他对物理学感兴趣，学了理科。后来他听说清华大学设有研究院，出国留学机会比较多，于是他决定转到清华大学物理系。于光远在学生时代非常崇拜牛顿和罗素，他一心要当一位

---

① 张奠宙：《中国数学教育拒绝实用主义》，《教育科学研究》，2014年第12期。

大物理学家或大哲学家。

1934年他以优异的成绩考入了清华物理系，做了三年级的插班生，与钱三强、王大珩、何泽惠这些后来成为著名物理学家的人成了同班同学，并受教于叶企孙、吴有训、周培源等物理系的一些著名教授。据说在清华物理系做插班生，于光远是空前绝后的。周培源教授指导于光远的毕业论文，题目是《坐标系在动力场中的运动》，是一篇有关广义相对论的论文，有相当的难度。周培源曾把这篇论文送给爱因斯坦看过，想按照爱因斯坦的意见，同于光远一起修改论文，做进一步的研究。[①]

于光远对哲学的喜爱，在初中时就开始了。在上海上高中和大学时，他就看了一些有关自然哲学的书。他最早对马克思主义产生兴趣，也是从自然哲学问题开始的。于光远说："因为喜欢哲学，我在清华大学学习期间就选修了张申府教授的'形而上学'课程。在张教授给我们开列的十几本参考书中就有恩格斯的《反杜林论》和列宁的《唯物主义和经验批判主义》。我从图书馆里借来这两本书的英译本，从头到尾啃了下来。这两本书带给我的震撼是前所未有的，使我对马克思主义产生了浓厚的兴趣，可以说从此我开始走上了成为一个马克思主义者的道路。"这为以后于光远翻译和编译恩格斯的《自然辩证法》，奠定了坚实的基础。

于光远写道："1936年上半年，我在清华大学四年级时听过维纳讲的课。不过我的水平实在低，听了他好多堂课，几乎没有听懂什么。"（《W》142）看来，于光远的数学专业水平不是非常出色，他没有继续在理论物理学方面发展是对的。此后，于光远在"政治经济学"和"自然辩证法"方面做研究，从专业方向上看，这是正确的选择。对于维纳教授来说，于光远与华罗庚是先后的学生。1935年，美国麻省理工学院的数学教授诺伯特·维纳（Norbert Wiener，1894—1964年）访问中国，是清华大学的客

[①] 孙小礼："长功夫、大功夫、硬功夫和苦功夫——于光远与自然辩证法"，《自然辩证法研究》，2014年第9期。

座教授。华罗庚（1910—1985）系统地听过维纳讲课，而且能够深入理解。维纳也注意到华罗庚的潜能，向当时英国剑桥大学著名数学家哈代（Godfrey Harold Hardy，1877—1947 年）极力推荐。于是，1936 年，华罗庚前往英国剑桥大学，度过了关键性的两年。华罗庚至少有 15 篇文章是他在剑桥大学时期发表的。其中一篇关于高斯的论文，为他在数学界赢得了国际声誉。看来机遇也的确是给那些有基础、有准备的人。

从于光远受到的家庭教育和学校教育看，无论从数量和质量上都是相当有意义的、高水平的。他在学校教育中就与中国当代的许多杰出人才成为同学和校友。于光远以后在事业上和学术上取得的成就，完全可以从他的家庭教育和学校教育中找到渊源。

三、于光远的自我教育

对于每一个人而言，家庭教育和学校教育都要通过自我教育来实现。或者说，家庭教育和学校教育都是为自我教育打好基础，促进自我教育。一位杰出人才之所以取得成功，关键是很早就要开启有效的自我教育，而且持之以恒，形成终身学习的习惯。于光远的自我教育的成效十分突出。

于光远在 12 岁随父母搬到北京，发现西单南路有一个"头发胡同图书馆"，他兴奋异常。于光远认为，图书馆给予他的知识不亚于学校。

于光远的自我教育，主要是在图书馆里的自修。于光远从小就是"书迷"，他说："看完《三国演义》，看《说唐》，再看《七侠五义》，看《水浒》……小说看完了，就看弹词、戏曲《再生缘》《珍珠塔》《西厢记》……'闲书'看完了，开始看社会政治哲学类的书籍。这些书没有小说、弹词好看，没有办法，好看的书都看完了，即使不好看的书也看，我已经成了一个非看书不可的人了。"[①]

[①] 芃子、任桑桑：《于光远：一部打开的'百科全书'》，《光明日报》，2013 年 1 月 17 日，13 版。

于光远步入社会之后，曾从事图书馆工作和教学。1936 年，于光远大学毕业后，先到广州岭南大学任物理学助教，以此为掩护从事革命工作。1939 年，于光远在党组织的安排下来到延安，在那里他先后在中央青委从事青年工作；在毛泽东青年干部学校任教员，讲授社会发展史等课程；在延安中山图书馆兼任主任；在中共中央西北调查局任研究员。

1942 年，于光远开始研究经济学，学习马克思主义的政治经济学。在纪念牛顿诞生 300 年之时，于光远认真自学了牛顿的名著：《自然哲学之数学原理》。于光远写道："1942 年我为读懂《原理》中的几何演算也花了不少时间。1987 年我重读时又把自己做过的演算忘了。在 1987 年，我不想再花那么多的时间去做 1942 年做过的工作。可是这次我却加深了这样一个认识，那就是，后人实在没有必要去学习牛顿的《原理》中使用的方法。"（《W》82）于光远的意思是说，不能将牛顿的《原理》当作学校教材来使用。我认为，读牛顿的经典著作《原理》是有意义的。[①]

于光远写道："牛顿的《自然哲学的数学原理》一书，初版序言写于 1686 年 5 月 8 日，出版时已经是 1687 年 7 月间的事情了。1987 年正好是这部具有划时代意义的科学巨著问世三百周年。我在大学是学理论物理的，后来一直从事马克思主义理论研究工作。在纪念这部科学巨著问世三百周年之际，应该写一篇理论性的文章，谈一些自己的看法。由于这几年我对教育工作研究中涉及有关教育和社会进步之间关系的问题，接触到马克思写过的一段有关教育的论述（这段论述中提到了牛顿）。这段论述又启发了我对教育问题的思考，而且形成了一些想法，于是我就以《教材·学校制度和社会进步》为题写了一篇不长的文章，发表在 1987 年 6 月 9 日的《科技日报》上。那篇文章发表后，我觉得言犹未尽，于是后来沿用这个题目又写了一篇将近七千字的文章，发表在《科技导报》1991 年第 1 期上。"（《W》79）

---

① 查有梁：《牛顿力学的横向研究》，四川教育出版社 1987 年版，2014 年第二版。

1943—1945 年，于光远在延安大学财经系任教，并负责学校的教务工作。有了较好的学习和研究条件。在这期间，于光远开始系统地学习研究马克思主义著作，特别是恩格斯的《自然辩证法》中关于自然科学中的哲学、物质的运动形式、数学和各门自然科学中的辩证法等问题，引起了于光远的高度兴趣，于是他着手此书的翻译。恩格斯的《自然辩证法》论述了有关科学分类的问题，这个问题成为于光远一直研究的课题。1979 年，于光远在《教育研究》发表了《关于教育科学体系问题》，是他长期积累的研究成果。于光远写道：

> 对全部知识进行分类问题的研究是一件很有意义的工作，我接触过的实际工作有这样几件事。第一件事，1950—1951 年我在北京大学文学院兼任图书系的教授，讲授图书分类这门课程的时候，为讲授这门课程我不能不对整个知识分类问题进行研究。第二件事，是在 1956 年制定科学发展规划和在中央宣传部科学处工作期间，我提出要研究《论科学》（后来改成"科学学"）问题时，考虑过科学分类的问题。第三件事，是 1979 年后研究整个中国大百科全书，应该都设哪些卷的时候，由于百科全书的性质决定了它应该按照人类社会全部知识来分类，我又考虑了这个问题。第四件事，是为了研究学校课程和专业设置而考虑全部知识分类的问题。（《W》98）

于光远有关政治经济学和自然辩证法的知识，基本是自学的。自我教育成为于光远知识系统的主要来源。"1950 年代，全国各地都学习他编写的《政治常识读本》和《经济建设常识读本》，印量极大。后来，他和苏星主编的《政治经济学》是当时全国唯一一部政治经济学读本，发行量极大。"[1] 1949 年创刊的《新华月报》曾经连载于光远翻译的《自然辩证法》

---

[1] 杨楠、徐驭尧：《经世学人于光远》，《南方人物周刊》，2013 年 10 月 13 日。

的若干篇章。1955年，人民出版社出版的恩格斯《自然辩证法》，于光远是直接参与翻译和组织校对的负责人。1984年，于光远等译编的恩格斯《自然辩证法》，是最完整的新版本。[①]

2013年，于光远98岁仙逝之后，于光远的女儿于小红在网上发表一篇纪念她父母的文章：《白花丁香树》。文章中写道："爸爸的稿费大多用于买书，他当时有二十几万册藏书。"文中有一张照片，是于小红和于光远在家里书房的照片，下面的文字是："爸爸的书架从来都是满满的，1993"。[②] 于光远终身学习都与图书和自学密切相关。

读书、写书、译书、教书、编书、评书，是于光远自我教育的主要方式。

四、于光远的社会教育

一个人在世界上，不可能完全孤独地生活。人总是社会的一员，必然受到社会的教育。除了家庭教育、学校教育、自我教育之外，因为参加工作、社会活动、同事交往、结识朋友、调查访问、旅游观光等，都会或多或少受到各种正式和非正式的教育，直接和间接的教育。社会教育大多数表现为"活动教育"和"隐性教育"，也包括再次进入学校的"继续教育"。

于光远从清华大学物理系毕业之后受到的社会教育丰富多彩，而且层次很高。1936年夏天，于光远曾经回上海时，参加了艾思奇、章汉夫等人组织的自然哲学研究会，从此，开始了于光远的哲学社会科学的学习和研究生涯。1937年3月，他加入了中国共产党。从1937年初到1939年5月，于光远先后在北平、广州、太原、武汉、粤北等国民党统治区从事党

[①] 恩格斯：《自然辩证法》，于光远等译编，人民出版社1984年版。
[②] 《白花丁香树》出自微信公众号。具体可见于2024年3月6日发布在微信公众号"红船杂志"上的《于光远之女于小红：白花丁香树——怀念妈妈》

的青年工作,这是在"做中学"。

于光远所受到的社会教育,起点很高。1939年,于光远来到延安,他说:

> 记得我到延安没几天,就有机会听到毛泽东的一次演讲,是讲给延安的青年们听的。我就把自己从那次演讲中学到的那一点聪明在我日记本上记了下来。记了大概有一两千字,记的内容不仅是他演讲中表现出来的智慧,还记下他那次演讲的风度。这是我第一次见到毛泽东,我也就特别注意去观察他。我一边听,一边在心里和王明的演讲作比较。①

1943—1945年,于光远在延安时期,在中共中央西北调查局任研究员。那时于光远开始研究土地问题和陕甘宁边区的减租问题、农业累进税问题、农村互助合作问题等。他们到农村做了大量的调查研究,后来于光远与彭平、柴树藩同志合写了《绥德米脂土地问题初步研究》(该著作当年在延安印刷,1979年由人民出版社正式出版)。这本书是于光远的第一本社会科学著作。这是于光远在"调查研究"中学习,在"研中学"。

于光远善于抓住机会向高人请教。于光远很早就在思考:一个组织、一个政党可否视作一个"认识主体"的问题。1964年8月,毛泽东在读了板田昌一的《基本粒子的新概念》(后来译为《关于新基本粒子观的对话》)之后,曾经把周培源和于光远叫到他的卧室里,谈了很长时间的哲学问题。于光远向毛泽东提出:"哲学书里通常以个人作为认识的主体,但在实际生活中,认识的主体不只是一个一个的人,而常常是一个集体,如我们的党就是一个认识的主体。这个看法行不行?"毛泽东回答说:"阶

---

① 于光远等:《导师与研究生的对话》,苏州大学出版社2001年版,第71页。

级就是一个认识的主体。最初工人阶级是一个自在的阶级,那时它对资本主义没有认识,以后就从自在阶级发展到自为的阶级。这时,它对资本主义就有了认识,这就是以阶级为主体的认识的发展。"

于光远写道:"毛泽东虽然没有直接回答我的问题,但是可以看出他是同意我的看法的,他只是把我所说的可以作为认识对象的集体更扩大了,从党扩大到整个无产阶级。"(《W》38—39)这是于光远向高人请教,在"问中学"。

于光远经常受到学校的邀请去做讲学、报告,这些社会活动,促进了于光远的思考,这种也是很有效的社会教育:这是"教中学""用中学""创中学"。于光远写道:

> 在教育学中,我有个"愉快教学"的提法。1980年,我在北京师范大学就以"愉快教学"为题做过一次演讲。……社会主义的目的是社会成员愉快,而在我们的社会中,一个人一生中有很长的一段时间是在接受教育,如果在受教育期间不愉快,这个人的一生中就有相当大的一部分时间没有能过愉快的日子。这是不符合社会主义原则的。在那篇文章中我还讲,使得受教育者愉快会提高教学效果。那篇文章讲的只是教学中的愉快。现在我想把文章中讲的那个思想再发展一下,即从"愉快教学"扩大到"愉快教育"。在"愉快教育"中除了把原先讲过的"愉快教学"包括在内外,还包括培养受教育者具有乐观愉快这种情感的素质这一层意思。(《W》256)

参加社会活动,有利于学术创新。于光远通过学术活动来学习,也是非常重要的社会教育。于光远写道:

> 1981年3月,日本经济同友会邀请我去日本做两次演讲。其中一

个题目是他们出的，题目是《社会主义建设对生活方式、文化、价值观、人的成长的影响》。我觉得题目很好，基本上可以接受，只是稍微改了一下，改成《社会主义建设与生活方式、价值观和人的成长》。后来写成文章，它是我写的第一篇关于价值观的文章，也是国内学者写得比较早的一篇关于价值观的文章。在这篇文章里，我说明了自己对价值观这个名词的用法。(《W》243—244)

学术界有新的研究，总是激起于光远的兴趣，这也促进他的社会教育。于光远写道：

"人才学"是中国一些年轻人首先提出的新学科，我在一次演讲中肯定了这个学科，接着得到好些学者和一些社会活动家的支持。这门学科在我国得到了比较大的发展。至今人才学的研究仍在进行和发展中。这个学科不限于教育这一个方面，因为人才的使用、人才的流动、对人才的爱护等，都是人才学研究的范围。我认为有了"教育学"仍需要有"人才学"。因为教育学和人才学各有各的研究对象和研究任务。这两个学科当然有许多交叉的地方。依我看在教育学中加进人才学的研究倒是很有意义的。也许在教育学中可以建立起"人才教育学"这样一个分支。由于人才培养是教育学中的基本问题之一，在教育学的领域中加强对人才培养问题的研究，我认为是很必要的。(《W》264)

于光远在北京大学和中国社会科学院，指导过许多研究生，"教学相长"，这属于高层次的"社会教育"。在"教中学"，教是最有效的学习。

于光远喜欢提出对于教育工作的建议和设想。在《我的教育思想》一书的"附录一"中，就记载了于光远的九条建议。于光远提出建议之后，引起有关方面领导的重视，于是就深入下去，做持续的研究，这也是非常重要的一种社会教育方式。

其中，第二条建议是"设在农村的农村教研所"。于光远写道：

> 1984年2月11日我到河北省正定县，见到县委书记习近平（现在他是福建省福州市委书记）。那天下午在正定县开了一个座谈会，会上我讲了在农村试办一个农村研究所的设想。下午没有讨论充分，晚上接着到石家庄市继续讨论。我这个建议得到正定县委和县政府的赞同。
>
> 习近平对这件事非常热心，他本人并派人多次到北京我的住所研究这个问题。不到两个月，即在1984年4月10日，正定县人民政府就发出了《关于成立正定县农村研究所的通知》，成立了以一位常务副县长为组长，和以另一位副县长为副组长的研究所的领导小组。（《W》317—318）

社会教育是一种"大教育"，内容丰富多彩，形式多种多样，而且持续终身。于光远的教育思想，深受他的"社会教育"的影响。

"教中学""问中学""做中学""用中学""研中学""创中学"是于光远"社会教育"的主要形式。

第三节　于光远对教育学的贡献

1978年12月22日邓小平在党的十一届三中全会闭幕会上的题为《解放思想，实事求是，团结一致向前看》的重要讲话，拉开了中国改革开放新时代的序幕。于光远以自己的智慧，积极参加到改革开放新时代的大潮之中。

在于光远的《我的教育思想》一书的《自序》里写道："在1988年底，我为我自己的一本《教育思想文选》写了一篇大约有一万字的自序。文中第一句话就是'党的十一届三中全会以来，我对教育的注意不下于经济。'"由此可见，公认的经济学家于光远在教育学的研究方面，花了大力气，下了更大功夫，并非只是有感而发，随意讲话。接着于光远写道：

我为什么对教育这样关心？教育与我国社会主义现代化建设的成败关系极大，而我国教育事业在十一届三中全会前的二十多年中遭受的损失也极大。历史上的错误，在教育方面所造成的不良后果的消除，也绝不比经济方面更容易些。而人们对教育事业问题的严重性估计得很不够。教育工作存在的问题，包括指导思想上的问题，应该说是很严重的。见到这种情况不由得感到担心、着急。于是我对不少教育问题进行了思考和研究，形成了不少思想，发表了不少我对我国教育事业的看法，提出有关教育工作的这种或那种建议，并进行这种或

那种试验。我对教育问题关心和思考的结果,是在这十年左右的时间里,写了大约有 50 万字的文章。(《W》自序 2)

1978 年以后的 10 多年之中,于光远系统研究教育理论问题,发表有理论创新的主要论文有:(1)《重视培养人的研究》(《学术研究》1978 年第 3 期);(2)《关于教育科学体系问题》(《教育研究》1979 年第 3 期);(3)《关于教育是生产力的问题》(《教育研究》1980 年第 5 期);(4)《教育认识现象学中的"三体问题"》(《中国社会科学》1980 年第 3 期);(5)《教材、学校制度和社会进步》(《科技导报》1991 年第 1 期),等等。

上述这些论文,角度多元,论点新颖,论述充分,对中国教育界"解放思想",起了先导性的启发作用,提出了教育学应当深入研究的问题,引起了教育理论界的积极回应,推动了教育理论的发展,至今仍有重要的价值。于光远提出的教育理论需要研究的问题,虽然很多仍然在持续研究之中,并没有得到圆满解决,有的观点还受到质疑,但是,提出问题与解决问题同样重要,甚至,提出有价值的重要问题比问题解决更加重要。

笔者认为,于光远对于教育理论有以下九大贡献:开启教育属性和功能的讨论;发起教育科学体系的研究;首次提出教育学中的"三体问题";促进"教学认识论"的研究;提出研究教育"主体论"的必要性;尝试建构"教材论"的框架结构;充分肯定"传授"在教育中的作用;对人的素质进行了系统全面的分析;呼吁并实践:要重视教育的教育。于光远是一位经济学家和哲学家,他对于教育学理论的贡献,很大部分是建立在他对于政治经济学和自然辩证法研究的基础之上。

一、开启教育属性和功能的讨论

于光远最先提出了"不能说教育就是上层建筑"的论点,前瞻性地提出"教育是生产力"的论点,促进了中国教育界热烈讨论"教育的本质"。

这实际是探讨"教育的社会属性和功能",促进了教育界对教育的新认识,深化了我们对于"教育社会现象学"的研究。

于光远写道:"我在 1979 年 3 月 26 日召开全国教育科学规划会议之前,研究了一下教育的基本问题。研究的结果就写在《重视培养人的研究》等几篇文章之中,并在会上作了一个关于整个教育科学体系的讲话。"(《W》4)

于光远认为,教育有属于上层建筑的功能,也有属于生产力的功能。于光远写道:

> 认为教育完全是上层建筑的说法,应该说是很难站得住脚的。在教育中有属于上层建筑的部分,但也有不属于上层建筑的部分。夸大教育中的上层建筑部分,甚至说整个教育是上层建筑,是十一届三中全会以前教育工作极"左"思想的"理论根据"。我们知道,在教育中向后代传授的知识中首先包括生产知识。这些是属于自然科学和自然技术范围的(当然在古代还没有发展起近代意义下的自然科学)。没有这种知识的传授,人类的生产知识就不能积累,因而也就不可能在原有积累起来的知识的基础上,不断增进新的生产知识,从而生产力也就不能提高。(《W》23)

在十年"文化大革命"中,认为"教育是社会上层建筑""教育是阶级斗争的工具"等论断被绝对化了,成为不可动摇的"真理"。1978 年 5 月起开展的"实践是检验真理的唯一标准"的讨论,解放了大家的思想;党的十一届三中全会上邓小平的重要讲话《解放思想,实事求是,团结一致向前看》在全中国产生巨大反响,也深刻影响了教育界。教育界由此开展了称为"教育本质的讨论",实际是"对教育的社会属性和功能的探讨"。

瞿葆奎和沈剑平写道："于光远揭开了这场讨论的先河。"1978年，于光远写道："在教育这种社会现象中，虽然包含有某些属于上层建筑的东西，但是整个说来，不能说教育就是上层建筑。"① 瞿葆奎和沈剑平认为："于光远所采用的方式，即肯定教育中有些因素不属于上层建筑的范畴，从而否定'教育是上层建筑'这一全称判断，这种反驳方式在逻辑上是有力的。"②

1980年，于光远有前瞻性地提出：教育是生产力的问题。③ 对于他的这一观点不仅教育界有学者提出批判，经济学界的权威学者也提出批判。例如，孙冶方先生就反对"教育是社会生产力"的论点。④ 显然，于光远不会否定"在教育这种社会现象中，包含有某些属于上层建筑的东西"。但在当代社会中，"教育是生产力的问题"已经非常明显。简言之，教育具有社会生产力的功能。特别是1996年经济合作发展组织（OECD）发表《以知识为基础的经济》⑤之后，"教育是社会生产力""教育属于第三产业""知识是经济发展的内生变量""教育与经济发展直接相关"，已经被学术界普遍认同。⑥ 中国经济学界出版了《第三产业丛书》，认定教育是第三产业。⑦

"科学技术是第一生产力"，实际已经包容了"教育具有生产力的社会属性"。于光远写道："教育是一种劳务的生产，属于第三产业外，它还是生产者的生产，通过生产者这个要素成为生产力的重要组成部分。现在人们对科学技术是生产力有了较深的认识，可是对教育是生产力这一条讲得

---

① 于光远：《重视培养人的活动》，《学术研究》，1987年第3期。
② 瞿葆奎、沈剑平：《四十多年来对教育的社会属性和职能的探讨》，《华东师范大学学报》（教育科学版），1991年第1期。
③ 于光远：《关于教育是生产力的问题》，《教育研究》，1980年第5期。
④ 孙冶方：《关于生产劳动和非生产劳动、国民收入和国民生产总值的讨论——兼论第三次产业这个资产阶级经济学范畴以及社会经济统计学的性质问题》，《经济研究》，1981年第8期。
⑤ 经济合作发展组织（OECD）：《以知识为基础的经济》，机械工业出版社1997年版。
⑥ 查有梁：《知识经济与人才开发》，《教育研究》，1999年第4期。
⑦ 林凌：《林凌选集》，山西经济出版社1997年版，第101页。

很少。"(《W》293)

于光远回忆说：

> 1980年4月我在上海复旦大学所作的一次演讲中第一次提出，要在中国大力发展教育经济学，专门研究教育和经济间的关系。那一年我一连发表了好几篇文章。在这些文章中，我都肯定教育劳动是生产劳动。我一直不同意那种只承认生产物质产品的劳动是生产劳动，而不承认生产劳务的劳动是生产劳动的说法。在这个问题上，我与不少经济学家——包括已故的孙冶方同志的观点相左。我们曾彼此著文批评过对方的观点。我举出非常明显的理由来支持我的观点。我还引证了马克思的论述，来证明这个问题上马克思是同我的观点一致的。在中国有一个相当长的时期，凡被划为非生产劳动的就低一等，教育被划为非生产劳动便低于其他劳动一等。所以在当时强调教育也是生产劳动具有为教育争取比较高的社会地位的意义。(《W》292)

于光远对于教育学的研究，常常与他对经济学的研究进行对比，从而说明教育学与经济学有密切联系，又有显著差异。这样的论述可以加深读者对于教育学的理论认识。于光远写道：

> 教育和生产有许多类似的地方。生产是改造物的过程，在生产中改造物的结果便有物质产品生产出来。教育是改造人的过程。在教育中改造人的结果便有经过培养的人才产生出来。生产是生产者和生产对象即等待着改造的物之间的过程，教育便是教育者与教育的对象即受教育者之间进行的过程。因此同生产劳动过程很相似，都是由三个简单要素构成的。生产是由劳动者、劳动手段和劳动对象三个简单要素构成的。教育便是由教育者、教育手段和受教育者三个要素构成

的。但是教育和生产又有很大的不同。这就是，生产是人征服自然的斗争。自然界如此强大，人如果不创造生产工具和使用生产工具，就只能消极地适应自然，受自然支配，就不能成为与其他动物本质上不同的人。所以制造生产工具、使用生产工具在生产中具有根本意义。而在教育中，教育者本来只是直接与受教育者发生关系。在这种直接传授中使用的一些教育手段，可以起到提高教育效率，强化教育效果，减轻劳动强度的作用，它在直接传授中只有辅助意义。（《W》72—73）

于光远认为："把教育作为社会现象进行系统的分析，在教育学中做得还很不够。"（《W》350）这就是有一些人仅仅将"应试教育"的种种负面现象，归因于学校教育，责怪校长和教师；仅仅认为可以将这个"社会问题"，当作"认识现象"来解决，以为通过"课程改革"就可以解决这个问题。其结果，"应试教育"的种种恶劣现象，以及与此有关的师生"负担太重"的问题，长期得不到有效解决。这应当引起我们深入研究教育社会现象学与教育认识现象学的统一。

二、发起教育科学体系的研究

于光远按照马克思主义科学分类的原理，指出教育科学是一个很大的体系。其中包括：理论的教育科学、应用的教育科学、技术的教育科学。其中理论的教育科学又有两个分支："教育社会现象学"和"教育认识现象学"。于光远发起了教育界研究教育科学体系的课题。

1979年，于光远在"全国教育科学规划会议"上的讲话指出：教育科学是一个很大的体系。其中既包括"理论的教育科学"，也包括"应用的教育科学"和"技术的教育科学"。在讲到"理论的教育科学"这个门类时，他提出教育既是社会现象，又是认识现象，它是社会现象和认识现象的统一。因此,他提出"理论的教育科学"应该有两个分支:"教育社会现象学"和"教育认识现象学"。前者把教育主要作为社会现象来研究,属于社会科学。后者把教育作为认识现象来研究,属于认识科学。而"理论的教育科学"则将两者统一起来。(《W》5)

于光远认为"教育社会现象学",属于社会科学;"教育认识现象学"属于认识科学。认识科学,国外又称为"认知科学";近年来,中国学者在"人工智能"的基础上提出"智能科学"[①]。这就属于跨学科、交叉性的"综合科学"了!

于光远给科学和技术的定义是:"研究客观事实、以发现客观规律性为目的的叫作科学;研究主观上采取怎样的方法、手段、措施来达到人们目的的叫作技术。"于光远给科学和技术的简明分类是:"科学分做自然科学、社会科学和思维科学三大门类。因此就有自然科学与自然技术,社会科学与社会技术,思维科学与思维技术的存在。在自然、社会、思维三大科学与技术部门下又按照运动和物质基本形态,社会生活基本领域和意识思维基本形态,分成若干的科学部门。在科学与技术之间,在自然、社会、思维三大科学门类之间,在这三大门类下的各基础学科之间,还有边缘的、交叉的科学部门。此外还有横贯全部或大部分科学与技术的横向科学部门。现在人们关于科学技术的分类,比我在 50 年代时要考虑的问题就多得多。"(《W》99)

于光远关于科学和技术的分类是很有创新的,特别是提出自然科学与自然技术、社会科学与社会技术、思维科学与思维技术的分类。至今,尚有许多理论和实践的问题有待深入研究。

科学的分类有两种趋势,其一是越分越细;其二是走向综合。两种趋势同时存在,显现出科学分类的复杂性。于光远写道:"科学如何分门别类,有一个过程,这里有两种倾向:首先是由于知识的特点,科学的分类

[①] 赵川著:《智能科学研究前沿》,科学出版社 2014 年版。

越分越细；同时，交叉的学科、横向的学科发展起来。"（《W》219）

1979年，于光远在"全国教育科学规划会上作了《关于教育科学体系问题》的演讲，并在《教育研究》上发表论文，发起了教育界对于"教育科学学体系"的研究。张诗亚和王伟廉出版的《教育科学学初探——教育科学的反思》就是一本回应研究教育科学体系问题的专著。他们将教育科学的学科结构，分为基础科学、技术科学、应用科学。[①] 与于光远将教育科学分为"理论的教育科学、应用的教育科学、技术的教育科学"是一致的。

1986年，我发表的《控制论、信息论、系统论与教育科学》的扉页就写道："教育是科学，又是哲学；教育是技术，又是艺术；不，教育是四者的综合！"认定教育学属于综合科学。我系统论述了：教育科学、教育哲学、教育技术、教育艺术。[②] 教育不仅有自身的科学、技术、艺术、哲学；而且，学校教育的"内容"包括了所有的科学门类，当然也包括科学、技术、艺术、哲学。科学的目的是认识世界，科学是系统化的知识；技术的目的是改造世界，技术是操作化的知识。艺术的目的是美化世界，艺术是形象化、情感化的知识。哲学的目的是理解世界，哲学是抽象化、体系化的知识。

1990年，刘仲林出版《跨学科导论》[③]，1991年又出版《跨学科教育论》[④]，这属于于光远先生主编的《教育理论专题研究丛书》之一。刘仲林的这两本著作对于研究交叉科学分类，对于探讨教育科学体系，对于推动教育学革新，对于创建中国特色的教育理论，都有重要的贡献。

---

① 张诗亚、王伟廉：《教育科学学初探——教育科学的反思》，四川教育出版社1990年版，第202页。
② 查有梁：《控制论、信息论、系统论与教育科学》，四川省社会科学院出版社1986年版，第76—182页。
③ 刘仲林：《跨学科导论》，浙江教育出版社1990年版。
④ 刘仲林：《跨学科教育论》，河南教育出版社1991年版。

瞿宝奎和唐莹为《教育科学分支学科丛书》作"代序",写了《教育科学分类:问题与框架》。提出了分"三个层次"来研究教育科学体系。例如,第一层次,以教育理论为研究对象有:元教育学、教育学史;第二层次,采用被运用学科的方法有:教育统计学、教育测量学、教育评价学、教育实验学、教育信息学,等等;第三层次,分析教育领域独有的实际问题有:课程论、教学论;分析教育中的社会现象有:教育社会学、教育政治学、教育经济学、教育法学、教育人类学、教育人口学、教育生态学、教育文化学;分析教育中的个体的"人"有:教育生物学、教育生理学、教育心理学,等等。[①] 这种分类方法的特色是:越分越细,但是,教育核心领域的主体部分不突出,主要的理论脉络不是很清晰。

于光远对于我国教育界在自然科学领域流行用"理、工、农、医"四个字来概括,提出了分析批评,认为这种分类方法不恰当,没有经过科学的研究,需要改进。于光远写道:

> "理"译成英文是 Science 即科学。与我国使用这个字的本意不合。本意应该是数学和基础自然科学。"工"译成英文是 Engineering,即"工程"。而当今工程一词含义很广,出现了像系统工程、遗传工程等许多新的概念。工程这个概念与农、医并列本来就不适当。同时在工科院校中,工艺知识的传授又与"工程"一词的本义无关。用"理、工、农、医"四个字来概括自然科学,与实际相差很远。而且工、农、医严格说来研究的已是社会的自然,本身就是自然科学与社会科学的交叉学科。用文科这个字与理、工、农、医各科并列也不恰当。社会科学是很宽的领域。对社会科学知识的传授在本质上不同于对语文知识的传授。人文科学这个词,也只能视作一个传联下来的含义不明的词。现在流行的许多概念似乎都是沿用下来的没有经过科学

[①] 唐莹:《元教育学》,人民教育出版社 2002 年版,第 18 页。

的研究。(《W》99—100)

于光远建议学校教育中重视交叉科学、综合科学的地位，提升哲学在教育中的地位。于光远写道：

> 尤其重要的是，作为科学发展的一个重要方面的交叉学科，未能在学校制度上得到充分的显示。现在交叉科学不但未能在大学和专门学校的名称上找到它的位置（除了确认工科、农科、医科都不是纯粹的自然科学而是交叉学科外）——而这一点并没有得到教育界的公认，甚至在校内设置的有关的系和专业的名称也很不明显。
>
> 此外综合研究的地位也是一个问题。哲学曾在学校中居显赫的地位，博士生在通过论文答辩后授予 Ph.D——哲学博士。现在这个传统在一定程度上还保持着，但已不具有重视哲学的意味。我认为交叉学科和综合研究的发展，将再度使哲学的地位上升。(《W》101)

在西方的高等教育中，除了自然科学、社会科学，还有"人文科学"或"人文学科"这一学科领域，英文是 Humanities，《英汉教育大词典》解释为："关于人类价值和精神表现的人文主义的学科。是那些既非自然科学亦非社会科学的学科的总和。"[1] 主要包括音乐、美术、文学、艺术、体育等学科。因为这些学科不能够简单划分在自然科学、社会科学、思维科学之中。"人文科学"顾名思义是"人类文化"中特有的学科，是以"人"为对象的学科。"社会科学"是以"人群"为对象的学科。"人文科学"与"社会科学"有联系又有差异，所以，有"人文社会科学"合起来的称谓。

随着科学技术的不断发展，"综合科学"应当单独划分出来。"综合科

---

[1] 卫道治、吕达：《英汉教育大词典》，人民教育出版社 2005 年版，第 167 页。

学"包含：思维科学、自然科学、人文科学、社会科学这几大领域的交叉与综合。工学、农学、医学、教育学，不仅本身是自然科学与社会科学的交叉学科，而且更准确说是"综合科学"。教育学应当归类于"综合科学"，为什么教育学不能单纯划在"社会科学"领域里呢？因为，教育的内容包含了"所有的学科"。例如，"物理学的教育""生物学的教育"能够认为是"社会科学"吗？

在于光远科学分类的启发下，笔者从"课程论"的视野，将学科课程分为五大类：思维科学、自然科学、人文科学、社会科学、综合科学。提出从教育学的课程论来看，思维科学包括：语文、数学、外语、逻辑学；自然科学包括：物理学、化学、生物学、天文学、地学；人文科学包括：音乐、体育、美术、艺术；社会科学包括：政治学、经济学、社会学、法学、管理学；综合科学包括：历史、地理、哲学、系统科学、信息科学。[1]

钱学森先生提出"新的科学分类法"，对于人们认识教育科学的体系，又是一个崭新的"大成智慧"的启示。[2]

三、首次提出教育学中的"三体问题"

于光远将教育作为一个复杂系统，提出教育学中的"三体问题"。指出教育是教育者、受教育者和环境三者之间的关系。进而提出新概念：把教育者和受教育者结合而成的整体作为主体，同环境发生关系，形成整个社会教育生态的概念，提出要研究"教育生态学"。研究教育中的"三体问题"是解决教育问题的一种方法论。

1979年，在全国教育科学规划会之前，于光远写了一篇两万字的长文《教育认识现象学中的"三体问题"》。他首次提出教育学中的"三体问

---

[1] 查有梁：《教育建模》，广西教育出版社1998年第1版，2003年第3版，第60—70页。
[2] 钱学敏：《钱学森科学思想研究》（第2版），西安交通大学出版社2010年版，第59—83页。

题",实质是提出了教育系统是一个复杂系统,不能仅仅用简单的、确定的、线性的"二体问题"来研究。于光远对教育中教育者、受教育者和环境三者共同起作用的问题,做了比较详细的论述,这对教育理论的发展有重要的意义。

于光远与时俱进地充实丰富自己提出的新观点的内涵。于光远写道:

> 当研究社会现象和认识现象统一这个问题时,我看到教育是教育者、受教育者和环境三者之间的关系。要把教育讲清楚和做好教育工作,就要正确认识和处理它们之间的关系。于是我就借用'三体问题'这样一个词儿,来表述我所想论述的问题。开始我只考虑作为认识现象的教育中的三体问题。所以文章用了那样的一个题目。现在我把题目改成了《教育学中的"三体问题"》,意思是不仅作为认识现象,而且作为社会现象和认识现象的统一,教育也是这么一个三体问题。(《W》45)

于光远对于"教育学中的三体"——教育者、受教育者、环境,以及这三体形成的教育生态的理论是明确的。其研究的要点有以下四点。

教育者:在受教育者知识的长进、能力和品性的形成中教育者所起的作用。教育者是教育中的中心人物,他们同受教育者一起是教育中的两个中心人物。教育者的能动作用,表现在运用精神的、物质的手段,对受教育者施加系统的长期的影响,来达到自己预定的教育目的。(《W》349)

受教育者:受教育者知识的长进和能力、品性如何形成的过程。受教育者的认识如何受到教育者的影响。受教育者和环境间的关系。受教育者是教育中的中心人物,他们同教育者一起是教育中两个中心人物之一。(《W》353)

环境:环境从作为受教育者的认识对象和不作为受教育者的认识对象

两方面对受教育者产生影响。教育者与受教育者生活在同一个时代的同一社会之中，即他们有同一的社会大环境，但这同一的环境，对教育者和受教育者的意义是不一样的。教育者的环境不同于受教育者的环境的特点。教育者为受教育者安排环境。受教育者不承担改造环境的任务。（《W》346）

教育生态：把教育者和受教育者结合而成的整体作为主体，同环境发生关系，形成整个社会教育生态的概念，它可以成为"教育生态学"的研究对象。（《W》349）

教育有"三体问题"，教学是教育的"子集"，学校教学同样有"三体问题"：教师、学生、教材（教学环境中的一种最重要的要素）。教育作为社会现象和认识现象的统一，学校内的教育管理也有"三体问题"：校长、教师、学生。在学校外也有"三体问题"：教育局局长、学校校长、学生家长。学校的管理也有"三体问题"：个体、群体、整体。于光远提出教育学中的"三体问题"，作为一种方法论，是提醒大家不要将教育问题当作"简单系统"来研究，而是要将教育问题当作"复杂系统"来研究。

于光远写道：

> 我就在一部应该说是有相当权威的教育学的文献中看到，在它对教育下的定义中只把教育说成是教育者的一种社会实践，而不像我们在这里讲教育学中的三体问题时把教育视作既是教育者的社会实践也是受教育者的社会实践。这是我提出教育学中三体问题的一个重要的出发点。在这里我想再一次讲，受教育者不是一般的劳动对象，不是机械加工业中的钢材。钢材是单纯的劳动对象，是只具有受动性的存在。而受教育者本人同时又是认识的主体。要通过这个认识主体的认识活动，教育者的劳动才能在劳动对象的身上收到效果。如果教育者能够更深刻地认识这一点，他就会克服自己工作中对受教育者的积极

性、创造性的意义估计不足的缺点。(《W》53—54)

于光远深知教育问题是复杂系统的问题，不仅要做"定性研究"，而且必须做"定量研究"。无论是教育宏观的发展战略研究，还是教育中观的学校管理研究以及微观的课堂教学研究，都有"定性研究"和"定量研究"的问题。于光远写道：

> 我们讲的这个三体问题只是提供研究教育问题的一些理论框架，如果不能根据这种理论框架设计一套统计概念、统计指标出来，这样的理论观点就不可能起到它应该起的作用。当然，现在的许多教育统计也都是有价值的，教育统计已经有了相当的基础。这里讲的是应该在现有的基础上对统计概念、统计指标做进一步研究，使现有的统计更加完善。(《W》78)

教育学中的"三体问题"尚需深入研究。我们应当记住老子在《道德经》中的至理名言："道生一，一生二，二生三，三生万物。""人法地，地法天，天法道，道法自然。"[①] 当代的系统科学提出：系统的结构，系统的功能，两者有确定的关系，但是"环境的涨落"有随机性。因此，"结构、功能、涨落"的形成既有确定性，又有随机性，因而，表现为复杂性。教育系统里的"三体"，也因为"环境"的变化而显现出复杂性。

笔者认为，从科学与哲学的高度看，"二体问题"用"对立与统一"的辩证方法，可以理解；在"控制论"中，应用"反馈－目的"的手段解决。"三体问题"用"确定与随机"的系统方法，可以理解；在"系统论"中，应用"定性－定量"的手段解决。"多体问题"用"复杂与简单"的统计方法，可以理解；在"信息论"中，应用"概率－统计"以及"大数据

---

① 老子：《道德经》，四十二章，二十五章。

方法"的手段解决。要将这些方法一一应用于教育的理论探索和实践操作，还需要做长期的理论和实践研究。

于光远提出教育学中的"三体问题"，意义深远。

四、促进"教学认识论"的研究

于光远从哲学的高度提出：教育是社会现象和认识现象的统一。于光远明确提出：教育是一种特殊的认识现象。促进了"教学认识论"的研究。简言之，不能用"一般认识论"来代替"教学认识论"。同理，可以推知，教育也是一种特殊的社会现象。于光远写道：

> 在1979年我考虑教育学的问题时，就马上把教育当作一种特殊的认识现象提出来研究。那时候我已看到……在我国教育实践中，有一种用一般的认识过程取代了对教育特殊认识过程的情况。结果使教育学变成抽象的一般哲理。例如，用一般认识论中"实践—认识—实践"的公式来概括教学中受教育者的认识过程等等。对教育这种认识现象"简单化"的观点，同科学地说明教育这种特殊的认识现象的要求是有矛盾的。这种简单化观点曾在我国教育实践中导致不少错误做法，使教育工作受到了损失。
>
> 在考虑教育这种特殊认识现象的时候，我觉得它同科学、艺术、宗教等不是同一个类型的。科学、艺术、宗教（还有一个马克思说的"实践—精神"）是掌握认识世界的各种方式，而教育不是这样。教育的确是一种特殊的认识现象。（《W》32）

于光远强调：他提出的"教育认识现象学"和"教育社会现象学"与德国哲学家胡塞尔（E. Edmund Husserl，1859—1938）提出的"现象学"的哲学运动毫无瓜葛。于光远特别强调指出："教育是社会现象和认识现

象的统一,看来是一个很浅显的道理。但是我觉得它对研究教育理论具有一种不应忽视的方法论上的意义。"(《W》6)

于光远写道:

> 20世纪初哲学家胡塞尔提出一个哲学思想,主张不应该接受任何事先的假定,而要去寻求回到真实的开端。因此它的特征就只对自觉经验到的现象作直接的研究和描绘,而没有解释现象因果关系的理论。他把这种哲学思想称之为"现象学"。因此这样的主张也就被视为"现象学"的主张。而我在这里指出的"教育社会现象学"和"教育认识现象学"与这种哲学运动毫无瓜葛。我的意思只是想明确地表明"理论的教育科学"是以人们可以观察到的既是社会现象又是认识现象的教育做它的对象,是需要从这样两个方面现象的统一去进行研究。我说的是研究教育这种"社会现象"和"认识现象"的科学。这两门学问是"教育社会现象"学和"教育认识现象"学。而不是"教育社会"和"教育认识"的"现象学"。(《W》5—6)

潘洪建教授在《教学认识论研究:进展、问题与前瞻》一文中,将"教学认识论"的源起推到1979年,潘洪建写道:"于光远首次发表《教育认识现象学中的'三体问题'》的讲演。他提出,既要把教育作为社会现象来研究,也要把教育作为认识现象来加以研究,提出'教育认识现象学'这个新的术语,其语义已接近'教学认识论'。"[①]

教学是教育的一个"子集",将教学过程作为一个"特殊的认识论"来研究,而不是仅仅套用哲学的"一般认识论"来代替"教学认识论",其代表性的著作是北京师范大学王策三教授主编的《教学认识论》。《教学

---

① 潘洪建:《教学认识论研究:进展、问题与前瞻》,《中国教育科学》,2014年第3辑,第166页。

认识论》这一著作同样肯定了于光远的讲演和论文《教育认识现象学中的"三体问题"》对于建构"教学认识论"的启发性。①

1988年,王策三主编的《教学认识论》发行第一版,2002年出版修订本,至今,一直有肯定评价和各种争论质疑。《教学认识论》的研究推动了或将会推动"数学教学认识论""语文教学认识论""物理教学认识论""生物教学认识论"等学科教学认识论的研究;以及"教学知识的认识论""学生认识论""教师认识论"等的研究。皮亚杰(Jean Piaget, 1896—1980年)出版的《发生认识论原理》② 就是属于于光远所称的"特殊的认识论"。

1993年,笔者在于光远提出要研究"特殊的认识论"的启发下,系统地从认识论研究了教育模式。认为皮亚杰的"发生认识论"对应有四个教学模式:感知模式、游戏模式、具体模式、形式模式,分别适应于从婴儿到初中的教学。笔者拓展地提出"发展认识论",对应也有四个教学模式:直觉模式、结构模式、综合模式、体系模式,分别适应于从高中生到博士生的教学模式。③ 笔者在《物理教学论》中,还论述了物理概念形成的认识论模式有:毛泽东的"实践论模式"、皮亚杰的"发生认识论模式"、爱因斯坦的"科学认识论模式"。④ 这些大部分都属于"特殊的认识论"的研究。

在学校教育中,"教学认识论"应当是"教育认识论"的重要核心部分,已经有了一系列研究成果,还在持续研究之中。通常理解的"教学"主要是各个学科的教学,属于"狭义的教育"。而"广义的教育"包括"德育、智育、体育、美育",还有"创造教育"(简称"创育")。"创造教

---

① 王策三:《教学认识论》(修订本),北京师范大学出版社2002年版,第313页、第117页。
② 皮亚杰:《发生认识论原理》,商务印书馆1987年版。
③ 查有梁:《教育模式》,教育科学出版社1993年版,第16—24页。
④ 查有梁:《物理教学论》,广西教育出版社1996年版,第29—42页。

育"包括了劳动教育,因为劳动创造了世界;还包括群众教育,因为群众创造了历史。"教育认识论"这种"特殊认识论"还有很多课题值得研究。

于光远强调要研究"教育认识现象学"和"教育社会现象学",特别强调要研究两者的统一,这是"理论教育学"的研究课题。"教育认识论"是理论教育学不能忽视的重要课题。"教育认识论"要包容"教学认识论"的积极成果;但是,"教育认识论"内容更加丰富,应当有"教育学知识的认识论研究""教育者认识论""受教育者认识论"。从终身素质教育的"大教育观"看,"教育认识论"尚有许多"空白"有待开发研究。

在哲学的认识论中要研究人认识的"阶段论"或称"过程论"。于光远写道:"把认识分做感性和理性两个阶段是一种看法,把认识分作感性、知性和理性三个阶段是一种看法,把感性与知性视作一个阶段然后与理性并列,然后把认识分成这样两个阶段是又一种看法。在三种看法中我倾向于第三种。这种看法与毛泽东讲的是很接近的。"(《W》209)

作为"一般认识论",这是从古至今哲学研究的重要论题。教学认识论是"特殊的认识论",也成为教学领域里的热门话题。杜和戎在《讲授学》里就提出,在感性认识、理性认识之上,还有"悟性认识",这是他研究"物理教学认识论"得出的一项成果。杜和戎写道:"悟性认识也不妨叫作活性认识。它包含了人们从理性认识中提取出来的模式,是学活了的知识,能够灵活应用的知识。是人们在理性认识中亲切感受到的真谛。"[①]

作为特殊的"学科教学认识论",还有很多有趣的、更为具体的专业课题有待深入研究。"特殊认识论"的研究可以丰富和深化"一般认识论"的发展。

"一般与特殊""共性与个性"的辩证关系,是辩证法的精髓。研究一般不要否定特殊;同理,研究特殊不要否定一般。这个哲理很重要。中国

---

① 杜和戎:《讲授学》,高等教育出版社1995年版,第156—158页。

传统的哲学思想将这个哲理形象地表现在"太极图"之中，人们称之为"阴阳互补"：阴中有阳，阳中有阴。一般之中有特殊；特殊之中有一般。

五、提出研究教育"主体论"的必要性

于光远根据马克思主义的认识论，鲜明提出：教育者和受教育者在教育系统中不但都是认识主体和实践主体，而且在教育中都占据显赫的地位。提出了研究教育"主体论"的必要性。教育学的"主体性原理"成为教育理论的一个重要研究方向。于光远的论著启发了中国教育界对于"教育主体哲学"的研究。

于光远认为：关于一般的认识现象，马克思哲学著作中的论述，可以概括成这样 11 条，而且，前 5 条都与人是"认识的主体"有关："（1）认识是在认识主体与认识客体之间进行的一个过程。（2）认识客体是独立于人的意识之外的'客观实在'。（3）认识主体是人，他是自然物质发展的最高产物。（4）认识过程是同人这种自然物的一个器官——人脑中的物质过程分不开的。（5）作为认识主体的人，不仅是自然物，而且是社会的存在。这个人不是孤立的人，而是在一定的社会中实践着的人。"（《W》26）

于光远明确提出，教育作为认识现象有两个特点：

> 教育作为认识现象的第一个特点：受教育者对外部世界进行次数多得无法计算的认识活动，在这些活动中发生一种受教育者对外部世界的认识不断向内在于受教育者身体的东西的转化，成为他自身素质中的知识、思想、情感、能力和品性。教育作为认识现象的第二个特点是在受教育者这个认识主体之外，还有另外一个认识主体——教育者。两者在教育这样一个特定的过程中，以教育这个特定的方式共同起作用。（《W》350）

于光远提出教育过程的一种特殊的认识现象,也是一种特殊的社会现象,启发了教育界的人们研究教育的"主体性"。一般包容特殊,特殊丰富一般。教师个体、学生个体、教师群体、学生群体、教师和学生组成的"整体"、教育学研究者的"个体"和"群体"等,对于教育"主体性理论",都需要分门别类地进行深入研究。

于光远将认识论中人的"主体性"从单个的"个体"发展为"群体"。这个问题他曾经问毛泽东。本书前面已经记述了于光远关于"认识主体"不仅是"个体",而且有"群体"的看法,得到毛泽东的肯定回答。这是一个重大的哲学问题。此后,于光远进一步提出:"教育者和受教育者结合而成的整体作为主体"这一观点。这一观点可以进一步引申为:在学校教育中,教师"个体"和"群体"是认识的主体;学生"个体"和"群体"是认识的主体;教师和学生的"整体"也是认识的主体。教育"主体论"有丰富的研究内容,其复杂性是教育作为一个复杂系统的显著特点之一。

于光远写道:

> 三体中的教育者和受教育者在教育系统中不但都是认识主体和实践主体,而且在教育中都占据显赫的地位。前面我强调,要收到好的教育效果一定要尽可能充分地发挥受教育者的主动性、积极性和创造性。教育者不要把受教育者仅仅看成自己的工作对象,只知道去灌输,只知道去管教,把受教育者当作一个受动的存在去对待。在这时候,受教育者在教育中是中心人物。
>
> 整个教育工作搞好搞坏的责任是在教育者身上。当教育者要去尽作为教育者的社会责任的时候,当作为传授者的教育者对传授活动起决定作用的时候,当受教育者的环境要由教育者来设置的时候,应该充分估计教育者的作用,应该说教育者是整个教育工作的中心人物。

> 这就出现了在教育中可不可以有两个中心人物的问题。我认为是可以的。不但可以，而且应该这么讲，在讲教育的时候，不应该只讲教育者或者受教育者是中心人物，主张"单中心人物说"，而应该主张教育者和受教育者的"双中心人物说"。对教育者和受教育者两者之间的任何一个，都不应该低估他们的地位和作用，而应该对他们作出高度的评估，高估"中心人物"的地位，才比较恰当。当然讲"中心人物"时，要讲的不只是这四个字，而是要阐发这四个字的意义。（《W》76—77）

于光远的上述观点及其论述是科学的、辩证的、合乎教育过程的实际。在于光远的论文发表之后，引发了很多有关教育"主体"的讨论，至今仍在持续进行。但是，在这些讨论之中，水平参差不齐，同一水平的简单重复比较多，也有不少创新的高水平论著。由于对马克思哲学"主体性"的不同理解，对于"认知主体"与"价值主体"的不同解释，这些问题还有待深入研究。[①] 我认为，人是"认识主体"和"实践主体"，而认识的结果是"知识"，实践是检验知识正确与否的标准，也是判断是否满足人的需要的标准，这就包含有"价值判断"，因而，人也是"价值主体"。主体性哲学是一个深奥的哲学论题，需要百家争鸣。

于光远发表《教育认识现象学中的"三体问题"》[②] 之后，激发了中国教育理论界的一系列讨论。在中国教育界最先研究的是"教学过程"的"主体理论"。李定仁、徐继存主编的《教学论研究二十年》[③] 中，总结了从1979—1999年20年内，教育界对于教学过程的各种观点，例如：教师唯一主体论、学生唯一主体论、双主体论、主导主体论、复合主客体论、

---

① 贺来：《"主体性"的当代哲学视域》，北京师范大学出版社2013年版。
② 于光远：《教育认识现象中的'三体问题'》，《中国社会科学》，1980年第3期。
③ 李定仁、徐继存：《教学论研究二十年》（1979—1999），人民教育出版社2001年版。

过程主客体论、层次主客体说、主客体否定说等。近年来，又有"主体间性""交互主体性"等的探索。①

经过10年的改革开放，解放思想，中国教育界的理论认识有了进一步提高，主要标志是深化了对于教育"主体性"的认识，提出"教育主体哲学"。其中，1990年，王道俊、郭文安发表的《试论教育的主体性》②、《关于主体教育思想的思考》③，以及王策三发表的《教育主体哲学刍议》④，这些研究成果深入探讨了：何谓教育主体性、如何发挥其主体性等，都拓展和超越了于光远先生对于教育主体性的论述。王策三提出："教育主体性主要表现在这样三个方面，即主动适应社会；培养主体性的人；坚持自身的规律和价值。"⑤

于光远认为要深化"教育哲学"的研究，哲学研究的本体论、主体论、目的论、认识论、知识论、范畴论、价值论，等等，也都是"教育哲学"在探索的问题。于光远写道："我认为'理论的教育科学'或'教育学'的现状的缺点是理论性不强。理论的教育科学，要有一整套理论的范畴，这才谈得到研究教育的规律体系。如果教育的理论范畴不完备，就说明教育学还没有发展得比较成熟，在这样一个阶段，'教育哲学'的讨论就有特别重要的意义。"（《W》308）受于光远的启发，我应用"辩证法"与"系统论"相结合的方法，研究并发表《论教育学的核心范畴》，这是对于研究"理论教育学"的一种尝试。⑥

---

① 潘洪建：《教学认识论研究：进展、问题与前瞻》，《中国教育科学》，2014年第3辑，第169页。
② 王道俊、郭文安：《试论教育的主体性》，《华东师范大学学报》（教育科学版），1990年第4期。
③ 王道俊、郭文安：《关于主体教育思想的思考》，《教育研究》，1992年第11期。
④ 王策三：《教育主体哲学刍议》，《北京师范大学学报》（社会科学版）1994年第4期。
⑤ 王策三：《教育论集》，人民教育出版社2002年版，第372页。
⑥ 查有梁：《论教育学的核心范畴》，《中国教育科学》，2013年第3辑。

六、尝试建构"教材论"的框架结构

1987年,于光远在"纪念牛顿《原理》出版三百周年大会"上有一篇报告:《教材、学校制度和社会进步》①。于光远强调教材、学校制度在社会进步中有重要作用。在《我的教育思想》一书中,于光远又充实了许多内容,阐述了教材的内涵,论述了教材的功能,充分肯定教材编写工作的重要性和艰巨性。于光远没有提出"教材论"这一概念,但是,我认为,于光远已经尝试建构"教材论"的框架结构。在教育科学的体系中有"课程论",有"教学论",理当还有"教材论"。

于光远从"认识论"和"知识论"的高度指出,教材的内涵是提炼历史上已经获得的基本知识。于光远写道:"应该用怎样的知识内容去传授给受教育者?回答应该是:把人类历史上已经获得的基本知识加以提炼,使之成为非常简明,非常有条理,而又保持其深刻和丰富内容的教材。用这样的教材,把知识传授给我们的下一代。"(《W》83)

于光远应用经济学的原理指出,教材是要有助于提高教学的效率。于光远写道:"不同课程的教材一定会有许多特殊的地方,不过根本的道理应该是一样的,总是要使得学生在尽可能短的时间内掌握这些课程范围内的知识。因而教材一定要非常精炼——它的内容是经过精心选择的,它的次序也是经过精心研究安排的。"(《W》86)

于光远是从科学研究和要有创造性的观点来看待教材编写。于光远写道:"编写教科书同样需要进行科学研究,同样需要发挥创造性。社会上那种认为只有研究论文是科学研究的成果,是创造性劳动的表现,而编写教材不过是选编一些现成的东西,算不了科学创造活动的看法是很不正确的。"(《W》89)

---

① 于光远:《教材、学校制度和社会进步》,摘自戴年祖、周嘉华编:《〈原理〉——时代的巨著》,纪念牛顿《原理》出版三百周年文集,西南交通大学出版社1988年版,第10—13页。

于光远从编写语文教材这一角度指出，编写一本好的教材是实实在在的科学工作。于光远写道："不能看不起'编'这一条。编教材带有对这一领域的研究进行一种总结的作用。而这样一件工作的重大意义，做这样一件工作的难度之高，是应该给以充分评估的。随随便便地编一下当然算不了什么科学创造，但是要编好一本教材，那就是实实在在的一件科学工作。编写教材中的科学工作的质量可以相差很大。没有较高水平的人，难以作出这种科学评价。"（《W》90）

于光远从编写数学教材这一角度指出，编写一本好的教材需要有教学心理学和思维科学的指导。于光远写道：

> 数学教材编写得好坏，当然要看教材的深浅是否能很好地适合学生的接受程度和迅速发展其数学理解、运算能力的要求。因此要求教材的编者正确地运用教学心理学。特别是小学生和中学生，就年龄来说，他们的脑力正在发展，抽象思维的能力也正在发展，正确估计他们思维能力的发达程度，对于编写好中小学数学教材是至关重要的问题。估计得太低了不好，估计得太高了也不好。（《W》85）

于光远支持教材改革，他既强调要有创新的勇气，又强调要很慎重。教材改革不应当是简单的"全盘否定""推倒重来"，他主张要将逻辑的东西和历史的东西统一起来，特别强调要做试验，科学地分析试验结果。

于光远写道：

> 我赞成数学教学现代化。我支持这个中小学数学教学研究会的活动。关于数学教材现代化这件事，我主张首先要有创新的勇气，同时又要很慎重。所以一方面要研究数学发展的逻辑，研究逻辑的东西和历史的东西的统一，另一方面就要做试验，科学地分析试验结果。教材必须

是精炼的。数学教材就要把发展起来的数学概括得非常好，使得它适合于在最短的时间内把受教育者提高到当代的水平。(《W》86)

于光远在研究政治经济学、编写政治经济学教材、编译恩格斯的《自然辩证法》、积极支持编写高等学校的《自然辩证法》教材、主编《自然辩证法百科全书》等这些理论研究和实际工作的基础上，系统地为"教材论"提出了基本的原理原则：

与教材相联系的人类知识进步的历史，呈现出这样一种规律性：

1. 前人的发现和发明，成为后人不需要重新去发现和发明就可以掌握的知识，成为已知的东西，不再像未知的东西那样需要去探索。

2. 学习经过系统整理后的教材，去掌握前人的发现和发明，比当初前人发现和发明时花费的劳动要少许许多多倍。

3. 当后来的发现和发明取代了作为它的基础的早先的发现和发明时，后人可以直接去掌握新的发现和发明，不必把已经过了时的东西写进教材，重复历史的过程，因而可以大大减少掌握知识的时间。

4. 在教材中可以把前人的发现和发明高度浓缩。高度浓缩包括抽象概括，但不等于全部是抽象概括，应以一定方式保持其具体的和生动的内容。

5. 在教材中，对学习内容的安排有一个时间次序。安排这种次序的原则是由浅入深，由易及难。这个次序同发现和发明的次序基本是一致的。因此，越是古老的发明和创造，越是会被低年级的学生所掌握，越是近代和当代的发现和发明，越不得不安排到高年级去学习。不过这种次序并不是绝对的。在这里还要强调具体的问题要通过具体的研究去解决。(《W》93—94)

于光远总结起来说：

> 教材的编写也是科学研究工作。编写中的研究水平和创造性，在于"选"和"编"。"选"是选材得当。"编"是看教材在编写工作中对文化成果的整理是否符合社会进步对教材提出的要求。总的来说，要评定一种教材的质量，要看它在教学中产生的效果是否比较理想。（《W》347）

于光远认为教学过程与知识发现的过程在时间上有很大差异。他很自然地将"教材论"与"教学论"有机结合起来。于光远写道：

> 很明显，一个教育者对受教育者进行教育，主要的一个办法就是把自己掌握的知识讲给受教育者听。传授给受教育者的知识中，有一些是前人经过艰苦的努力才获得的。许多科学规律就是经过艰苦的努力才发现的。但是，前人对某个科学规律发现的过程和青年们接受关于这个规律的知识的过程，是完全不同的两回事。尽管教育者在教育过程中，也要善于启发受教育者开动脑筋对这个科学规律进行思考，让他们来探讨，但已经有了结论之后在教育者的指导下进行探讨，与没有结论之前做科学研究是大不相同的。一项研究成果是来之不易的，要花很多的劳动，但发现之后讲给学生听，常常并不觉得有什么了不起的难以理解地方。在创造发现的过程中付出的劳动，同在接受的过程中花的劳动是不能相比的。（《W》83—84）

于光远认为，最好的教材和最好的学校制度是社会进步的重要因素，由此，提出教育工作的理想目标。于光远写道："教育工作的理想目标，是要力求使整个青年一代，在他们25岁左右的时候，通过最好的教材和最好的学校制度，能够做到把各方面人类历史文化遗产基本上都掌握起来；在 25 岁以后，这些青年一方面继续学习，去更多地掌握人类历史上已经取得的文化成果，另一方面主要把时间和精力用于新的创造。"（《W》105）

1981 年，我国教育界的重要刊物《课程·教材·教法》正式创刊。1983 年，建立中国首家"课程教材研究所"。人民教育出版社在实际工作中一直将"课程、教材、教法"结合起来研究。陈侠是中国课程论学科的卓越奠基人，1989 年出版的《课程论》，是一部汇集古今中外的课程论研究成果。[①] 吕达和刘立德提出："在解决了为什么教、为什么学的问题前提下，课程（论）主要解决教什么、学什么的问题，教材（论）主要解决用什么教、用什么学的问题，教学（论）主要解决怎么样教、怎么样学的问题。课程、教材、教学，三者既密切相关，又不能完全等同。"[②]

吕达和刘立德明确提出要研究"教材论"。课程论涉及整体，比较宏观，是"顶层设计"；教材论涉及群体，比较中观，是"文本选编"；教学论涉及个体，比较微观，要"因材施教"。教材是课程与教学的"中介"，不可忽视！"教材"一方面相对稳定，同时，又要与时俱进。历史经验告诉人们：课程设计要科学，教材编写要精炼，这是保证教学优质的重要前提。

教材应当成为教师学生使用之后，乐于珍藏的精品，终身受益；教材不应当是简单赢利的商品，用完就扔。教材应当是：专家学者的杰作、国家意志的提炼、人类知识的精华、民族文化的经典。

更具体地说：语文、数学、外语的教材，应当体现专家学者的杰作；政治、历史、地理的教材，应当体现国家意志的提炼；物理、化学、生物学的教材，应当体现人类知识的精华；音乐、美术、体育的教材，应当体

[①] 陈侠：《课程论》，人民教育出版社 1989 年版。
[②] 吕达、刘立德：《我国课程论奠基人陈侠先生的教育学术贡献——纪念陈侠先生诞辰 100 周年》，《中国教育科学》，2015 年第 1 辑，第 7 页。

现民族文化的经典。研究"教材论"势在必行！教材是课程的具体化，教材是教学的依据。课程论和教学论都不能代替教材论。课程论可以有"教材总论"的内容，但是，不能包括"国本教材、地本教材、校本教材"的具体内容，也难以包括"学科教材"的具体内容，所以需要研究相对独立的"教材论"。

于光远提出了一个基本框架。"教材论"的理论基础不仅有"认识论"，而且有"知识论""中介论""系统论""模式论"等。课程研究、教材研究、教学研究是三种不同的专家群体的研究对象。这三种研究对象和三种专家群体的集合"有交集"，但是，不可能是完全重合的。笔者坚信，应相对独立地研究课程论、教材论、教学论，同时，又将三者整合起来，才有利于教育科学的发展。

教师要善于比较不同版本的教材，这是用好教材和编好教材所必要的一环。笔者教学多年，第一条教学经验就是："备课时要比较三套不同教材"。[①] 教师至少要做编写"校本教材"的工作，而科学地评价教材是最高层次的理解教材。优秀教师往往要经历"五度理解教材"的过程。"学教材"是一度理解；"用教材"是二度理解；"比教材"是三度理解；"编教材"是四度理解；"评教材"是五度理解。让一位教师尽早经历"学教材""用教材""比教材""编教材""评教材"这五个过程，可以加快优秀教师的培养。这也是"教材论"需要研究的内容。

七、充分肯定"传授"在教育中的作用

老师要将知识，包括"可以言传"的知识和"不可言传"的知识，传授给学生，这是学校教育的一项基本工作。但是，由于有的教师不善于"传授"，采用"硬灌"的方法。于是，有些人试图否定"传授"在教育中的作用。于光远提出要分清"传递""传播""传联""传授"这四个概念。

[①] 查有梁：《50年教学和研究之经验》，西南师范大学出版社2014年版，第15—20页。

从而为"传授"提供了科学的解释。

于光远严格区分了"灌输"和"灌注式教学"这两个不同的概念。于光远指出:"灌输的含义是在受教育者本人没有想到把某个事物作为自己的认识对象之前,教育者就把这个事物提到受教育者面前,要求受教育者接受它作为自己的认识对象。""灌注式教学是一种比较僵死的教育方式,它只要求受教育者死记硬背。它同灌输不是一回事。"(《W》346)

于光远提出要分清"传递""传播""传联""传授"这四个概念。于光远写道:

在这里有区别地使用这样几个词儿:一是"传递"。我想它具有表示信息从甲到乙的运动这样一个最宽泛的含义。按一个电铃,就够得上信息传递。二是"传播"。传播属于信息的传递,但不是一般的信息传递。我想用它来表示信息传递到更大的范围中去。那就是说,这里的乙的范围要大于甲,甚至大大地大于甲。三是"传联"。我想用它来表示信息传递到后代,传递到将来。如果乙是现实的存在时,这时候的乙必须是甲的后代,否则还只是一般的传递或者传播。如果这个乙还不是现实的存在,只是想象中的后代,那么向他们"传联"这样的事是将来可能发生的。这个现在还不存在,而将来会存在的乙,当然是我们的后代。四是"传授"。这时候,不但甲和乙是确定在传授者和接受传授者的位置上的人,授传者与接受传授者之间的关系不容颠倒,而且,有明确的传授的内容,甚至传授者和接受传授者各自都承担着一定的义务,享受着一定的权利。

在传授中发生信息的传递和传播。信息传递和传播是传授的基础。但是又不能说传授等同于传递和传播。在我们说的传授中,接受这种传授的,不是简单的信息接收器,仅仅知道传递过来的信息。使他们仅仅"看清楚了""听清楚了""知道了",不能说已经完成了传授的任务，而一定要求接受传授者发挥自己的能动作用，运用自己已经获得的知识、运用自己的思维能力去掌握传授过来的知识，消化这些知识，并且通过自己的实践来巩固和加深对传授过来的这些知识的掌握。只有这样才算完成了传授的任务。(《W》12—13)

也许有人会说：在教育中不仅包括知识的传授，还包括思想上、情感上的陶冶等，教育中讲究"潜移默化"。所以教育中有传授以外的东西。我不同意这个说法。因为教育者采取以自身为榜样对受教育者进行身教，或者教育者让受教育者对高尚的音乐等发生兴趣对受教育者进行"陶冶"，都属于传授的范围。教育者采取任何方法去影响受教育者都应该视作传授。采取语言文字的手段去传播信息，只是传授中通常采取的有效的方式，并不是唯一的。上述教师对学生进行身教，是对学生传播一种无声的信息，也是一种有效的传授。同时还应该承认教师有目的安排学生去从事某种社会实践，使学生通过自己的实践来取得知识和经验，也可以视作传授。总之，由于我们在这里讲的传授是广义的，包括传授者对接收传授者的一切影响。因此在教育中就不包括传授以外的东西。(《W》14)

如果人们认清学校教育中什么是"传授"，像于光远分析的那样，搞清楚"传授"的科学内涵，就不会提出学校教育要将"传授"转型为"探究"！搞得教师、学生、家长，无所适从。传授本身就包含了探究，探究只是传授的一种方式。传授本身也包含学生的"研究性学习"。

小学和中学是基础教育阶段，探究和研究性学习对于大多数学生只能是适当渗透其中。基础教育不可能以"探究"和"研究性学习"为主。[1]在小学和中学阶段，如果将"探究"和"研究性学习"作为一种主要的方式，普遍推广，其效果和结果就是加重师生负担，而且学得不好；让许多

---

[1] 查有梁：《课程改革的辩与立》，重庆大学出版社2009年版，第21—24页。

教师和家长代替学生完成"探究"和"研究性学习"的任务，弄虚作假，学术腐败，自欺欺人！[1]

到了大学阶段，探究和研究性学习的方式，才逐渐成为主要的教学方式。对于这一点，于光远有前瞻性的论述。他很早就提出"学习性创造"这个新概念。这个"学习性创造"其内涵就是后来流行的、从西方翻译过来的"研究性学习"。

于光远写道：

> "学习性创造"活动的方式绝不限于写毕业论文或研究报告。这样的事，本科生、硕士生、博士生在学习期间需要做一次。学生本人和教师还可以采取各种形式来做其他一些工作量没有这么大的工作。比如在数学方面，学生也许会发现某一个数学问题，自己用不了很多时间就可以作出解答，他就可以作一番演算。如果找到一种新的解答方法，就算是一种创造。写一篇短论文，做一次调查，为一部书或一篇文章写评语，制作一个或几个植物动物标本，搞一个小发明……都是一次"学习性的创造"。学习和工作都要靠平时积累小的创造，为大的创造做准备。所以我认为，到了高等学校，教育者就要把如何启发引导和指导学生进行"学习性的创造"作为重要任务，别的事情，可以减少的，尽量减少。（《W》176）

于光远提出要分清学校教育中的"灌输"和"灌注"这两个不同的概念。于光远认为：灌输是教育认识现象中的一个特点，不能否定灌输在教育中的作用；启发式与灌输式可以不发生矛盾。同时，于光远认为：灌注是一种传授方式，但是，这是不好的方式。灌注式是一种僵死的方法。

于光远写道：

---

[1] 查有梁：《十年新课程改革的统计诠释》，《教育科学研究》，2012年，第11期。

> 教育者对受教育者的认识施加影响的一个特点便是灌输。这是教育认识现象的一个特点。这在别的认识现象中是没有或者少有的。灌输的特点是，受教育者的认识还没有想到自己要去把某个事物作为自己的认识的对象之前，教育者就把这个事物提到受教育者面前，要求受教育者接受它作为自己的认识对象。
>
> 在教育中，人们提倡少用灌注式，多用启发式。我认为灌注不等于灌输。灌注是一种传授方式，而对灌输的含义，上面已作了说明。为了达到灌输的目的，也可以采用启发的方式来进行传授。启发式与灌输式可以不发生矛盾。受教育者头脑中本来没有想到要注意某个问题，现在教育者启发他，使他对这个问题发生了兴趣。受教育者本来不知道对这个问题应该持怎样的观点，经过启发，他就接受了教育者希望他接受的那个观点。所以启发式的教育可以做到使受教育者接受教育者为他安排的认识对象，接受教育者的观点，而且不带勉强性。而灌注式是一种僵死的方法，它只要求受教育者死记硬背。采用灌注这样一种方法，有时反而会使受教育者感到接受教育者的安排很勉强，不能很好地达到灌输的任务。(《W》40—41)

于光远认为：整个教育的基础还是知识的教育。于光远写道：

> 教育家们通常讲德育、智育和体育。有的人还主张加上一条美育。智育的含义不等于知识教育，因为它还包括智慧与能力的教育在内。但是除体育外，整个教育的基础还是知识的教育。就是在体育中，也需要进行有关的知识教育。尽管知识教育不能替代品德教育、审美教育，也不能代替智慧与才能的教育，但是，这些教育还是要以知识教育为基础。

在知识教育中，于光远认为有两方面的问题要注意：

> 第一个方面的问题，是在传授中对知识传授得太少。有时对抽象的东西讲得多，而有关的具体知识讲得太少。……还有一方面的问题，就是轻重不分、眉目不清地讲了一大堆知识，而不去注意启发学生的思考，培养学生的思考能力，只是一味要求学生记得他讲授的那些知识性的内容。(《W》227—228)

于光远虽然强调传授知识的重要性，但是他同样强调"传授"的方式方法要让学生感到愉快！1980年，于光远在北京师范大学演讲，最先提出"愉快教学"，以后又提出"愉快教育"，在我国教育界产生了很大的影响。成都市龙江路小学率先开展"愉快教育"的实验研究，成果显著，并波及北京、上海等其他城市。于光远强调："就科学社会主义的价值观来说，社会主义社会的目的是人的幸福，而社会成员的身心健康是这个目的中最重要的方面，而且除享受外还有一个发展问题。这是我们的价值观的出发点。"(《W》245)

于光远认为，学校教育一定要让师生感到愉快，生命要活得有价值。于光远写道：

> 愉快教学目的有二：一是社会主义建设的目的。既然是使人民幸福愉快，而在人的一生中有相当长的时间在课堂中度过，因而就要考虑在这段时间中使人过得愉快。如不是这样，乃是憾事。二是只有使学生愉快，才能收到更好的教学效果。教师要引人入胜，使学生对学习发生兴趣。教育学古典名著夸美纽斯的《大教学论》中提出"务使两性的青年，毫无例外地、全部迅捷地、愉快地、彻底地懂得科学"。

其中"愉快地"三字，我特别看重。①

叶澜教授发表文章《让课堂焕发出生命的活力》，以此来"论中小学教学改革的深化"。② 这是教育理论界对于光远教育思想的一种高水平的积极回应和认识的升华。

培养优秀教师，增加优质教学，是学校教育的永恒课题。关键是重在提高教师"传授"知识、能力、思想、情感的技术，以及与此相关的科学与哲学基础。从立新教授的论文《讲授法的合理与合法》，③ 以及郭华教授的《教学即"讲理"》，④ 这些论文是在新的历史背景下，有针对性地对于"传授"重要性的发展与创新。

八、对人的素质进行了系统全面的分析

于光远明确论述了具有马克思主义的世界观是最重要的思想素质。他创新地将评价人的素质提升为"五要素"：真、善、美、贵、智。真伪、善恶、美丑、贵贱、智愚，这"五对要素"是辩证的相对独立的评价标准和人在实践中的选择标准。

于光远提出人主要有两大素质：人的身体素质和人的文化素质。于光远写道：

> 人的身体素质是人的素质的重要组成部分。人的身体素质的提高，是体育的目的。人的文化素质的两个层次：能够直接通过传授获得的和不能直接通过传授获得的。人的文化素质第一个层次：人的知

---

① 于光远等：《导师与研究生的对话》，苏州大学出版社 2001 年版，第 407 页。
② 叶澜：《让课堂焕发出生命的活力》，《教育研究》，1994 年，第 9 期。
③ 从立新：《讲授法的合理与合法》，《教育研究》，2008 年，第 7 期。
④ 郭华：《教学即'讲理'——兼论变异教学理论在教学中的运用》，《教育学报》，2013 年，第 5 期。

识、技术、技巧、思想、情感的状况。人的文化素质第二个层次：能力（包括智慧）和品性（包括品德和性格）。(《W》352)

于光远将人的文化素质分为两个层次，这是他对人的素质进行分析的基本观点。于光远写道：

> 文化素质可以分作两类：第一类是根据某个人拥有它的状况来确定其文化素质的东西，是可以直接传授的。因此也就可以通过直接传授，来改变这方面的人的文化素质。……文化素质中的第二类是不能直接传授的。能力和品性就不是可以直接传授的。而是要经过属于第一层次的知识的长期积累，和受教育者自己的领悟，逐渐获得的。能力和品性同知识相比是深一个层次的东西。我们把它归入人的素质的第二个层次。这就是关于人的素质的两个层次的观点。这是我对人的素质进行分析的一个基本观点。(《W》207-208)

于光远认为，能力是教育学中的重要的范畴，能力总是客观和主观相结合的范畴。他强调要重视能力的培养。在能力中包括人的身体的要素。他给作为人的素质的"能力"的定义是"内在于人自身的，能在实践中促使某种现实的可能转化为现实的物质和精神要素的总和"。于光远写道：

> 人掌握知识的状况，就是这样的一个要素。一个人获得了某种知识，就具有了办成需要运用这种知识才能办成的某一件事的能力。从这个意义上说，拥有知识也就是一种能力。(《W》257)
> 在知识和能力之间是不能画等号的。能力是促使现实的可能性（即有可能做到的事）转化为现实性的（即变成现实的事物）、物质的和精神的要素总和，一个人拥有可以构成能力的要素，但这只是能力

的要素而不是能力本身。对作为人的素质的能力来说是这样,对别的能力,比如对生产来说,也只有综合的生产能力才算得上真的生产能力。(《W》258)

于光远还详细论述了他对于"能力与才能""能力与智慧""能力的种类""能力的表现"的看法。(《W》262—273)

于光远认为:"具有马克思主义的世界观是最重要的思想素质。"(《W》235)于光远在他主编的《自然辩证法百科全书》中,撰写了"自然"这一个条目,并提出"自然的概念中都有天然的自然和社会的自然的区分。"提出"社会的自然"这样的概念。① 于光远正是"以'社会的自然'为对象,创立新学派",并有一系列理论创新。② 于光远写道:"马克思主义的世界观是对整个世界的看法。虽然包括对自然的观点,但是世界观实际上是一种关于社会的观点,因为,一、世界中包括社会;二、世界观最后落实到对社会的观点上去;三、对自然的观点也会影响对社会的看法。"(《W》351)

于光远认为,世界观的内涵大于价值观的内涵。于光远预见到:总的印象是,"价值观"这个词算是用开来了,而且人们也喜欢用,而"世界观"这个词人们用得就比较少了。似乎有一种用"价值观"来代替"世界观"的趋势。这个趋势可能刚开始露头,也许还说不上什么趋势,不过我还是感觉到了,于是就想,应该在这时候多谈谈世界观,谈谈世界观和价值观之间的关系。要讨论一下世界观在人的素质中的重要意义。(《W》235)

价值观是对于价值的总体看法,价值是对于人的需要的满足。于光远认为价值观不能包含对于社会的一切观点。他提出:"价值观可以被理解得很广泛,有人似乎把一切关于社会的观点都包括在内。我倾向于把它理

---

① 《自然辩证法百科全书》,中国大百科全书出版社1995年版,第765—770页。
② 殷登祥:《努力学习于光远'社会的自然'思想》,《自然辩证法研究》,2014年,第9期。

解得狭窄一点，只涉及对人的行为是否有价值和价值大小。"（《W》347）

于光远认为，"价值观"不能完全取代"世界观"，这是一个需要认真研究的问题。他明确提出："现在的问题是，在我们的教育工作中，在我们培养人的优秀的思想素质时，怎样才能更好地把科学世界观的教育放在最重要的位置。"（《W》236）

于光远把情感归属于人的素质的第一个层次。

这是因为一个人的情感是可以由某一次传递、传授直接产生的。而知识的传授对情感的产生也可以起很大的作用，这就是说情感是可以由教育者对受教育者直接施加影响产生的。……教育者影响受教育者的情感，基本上是两条途径：既然情感有它思想上的原因，通过思想的传授和灌输，可以对情感发生作用。这是一条途径、一种方法。还有一条途径、一种方法，就是经过感染，用感情的手段去影响感情。前一条途径是喻之以理，后一条途径是动之以情。（《W》251）

如何评价人的素质？人在实践中如何选择？于光远创新性地拓展"真、善、美""三要素"为"五要素"：真、善、美、贵、智。他提出了真伪、善恶、美丑、贵贱、智愚，五条辩证的相对独立的评价标准和人在实践中的选择标准。虽然，于光远说他无意在真善美三位一体之外，搞什么五位一体。但是，认真分析于光远的拓展是有实际意义的。

在真理观、道德观、审美观之外，于光远增加了他定义的"贵贱观"，即狭义的"价值观"，以及智愚观。笔者的理解是：真与伪，我们要求真；善与恶，我们要求善；美与丑，我们要求美；贵与贱，我们要求贵；智与愚，我们要求智。知识求真、道德求善、艺术求美、价值求贵、做事求智。

"真"。讲真理，追求真理，为真理而奋斗的观点和行动，在人的素质

中，应该居首要的地位。(《W》237)

"善"。当某种行为被评价为"善"的时候，是按照一定的社会道德原则和规范，认为那样的行为是应该肯定的，即合乎正义、合乎道德的。(《W》239)

在人的文化素质中包括"美"这个方面。"美"在人的文化素质中指的是他审美的倾向和能力，其中包括：他对各种审美对象会作出怎样的评价，这些对象会使他获得怎样的美的感受。(《W》242)

"贵"这种选择，是由于一个人能够从事劳动的精力、时间都很有限，因此每做一件事都要作一番计算、计划，考虑一下这件事办成了"价值"如何，以便同做另一件事进行比较。"价值"本来是个经济概念。在这里包括经济领域中的价值，也包括更加宽广的含义下的价值，比如为了做某一件事可能牺牲生命，这就有一个值得不值得付出这个代价的问题。"代价"一词也是从经济生活中借用来的。(《W》243)

> 就科学社会主义的价值观来说，社会主义社会的目的是人的幸福，而社会成员的身心健康是这个目的中最重要的方面，而且除享受外还有一个发展问题。这是我们的价值观的出发点。现在人们把价值观三个字理解得很广泛，似乎把一切社会观念都包括在里面。我想还是把它理解得比较狭窄一点好。即只把它理解为人的行为是否有价值（是否值得）和价值大小，使得我们对人的行为的评价除真、善、美之外多出一个"贵"的方面。(《W》245-246)

于光远特别提出"智"这个字，是因为在评价人（自己或者别人）的行为时，的确有一个聪明或是愚蠢的标准。这种标准不是真伪、善恶、美丑、贵贱所能包括的。它是一个独立的标准。于是就有了独立的智愚观。(《W》246)

于光远强调:"智慧是内在于人自身的善于认识世界与从事社会实践的一种思维的能力。""智愚观不是对人的行为目的性的评价,而是对达到这个目的所选的途径和方法进行认识范围内的评价。"(《W》355)

于光远写道:

> 真善美这三个字,是很古老的概念。哲学家对它们做了许多研究,有许多论述。比如,真善美同自由这个概念之间的关系,就是一个很重要的课题。这个问题,马克思在《1844年经济学——哲学手稿》中已经提出来了,当代学者们又对它进行了研究和讨论。关于真善美三位一体,和这三位一体的关系这样的问题,不在这里讨论了。因为在真善美的问题上有许多问题正在研究,所以这几年,当我提出"贵""智"这两个字,并且把它们同真善美并列时,我是有些顾虑的。我担心这会损害到对真善美作为整体的研究。不过我还是这么做了,没有别的理由,只是想在考虑人的素质时,把评价人的行为的方面,讲得完全一些罢了。我无意在真善美三位一体之外,搞什么五位一体。(《W》242-243)

于光远提出用"真伪、善恶、美丑、贵贱、智愚"这五对范畴来评价人的素质,来作为人在实践中做出选择的标准。这是很有创意的,拓展了评价标准和选择标准。这五对范畴有联系,也有区别;相对独立,而又形成整体。于光远认为他只是提出这个看法,如何实施,还需要深入研究。

于光远关于"对人的素质的基本分析",是我们研究"素质教育"的一个很重要的启发。

九、呼吁并实践:要重视教育的教育

社会主义的教育事业需要依靠运用教育的手段来改进和提高。做这样的工作，于光远称之为"教育的教育"。他认为，从普通的老百姓，到政府部门的领导，从教育的专职工作者，到各行各业的人，都是"教育的教育"的对象。"教育的教育"的一个重要特点就是它的普及性。同时，它本质上又是一种有提高性质的工作。通过提高人们对教育的觉悟和从事教育的能力，收到高水平的教育效果。

"要重视教育的教育"是于光远教育思想中的一个重要部分，这不仅仅是"思想"层面的要求，更要落实在具体的行动中。于光远晚年一直在呼吁并实践：要重视教育的教育。

于光远认为，在我国各项社会主义事业中，应该普遍重视运用教育手段，教育事业更应该如此。"教育的教育"，具体一点说，第一就是以教育问题、教育思想、教育工作、教育事业为对象和内容的教育；第二就是为了解决教育问题、提高教育思想、做好教育工作，以发展教育事业为目的的教育。

> 自从1999年6月中共中央、国务院发布《关于深化教育改革全面推进素质教育的决定》之后，我们的教育事业有了很大的进步。这几年中，有不少与教育工作有关的单位找到了我，要我发表一些意见。这时我特别喜欢写"要重视教育的教育"这八个字给他们。在1999年我专门写过一篇题为《讲一点"教育的教育"的重要性》的文章，它已经收进不久前出版的《跨越世纪的门槛》中，但是对这个题目我不厌其烦，给"文汇时评"再写这么一篇。[①]

于光远认为，"教育的教育，是属于大教育的范围"。（《W》284）

于光远指出"大教育"的含义是："全方位的教育，就是人们称之为大教育的教育。在大教育中，不但包括本来意义下的教育，也包括不属于

---

① 这段话出自于光远的《再讲"教育的教育"的重要性》一文，原载于《文汇报》2003年2月24日。

本来意义的教育，是突破了本来意义的教育的教育。"于光远认为"大教育"有四大突破："大教育突破了本来意义的教育设定的受教育者年龄的限制。大教育突破了本来意义的教育设定的必须有教育者在其中发生作用的限制。大教育突破了本来意义的教育设定的必须是培养人的教育的这个限制。大教育突破了本来意义的教育要求传授人类创造的文化的这个限制。"（《W》345）

于光远指出，"大教育"不是无所不包的教育，它是有界限的。他认为，"伪科学的传授，不能列入大教育的范围"，"优生和胎教"也不能列入大教育的范围。"因为在这里，作为认识现象和社会现象的教育也还没有开始"（《W》203），这是于光远的一家之言。于光远强调"不能传授伪科学"，这是正确的；但是，批评伪科学的误导，分析伪科学的社会现象，已经写进了不少学校的教材里。例如，"伪科学是一种貌似科学但却不受科学方法支持的诱人想法的教义式的信仰"[①]。这正是于光远一贯强调的观点。

"教育非常重要"这样一句话，绝不会有人反对。在实际工作中，教育的重要性并没有得到体现。为此，于光远提出一系列问题：

教育在社会生活与社会发展中的地位问题，到底解决了没有？我们的各项事业是否已经做到普遍重视运用教育手段？教育工作者以及在其他教育工作岗位上的人员，以满腔热情做好培养下一代的工作的状况，能不能使人们满意？各有关部门关心教育并以实际行动配合、支持教育事业的风气，是否已经形成？受教育者的父母对子女教育的认识，究竟达到什么程度？受教育者中能够很好并自觉地接受教育和积极进行自我教育的人，在受教育者总数当中占多大的比例？如此问题还很多。

于光远强调：进行"教育的教育"还应该具有批判性。不破不立，在

[①] 阿特·霍布森：《物理学：基本概念及其与方方面面的联系》，秦克诚等译，上海科学技术出版社2001年版，第316—320页。

对教育的认识上，特别是在有关教育的实践上，有许多不正确的认识和不恰当的行为应该予以批判。

于光远主编的《教育理论专题研究丛书》序，开宗明义就写道：

> 教育是伴随人类社会的产生而肇始，又伴随人类社会的进步而发展的。
>
> 教育也是自人生之初就开端并且伴随着整个人生历程直到人生的终点的。
>
> 社会越进步，文明越发达，人们就越重视教育事业，教育事业就越繁荣；同时，教育促进社会进步的作用也就愈大。
>
> 教育事业的状况是社会进步的一个重要标志；良好的教育是促进人的全面发展的一个重要因素。（《W》1）

上述四句话，我用一句话来概括：教育是社会进步的第一动力。"第一动力"的意思就是：教育是社会进步的基础之基础，或者说，教育是社会进步最基础、最根本的动力。

这一论点同"科学技术是第一生产力"和"改革开放是社会发展的硬道理"完全是对应的、对称的、互为因果的。教育是培养人的社会活动，教育是人的发展和社会发展的基础。有了高素质的各方面人才，科学技术才可能创新成果，改革开放才可能取得成效。教育是社会进步的第一动力，这应是邓小平理论的组成部分；"科学技术是第一生产力"，是邓小平理论的重要命题；"改革开放是社会发展的硬道理"，是邓小平理论的核心思想。

在《我的教育思想》中，于光远提出一个新概念："本来意义的教育。"他解释道：

> 本来意义的教育也就是狭义的教育。全书除个别的节和某些地方

外，所讲的教育都是本来意义的教育。本来意义的教育对社会生活、社会发展具有极其重要的意义。尤其它对社会进步的作用，还有待于在理论上进行阐发，关于本来意义的教育带根本性的问题，尚须投入很大劳动进行探讨。本来意义的教育是传授的一种：其中传授者是老一代人，接受传授者是婴幼儿、少年儿童、成长中的青年人；它是具有培养年轻一代意义的传授。本来意义的教育是大教育中规模最大、意义最深远的一个组成部分。(《W》343)

教育是社会进步的第一动力。于光远写道：

本来意义的教育作为社会现象，它的意义非常重要。如果我们把它说成是社会得以生存和得以发展的必要前提，这是一点也不夸大的。教育在人类社会发展史上的意义就在于传联。如果没有教育培养出来的人，今天社会生活的各个领域就根本不能运转，整个社会生活就成为不可能的事。人类社会的进步总是在前人创造的文化基础上的进步。如果人类创造的文化成果不能代代传联下去，人们总是处在从头做起的状况之下，也就不会有什么进步。(《W》21—22)

于光远在《我的教育思想》中，从理论上重点研究了"本来意义的教育"，有一系列理论创新。实际上，后半部分也研究了"大教育"。于光远写道：

本书的前两章讲的是本来意义的教育领域中的基本概念。在对这种基本概念进行论述时，我力求严格遵守形式逻辑的要求来推理和陈述。在这里我遇到一些过去没有给予过严格的定义或说明的概念，这就不得不用比较多的语言来分析它们。……作为全书论述对象的究竟是本来意义的教育还是大教育，或者两者兼顾。当代不少教育学家对自己的研究对象倾向于从本来意义的教育扩大到大教育。我长期关心的教育，其范围也超出本来意义教育的范围。但是经过再三考虑，这本书的范围还是基本上严格限制在本来意义下的教育为好。(《W》357)

1986年，笔者在《瞭望》周刊发表《大教育观》一文，对"大教育"的定义是："大教育观认为：教育是一个多样的、开放的、综合的大系统。大教育的特点应是：时间长（终身教育）、空间广（各类教育）、效率高（智能教育）、质量好（未来教育）、内容多（博才教育）。"[1] 进而笔者在认识论、系统论、科学方法论的启发之下，研究了《大教育论》。[2] 于光远在《我的教育思想》一书之中，研究了"大教育"，他认为深入研究"本来意义的教育"更重要。于光远在《我的教育思想》中基本上严格限制在本来意义的教育，他认为这样为好。

于光远认为教育非常重要，但是今天对教育的重要性实在讲得太少了，他认为他有这个社会责任研究教育问题，并发表自己的看法。于光远写道：

> 我从学生时代起一直重视这门学问，自学过若干部教育学的著作。对现实的教育问题，也一直关心。但是限于时间和条件，没能深入研究。差强人意的是，自己毕竟是一个从幼儿园学到大学毕业的知识分子。我进过各式各样的学校。我教过书，编过若干种教材，也做过学校的行政工作。自问对教育和教育工作总算不那么陌生。我认为今天对教育的重要性实在讲得太少了。需要大家来发表意见。(《W》4)

---

[1] 查有梁："大教育观"，《瞭望》周刊，1986年，第12, 13, 14, 15期。
[2] 查有梁：《大教育论》，四川教育出版社1990年版。

第四节　新时代需要教育家

学术界公认，于光远是百科全书式的学者，他纵横于自然科学和社会科学的研究。从主要学术成就看，他是名副其实的经济学家、哲学家。于光远自己也写道："我的兴趣比较广泛，也有人把我叫作'杂家'。但人们更多地把我归入经济学家和哲学家这两类中。"（《W》自序2）大家读了于光远的《我的教育思想》之后，可以得知于光远对于教育科学做出了重要贡献。

本章概述于光远的教育思想，就势必先看看于光远如何从经济学家的观点看教育，以及从哲学家的观点分析教育；其实，于光远更多也是从教育学的对象本身探讨教育理论。怎样才能从教育经历和知识结构上看于光远教育思想的渊源及其贡献，我是做第一次研究尝试，所以，题目是：浅论于光远的教育思想。抛砖引玉，希望有更多学者来做深入的研究。

郭戈主编建议笔者讨论一个问题：为什么于光远这样的百科全书式的人物（如梁启超、胡适、厉以宁、斯宾塞、罗素等）反而对教育学术有重大的特殊贡献？这个现象值得做些分析。这是一个很有启发性的问题。这是一个"教育学"和"人才学"共同关注的问题。从统计看，百科全书式的杰出人才，大多数都受到良好的教育，较多地有比较广泛的兴趣爱好，较多地都有从事过教育工作的经历；杰出人才在一两个专业上有出类拔萃的卓越成就之外，也关注其他相关的学科；他们到了晚年，往往更关心下一代的教育。于是就出现百科全书式的杰出人物，多对教育学术有重大的特殊贡献。这是一种尝试性的回答。

教育学是一门既古老而又非常现代的学科。教育学的对象是人，是社会。按照钱学森的观点，人与社会都是属于"开放的复杂巨系统"，要应用"集大成、得智慧，善创新"的"从定性到定量的综合集成方法"才能解决"开放的复杂巨系统"问题。[①] 于光远最先提出教育的"三体问题"，就是看到了教育问题的"复杂性"。这也许就是百科全书式的人物能够对教育学术有重大的特殊贡献的内在原因。

郭戈提出的问题，引起笔者思考一个与此对称的问题：为什么学术界公认的杰出教育家，很多是百科全书式的人物？例如，孔子、柏拉图、朱熹、康德、卢梭、蔡元培、杜威、陶行知等，都是跨越多学科的百科全书式的人物。

笔者说明一下为什么大教育家孔子是"百科全书式的人物"。孔子编选的经典著作有"六经"：《诗》《书》《礼》《乐》《易》《春秋》。其中，包括了文学、政治学、伦理学、礼仪学、管理学、音乐学、哲学、历史等内容。孔子教学有"六艺"："礼、乐、射、御、书、数"。其中，六种技艺，包括学科课程与活动课程：礼仪礼节、音乐乐器、射箭运动、骑马驾车、文字书写、数学术数等内容。孔子有学生三千，贤人七十二，在各行各业中都有贡献。由此可见，孔子的确是"百科全书式的人物"。孔子强调"以德育人""有教无类"的思想；"学思结合"、启发式的教学方法；因材施教、乐山乐水的教育艺术；还包括他编著的教材，至今影响着整个教育界。

经过大教育家朱熹（1130—1200年）的提炼推广，"四书五经"包括：《大学》《中庸》《论语》《孟子》这"四书"和《诗经》《尚书》《易经》《礼记》《春秋》这"五经"，它们都是孔子及其弟子的学术著作和编选的

---

① 查有梁：《钱学森之问的一种回答》，《中国教育科学》，2014年第3期。

教材，近千年来成为中国学校教育的核心教材。朱熹这位大教育家，对"白鹿洞书院"和"岳麓书院"有很大贡献，从教 50 余年。朱熹在哲学、经学、史学、文学、乐律、辨伪，以及自然科学等各领域都有建树，著述丰富，朱熹也是一位名副其实的"百科全书式的人物"。

1985 年，于光远在《北京日报》上写了一篇文章：《我们迫切需要成千上万个教育家》。于光远写道：

> 我认为以前对教育家这一称号的使用太严了，结果中国的教育家似乎只有几个人，而且全是旧社会中的人。当然，我并不主张把这个称号用得很滥，但是在中国这么大的国家中，'成千上万'个教育家总是应该有的。使用这个称号，我想也会对我国的教育起某种促进作用。（《W》329）

百科全书式的人物、教育家、杰出人才等，这类称谓的标准，都是相对的、有层次的、逐渐获得公认的。教育家的标准不能太高，也不能太低。但是，这三种人才有一定的内在联系。广大人民群众总是希望更多的百科全书式的人物成为教育家，提高教育的理论水平；总是希望更多的教育家成为百科全书式的人物，提升教育的实践能力；总是希望更多的教育家和百科全书式的人物成为有创新的杰出人才，为社会进步做出更大贡献！

[问题与思考]

你读过于光远撰写的著作《我的教育思想》吗？这是一本于光远的教育自传。在研究这本书的基础上，作者先用一千多字撰写"于光远的学术简介"，让读者知道于光远的简历，以及在经济学、哲学、教育学的成就，有一个对于光远的"整体认识"。先读这种"学术简介"

第七章 / 浅论于光远的教育思想

有必要吗？

作者进一步用一万多字撰写"于光远的教育略传"，分别论述"于光远的家庭教育""于光远的学校教育""于光远的自我教育""于光远的社会教育"，也就是应用广义的"大教育观"，写于光远略传。你认为采用这种"四维教育模式"研究一位杰出人才有普遍价值吗？

作者进一步用三万多字撰写"于光远对教育学的贡献"，提炼出九条于光远的贡献亮点，这是一种研究性的学习。既论述于光远的"知识创新"，又有作者的"认知创新"。让教育学研究者能够进一步认识于光远的"学术贡献"，以及作者认知的局限性。你认为还有哪些教育问题，有待于解决？

在以上研究的基础上，再增加"于光远对经济学的贡献""于光远对自然辩证法的贡献"，可以再集成为一本数万字的《于光远评传》。既综述于光远的"知识创新""学术贡献"，又分析他的"社会影响""历史局限"。你认为这样的"杰出人才传略"的研究模式，有启发性吗？

本章没有从"学习律""发展律""整合律"这种"三律成才模式"去探究于光远的成才之道。请你先思考再尝试写出《于光远成才之道》。

[第八章]

—— 科学学的奠基人——贝尔纳

第八章 / 科学学的奠基人——贝尔纳

第一节　贝尔纳生平

贝尔纳，J. D.（Bernal，John Desmond），1901年5月10日生于爱尔兰尼纳；1971年9月15日卒于英国伦敦。在X射线晶体学、生物物理学、科学学、科学史，这些领域都有重要知识创新和学术贡献。[①]

贝尔纳家族祖姓是塞法迪克·朱威什（Sephardic Jewish）。父亲是爱尔兰南部提派累立群的一位天主教徒牧场主，是一位活跃、随和、求实和永不满足的男子汉，少年时代就独自漂洋过海，曾在澳大利亚放过羊。母亲出身于爱尔兰的一个贵族家庭，早年移居国外，是一位有文学造诣且颇具教养的美国新闻记者。贝尔纳对他的母亲有感情，但与他的父亲总是缺少共同语言。贝尔纳的父亲乐意把自己看作一位既有钱又有社会地位的人。贝尔纳的家境属于中产阶级，他深受传统的影响，在科学和浪漫的爱

[①] 查有梁、查星：《科学学的奠基人——贝尔纳》，《科学学研究》，1996年第2期，第75—79页。全文见：钱临照、许良英：《世界著名科学家传记-物理学家Ⅴ》，科学出版社1999年版，第27—46页。

尔兰民族主义热烈信念的影响下成长起来。贝尔纳生性狂热和宽宏大量，不管在什么场合，他始终有一颗比大多数人更为慷慨的心。

贝尔纳受过天主教的教育。他在儿童时代曾被送到斯托尼赫斯特上耶稣教会学校，读过耶稣会会员守护神阿洛伊修斯·冈萨格（St Aloisius Gonzaga）的传记，接受了恒爱，即顺乎需要的思想，他决定要以一种独特的、始终是一贯的逻辑去爱，永不中断。

在斯托尼赫斯特的教会学校，要到六年级才有自然科学课。贝尔纳渴望获得自然科学知识，转而就学于贝德福德。他打算到12岁，再去继续上学。在此之前，由母亲教他。在中学里，他已经初露锋芒。他有很高的理性思维的天赋，很高的数学物理才干。贝尔纳智力活动的兴奋点，早已自我定位，而且他好像已经懂得：他会用数学，但不是去研究数学。

1919年，贝尔纳18岁，他的父亲去世。同年，贝尔纳作为伊曼纽尔（Emmanuel）学院的一名奖学金获得者，来到英国著名学府剑桥大学。在大学时期贝尔纳就成了一位马克思主义者。贝尔纳在晶体学方面的第一项研究工作是关于晶体对称的数学理论，并以此作为学位论文。1922年毕业于剑桥大学。同年应W. H. 布拉格（Bragg）邀请来到英国皇家学院戴维－法拉第实验室开始研究工作，直到1927年。W. H. 布拉格和W. L. 布拉格（Bragg）父子俩，因应用X射线对晶体结构的开创性研究而获得1915年的诺贝尔物理学奖。贝尔纳在老师W. H. 布拉格的指导下研究X射线晶体学。

1927年，贝尔纳回到剑桥大学当一名讲师，并于1933年首次获得单晶蛋白质的X射线照片。他还最先研究了烟草花叶病病毒的结构。1937年，36岁的贝尔纳成为英国皇家学会会员。

1938—1963年，贝尔纳任伦敦大学伯克贝克（Birkbeck）学院物理学讲座教授；1963—1968年任晶体学教授。1937—1942年，贝尔纳曾为国内安全部研究过轰炸的破坏问题，为空军作战部提供咨询意见。1942—

1945年，当过联合作战指挥部首脑蒙巴顿将军的科学顾问。1945年，贝尔纳荣获英国皇家学会皇家勋章，表彰他在揭露战争方面做出的科学贡献。1945—1956年，贝尔纳被任命为建筑工程科学顾问委员会主席，参与了住房设计规划工作。

贝尔纳是苏联、匈牙利、波兰、罗马尼亚和保加利亚等国家科学院的国外院士，莫斯科大学的荣誉教授，前捷克斯洛伐克科学院的常务委员，柏林洪堡大学的荣誉博士，德国科学院通讯院士。1959年，授予他克劳修斯（Grotius）奖章。

贝尔纳1947—1949年任英国科学工作者协会主席，1959—1965年任世界科学工作者协会副主席和世界和平理事会执行委员会主席，1953年荣获斯大林和平奖金（后来改名为列宁国际奖），1963—1966年是国际晶体学协会主席。

贝尔纳既是杰出的专才，又是杰出的全才。他出版了10部著作：《自然、肉体和魔鬼》(The World，the Flesh and the Devil，1929)、《恩格斯与科学》[7]《科学的社会功能》[2]《必然的自由》[9]《生命的物质基础》[3]《马克思与科学》[8]《十九世纪的科学和工业》[10]《历史上的科学》[4]《没有战争的世界》[5]《生命的起源》[6]。还发表有近300篇论文[1]。贝尔纳一生的科学研究活动和学术成就主要有三方面：其一是有关X射线晶体学的研究，以及生物物理学的研究；其二是开创了"科学学"这一新的学科；其三是有关科学史的研究。

第二节　X射线晶体学、生物物理学的研究

贝尔纳的研究工作涉及晶体学全部领域，著名的有测试仪器设备、对称群和各种材料结构等研究。在材料和结构方面，他主要研究了碳、金属、水和甾醇等。他还研究过日益复杂的生物有机物质，如氨基酸、液晶、维生素、激素、蛋白质和病毒等，并且都做出了重大贡献。他在近60岁时，研究液体结构（structure of liquids），完成了他一生最漂亮的一项研究；他还就生命起源和太阳系起源这两个领域，做了巨大的综合研究工作。他曾领导一个实验室，主要研究诸如水泥等工业产品的结构、碳陨星矿物学、蛋白质结构及其他有机和无机化合物等课题。

贝尔纳继承了他的老师W. H. 布拉格的学术成果，并从有机物结构的研究扩展到生物大分子结构的研究，形成了分子生物学中著名的结构学派。分子生物学的发展，贝尔纳做出了突出贡献。《大英百科全书》[17]介绍贝尔纳时写道："英国物理学家和X射线晶体学家，以对固体化合物原子结构的研究闻名，在研究过程中对X射线晶体学作了重大贡献。""对分子生物学、生命的起源和地壳的结构与成分也进行了研究。"《苏联大百科全书》[13]这样概述他的科学成就："贝尔纳在晶体学领域著述甚丰。贝尔纳研究了石墨、金属、水、苯乙烯、激素、维生素、蛋白质、病毒、建筑材料（特别是水泥）的结构。1933年他构建了'贝尔纳冰模'，该模型能解释水在所有化合物中的状态。他还写了一些液态理论方面的论著。"

贝尔纳在剑桥大学的卡文迪什实验室工作时曾与 W. L. 布拉格共事。贝尔纳的重要研究工作是应用 X 射线衍射法探测生物大分子的结构与功能。他曾探测出烟草花叶病病毒的尺度和形状，并证实病毒有规律的内部结构。以 W. L. 布拉格、贝尔纳为核心形成了研究小组。

在生物大分子的合成中，关于氨基酸合成多肽有三种比较可信的观点。其中一种认为，原始海洋的氨基酸是在某些特殊的黏土上缩合成多肽。贝尔纳于1951年提出，某些黏土片层间因含有大量的正、负电荷，故可将带电的分子吸附并能够成为原始催化中心的理论。贝尔纳的理论为上述这种看法提供了基础。贝尔纳认为，黏土或其他矿物质能浓缩吸附于其上的中等大小的分子，这种浓缩物能防止其有生物意义的聚合物被水冲走。非常有意思的是，这种浓缩物含有磷酸盐等物质的可能性，这就有助于解释在生物聚合机制形成之前，磷如何能很好地结合在早期的前生物大分子上。黏土催化剂还显示出早期合成能在紫外光被滤掉的深海中发生。20 世纪 60 年代英国学者进一步提出生命起源于黏土的主张，认为导致生命出现的化学演变是在黏土中进行的。20 世纪 80 年代，美国航天局的科学家们发现，某些黏土有贮存和运送能量的功能，这一发现支持了这种观点[12,15]。

第三节　开创科学学

科学学（Science of Science）是一门以科学自身为研究对象的现代科学理论。科学学既有坚实的理论基础，又有广泛的具体应用。贝尔纳指出[11]:"要想把科研效率略微提高一点点,就必须有一种全然不同的新学问来指导,这就是建立在科学学基础之上的科学战略学。"举世公认,贝尔纳1939年出版的《科学的社会功能》[2]一书是科学学的奠基性著作。正是贝尔纳的工作才开创了"科学学"这一新的学科。该书的副标题是:"科学是什么?科学能干什么?"概括了全书的主题。科学学这一奠基性著作的重要意义,很快被全世界所认同,被译为许多种文字,包括几种欧洲文字、阿拉伯文、日文、中文。在第二次世界大战期间,《科学的社会功能》一书曾再版过4次。1950年,商务印书馆出版了张子美的摘译本,书名为《科学与社会主义》。1982年,商务印书馆出版了陈体芳根据英文本1944年版翻译的《科学的社会功能》。1986年,商务印书馆又以《汉译世界学术名著丛书》之一出版了此书。

《科学的社会功能》分两大部分。第一部分论述"科学现在所起的作用"。从科学面临的挑战、科学与社会的交互作用、科学的历史概况、英国科学组织概况、科学教育、科研的效率、科学的应用,一直论述到科学与战争、国际科学概况;第二部分论述"科学所能起的作用"。从培训科学家、改组科研工作、科学交流、科学经费筹措、发展科学的战略、科学为人类服务,一直论述到科学和社会改造、科学的社会功能。贝尔纳对这些题目进行了科学的考察。他作为科学学的开创者,研究了"科学"的结构与功能。

贝尔纳应用科学的方法研究"科学"本身,有三大特点:一是进行定量的研究,为科学计量学奠定了基础;二是进行理论模式的探索,提出了"地理模型""网络模型"等,深化了对科学发展的理解;三是分析了科研工作中的政策和管理问题,为科研管理、科研决策、科学规划、科学发展的战略研究作了开拓性的工作。贝尔纳和A. L. 马凯(Mackay)共同撰写的《在通向科学学的道路上》一文中,将科学学的研究方法概括为:统计研究方法、关键事例研究方法、结构研究方法、试验研究方法、分类研究方法。正因为如此，D. J. des 普赖斯（Prize）说[11]："科学学，贝尔纳则是这门学科的奠基人。""贝尔纳正是以其 1939 年出版的不朽巨著，而成为广泛地开拓'科学地分析科学'的第一人。""它作为一位大科学家关于在世界范围内有必要合理地规划科学的权威论述，已经变成一部基础文献。"

评价一部巨著的最好方法是让历史说话。1964 年，世界著名的科学家，包括 1948 年诺贝尔物理学奖获得者 P. M. S 布莱克特（Blackett），1950 年诺贝尔物理学奖获得者 C. F. 鲍威尔（Powell）1952 年诺贝尔化学奖获得者 R. L. M. 辛格（Synge），还有以研究和出版《中国科学技术史》而闻名于世的李约瑟（Joseph Needham）等 16 位科学家，撰写了一本论文集《科学的科学——技术时代的社会》[11]以纪念贝尔纳的科学学奠基性巨著《科学的社会功能》一书发表 25 周年。这部权威性的论文集，回顾现代科学技术同社会经济协调发展的历史趋势，检验了当年贝尔纳所作的各种预言实现的程度，描述了世界各国科学事业的历史转变，总结成功地运用科学的历史经验，并对未来科学技术发展做出科学的预测和展望。

赵红州、蒋国华翻译的《科学的科学——技术时代的社会》一书的中译本，于 1985 年由科学出版社出版。这本书的出版大大推动了中国对"科学学"的研究。赵红州的《科学能力学引论》（科学出版社，1984）、《大科学观》（人民出版社，1988），是贝尔纳《科学的社会功能》的继承与发展，为中国学者在世界"科学学"的研究领域内争得荣誉，做出了重要贡献。

第四节 科学史的研究

C. P. 斯诺（Snow）在《贝尔纳其人》中写道[11]："究竟贝尔纳是如何跻身于科学史前列的。我想，是这样的：他天赋极高。他是当代最有学问的科学家之一。据说，他也许是科学家中最有权威的。这就是说，他精通科学；他有天章云锦般的想象领域和深刻过人的洞察力，他有他自己范围广阔的科学上的考虑。"贝尔纳对科学史的研究有一些论文和两本专著：《19世纪的科学和工业》[10]《历史上的科学》[4]。《历史上的科学》一书是贝尔纳研究科学史的代表作。此书写了六年（1948—1954年）。事实上早在贝尔纳1939年出版的《科学的社会功能》一书中，就专门有一章探讨了科学的历史概况。

《历史上的科学》有以下五个突出的特色。

1. 从科学学的观点来研究科学史。贝尔纳是科学学的奠基人。他在研究科学史时，必然要从科学学的角度来审视科学史。在该书的第一篇就论述科学的出现和科学的特征，等等。将科学学的研究成果贯穿于科学史的研究探讨之中。

2. 研究了科学革命和工业革命的关系。贝尔纳从更为广阔的视野来研究现代科学的产生，探究科学与工业的紧密关系。他将科学革命、工业革命、农业革命、社会革命等融为一体来进行相互作用、相互影响的研究。

3. 对自然科学与社会科学的历史都进行考察。贝尔纳将现代科学分为物理科学、生物科学、社会科学三部分来进行研究。这与许多"科学史"专著,只讲自然科学的历史形成了鲜明的对照,因而很有特色。自然科学的发展与社会科学的发展也是相互作用、相互影响的。

4. 密切结合社会历史背景来论述科学史。贝尔纳在研究科学史时,总是将社会历史事件与科学发展史并列起来,让人一目了然得知这一科学发展的社会历史背景。这有利于将科学发展的"外史"与"内史"有机结合起来。

5. 提出了世界科学技术"中心"及其转移的新观点。日本科学史家汤浅光朝在《科学活动中心的转移》一文中写道[18]:"我们要向 J. D. 贝尔纳先生致谢,是他的有趣的表格揭示了本文作者去探讨这样的课题。贝尔纳有创见的表 8 中有一个'科学和技术活动中心'的专栏,其中的一栏又划分为几个小栏,每个小栏分别对应于意大利、英国、法国、德国、美国等。我们这篇文章的思路就来自贝尔纳。"

贝尔纳在研究科学史时,正因为有上述五大特色,所以,他能跻身于科学史的前列。

贝尔纳的《历史上的科学》一书,很快翻译成许多国家的文字。1956年出版了俄文译本,1959 年出版了中文译文。贝尔纳在《为中文译本写的序》中写道[4]:"我深知,对于中国在较古时期的贡献,我们的评述没有能达到真正公允的地步,但是我曾试图依据我的老友李约瑟(Joseph Needham)博士的渊博的学识,对中国的技术、科学和哲学思想,比西方的科学史领域中任何其他作者作出较充实的叙述。我希望我的中国读者将会扩充我所写的史实并改正我的意见。"这充分表现出了这位杰出学者的实事求是的态度和宽阔的胸怀。

E. H. S. 伯霍普(Burhop)在《科学家的社会责任》中写道[11]:"贝尔纳著的《科学的社会功能》,它在提高全世界科学家的社会良心方面，产生了深远的影响"。贝尔纳本人的思想与品格集中表现在科学家的强烈社会责任感。贝尔纳的老师获得诺贝尔物理学奖，贝尔纳领导下的同事获得了诺贝尔化学奖。斯诺认为[11]，"倘使贝尔纳也具有这样一种恒心，那么，他定会很快完成大量的现代分子生物学的研究，并能够不止一次地获得诺贝尔奖奖金。"为什么贝尔纳未获得诺贝尔奖呢？斯诺认为，贝尔纳把他的许多精力花费在科学以外的事情上，牺牲了一半的纯科学研究，这些研究他本来是可以完成的。积极参与社会活动，具有强烈的社会责任感，这是科学家的优秀品质。

贝尔纳有敏锐的科学洞察力。他总是善于提出一个有意义的题目，抛出一个有创见的思想，首先自己涉足一番，然后就留给他人去创造出最后成果。在现代X射线晶体学、生物物理学、生物化学等领域，许多原始思想应归功于贝尔纳的论文，却在别人的名下发表问世了，贝尔纳却无动于衷。贝尔纳是一位无自私自利之心的高尚的人。有所失，才会有所得。虽然贝尔纳将一半的时间用于纯科学研究之外，而未能在生物物理学等领域做出更为杰出的贡献。但正因为如此，才使他有精力"开创科学学"，成为"卓越的科学史家"，以及公认的"社会活动家"。

贝尔纳坚信马克思主义，从来没有丝毫动摇过。1935年，他出版了《恩格斯与科学》[7]。1952年，又出版了《马克思与科学》[8]。他的研究中贯穿着马克思、恩格斯的辩证唯物主义与历史唯物主义。在第二次世界大战期间，他站在被侵略的国家和人民一边。贝尔纳认为，能防止人民被炸弹炸死总是好事。他曾向英国内政部提出"空袭预备警报"的问题。在整个第二次世界大战期间，他冒着各种各样的危险，身体力行地投入反法西斯战争。贝尔纳在同盟军诺曼底登陆的准备过程中起了重要作用。他曾一度在法国诺曼底地区从事古地质资料和中世纪战争的考察工作，他派遣潜水蛙人去过诺曼底海滩取样，因此，他能提供法国诺曼底海滩的一些具体情况。1944年6月6日，即同盟军队大规模登陆进攻西欧之日，贝尔纳还是难以抑制地亲自去了诺曼底海滩。这次行动恰恰证明他的研究成果是正确的。作为科学家能做出这样的贡献，是难能可贵的。

第二次世界大战以来，他为保卫世界和平作出了巨大努力，而从不体恤自己的健康和其他一切。在处理人际关系上，他"君子之交淡如水"。然而，当有朋友陷入困境时，他总是首先作出有效的努力，使朋友化险为夷。他是一位大科学家，又是一位勇敢的战士。他是一位社会活动家，又是一位出类拔萃、品格高尚的杰出学者。

原始文献

[1] J. D. 贝尔纳的论著目录载于：Biographical memoirs of fellows of the royal society，26（1980），p. p. 17—84。或参见 M. Goldsmith，A. L. Mackay，The science of science，Sourenir Press，1964。此书附有"贝尔纳科学成果一览"1924—1964 年。

[2] J. D. Bernal，The social function of science，London：George Routledge and Sons，L+d，1939（中译本：贝尔纳著，陈体芳译，张今校，《科学的社会功能》，商务印书馆，1982）。

[3] J. D. Bernal，The physical basis of life，London：Routledge and Kegan，1951.

[4] J. D. Bernal，Science in history，London：Watts，1954（中译本：贝尔纳著，伍况甫等译，历史上的科学，科学出版社，1959）。

[5] J. D. Bernal，World without war，London：Routledge & Kegan Paul，1958.

[6] J. D. Bernal，The origin of life，London：Weidenfeld & Nicolson，1967.

[7] J. D. Bernal，Engels and science，London：the Proprietors，the Trinity Trust，1935.

[8] J. D. Bernal，Marx and science，London：Lawrence &

Wishart, 1952.

[9] J. D. Bernal, The freedom of necessity, London: Routledge & Kegan Paul, 1949.

[10] J. D. Bernal, Science and industry in the nineteenth century, London: Routledge & Kegan Paul, 1953.

研究文献

[11] M. Goldsmith, A. L. Mackay, The science of science, society in the technological age, Sourenir Press, 1964（中译本：M. 戈德史密斯、A. L. 马凯主编，赵红州、蒋国华译，科学的科学——技术时代的社会，科学出版社，1985）。

[12] The new encyclopaedia Britannica (in30Volumes), 15thedition, 1984, Vol. 2, p. 1035, Vol. 10, p. 902.

[13] Большая советкая энциклопедия, МосКВа, 1970, t. 3, стр. 249—250。（俄文）

[14] 钱临照、许良英主编：世界著名科学家传记－物理学家 DI，科学出版社，1994，第 28—56 页。

[15] 贝尔纳：中国大百科全书－生物学，中国大百科全书出版社，1991，第 1346 页。

[16] J. 丹弟斯、S. 米歇尔、E. 吐梯尔著，刘劲生、张益龙等译，贝尔纳，科学家传记百科全书，四川辞书出版社，1992，第 82—82 页。

[17] 贝尔纳：简明不列颠百科全书，中国大百科全书出版社，1985，第 1 卷，第 613 页。

[18] 汤浅光朝著，赵红州译：科学活动中心的转移，科学与哲学，1979，第 53—73 页。

第八章 / 科学学的奠基人——贝尔纳

[问题与思考]

本章按照《世界著名科学家传记》的统一规格要求撰写（见：钱临照、许良英主编，《世界著名科学家传记－物理学家Ⅴ》，科学出版社，1999，第27—46页）。这种写科学家传记的模式，主要是第一段从整体介绍科学家的生平简历以及重要知识创新的要点。参考文献必须尽量采用科学家本人的第一手"原始文献"。文字不超过一千字的"简历"。以下分别评论这位科学家最具有特色的知识创新，要求撰写者理解和研究过科学家的代表著作，引用的文献是"研究文献"，特别的各国"大百科全书"的有关评论。力求分析准确，诠释有创新，逻辑清晰，启发性强，文字在几千字左右"略传"。你认为这样的规格要求合理吗？为什么《世界著名科学家传记》要做这样的要求？

先撰写《科学家简历》，然后写《科学家略传》，几千字左右。这样的写法优点是突出重点，阐明亮点，根据充分，要言不烦。知识创新，重大贡献——这是必须论述的。这是以科学家精神撰写科学家略传。这不同于《文学家传记》《政治家传记》。当然，有的科学家不是一门专业学科的科学家，而是"大科学技术工程"的组织者，这样综合性、战略性科学家的传记，就往往需要撰写数十万字的《科学家大传》。例如，2023年，中信出版集团股份有限公司出版的《奥本海默传》就长达60万字。你看过这本传记吗？

"审是学习"提醒我们：最好首先看一看《中国大百科全书》，《中国大百科全书》的人物条目，是"精传"。字数不多，内容靠谱。然后，选择一本世界公认的写得比较准确的这位科学家的"大传"来阅读。这样就不至于被不靠谱的一些"传记"忽悠。你同意这种"审是学习"的方法吗？

第九章
爱因斯坦奇迹年

联合国会员国大会（UNGA）一致通过英、法等国提案，宣布 2005 年为"国际物理年"，其理由是：（1）物理学是人类了解自然的基础科学；（2）物理学之应用是技术进步的基石；（3）物理学教育提供了人类进步所需的知识与人才；（4）2005 年是爱因斯坦作出开创性科学发现的一百周年。德国、瑞士等国，宣布 2005 年为"爱因斯坦年"。爱因斯坦生于 1879 年 3 月 14 日，逝于 1955 年 4 月 18 日。

2005 年既是爱因斯坦发表狭义相对论等重要成果的 100 周年，又是纪念爱因斯坦逝世 50 周年。1999 年，在世纪之末，新千年开始之际，世界上不少大众传播媒体评选爱因斯坦为"世纪风云人物""千年的思想家"。2005 年 7 月，"第 22 届国际科学史大会"在北京召开，大会宣布 7 月 26 日为"爱因斯坦日"。笔者在"爱因斯坦年"中"爱因斯坦日"的这天，写下了诗评《爱因斯坦奇迹》。[①] 一转眼，时间来到了 2025 年。2025 年是爱因斯坦发表狭义相对论等重要成果的 120 周年纪念。

[①] 2005 年 12 月，作者应四川大学物理科学与技术学院和成都市物理学会的邀请，在四川省成都市举行的"国际物理年纪念大会"上，以《诗评爱因斯坦奇迹》这首诗作大会的主题"学术报告"，大家感到很新颖。这首诗原载查有梁与查宇的合著《爱因斯坦与教育》，四川教育出版社 2008 年版，第 76－85 页。

第九章 / 爱因斯坦奇迹年

[第一节] 爱因斯坦的教育历程

研究教育对爱因斯坦的影响,离不开回顾和分析爱因斯坦的成长过程。教育,不应当仅仅理解为学校教育。广义的教育,应当包括家庭教育、学校教育、自我教育、社会教育,等等。从一个人成长的道路看,上述种种教育的影响,其比例各不相同。一个人成长过程的不同时期,上述各种教育影响的大小,也是各不相同的。下面我们按照爱因斯坦从童年起,直到创立狭义相对论为止的 26 年的成长过程,从下述几方面来研究教育对爱因斯坦的影响。为爱因斯坦传写"教育略传"。

一、爱因斯坦的家庭教育

爱因斯坦的父母,赫尔曼·爱因斯坦(Hermann Einstein,1847—1902 年)和保玲·科赫(Pauline Koch,1852—1920 年),是一对和善而诚挚的夫妇。他们都很关心爱因斯坦的成长,对孩子的教育一致并且得法。当爱因斯坦一岁时,他们全家从德国的乌尔姆市搬到慕尼黑。慕尼黑在当时是世界科学中心地之一。赫尔曼同他的弟弟工程师雅各布，合伙办了一家电器设备的小厂——爱因斯坦就生长在这样的家庭环境里。幼年的爱因斯坦并没有从他的眼睛中放射出智慧的光芒，相反，直到三岁才会说话，这一度引起赫尔曼和保玲的忧虑。父母对自己的孩子操心，这是很自然的。不过，赫尔曼和保玲并没有对爱因斯坦的成长失去信心，他们对爱因斯坦的教育是卓有成效的，使爱因斯坦迅速得到健康成长。

赫尔曼对他的孩子爱因斯坦，一直是启发而不武断，信任而不放纵，关心而不宠爱。爱因斯坦67岁时，在他的《自述》中写道："当我还是一个四五岁的小孩，在父亲给我看一个罗盘的时候，就经历过这种惊奇。这只指南针以如此确定的方式行动……我现在还记得，至少相信我还记得，这种经验给我一个深刻而持久的印象。我想一定有什么东西深深地隐藏在事情后面。"[①]

当爱因斯坦15岁时，他家搬到意大利的米兰。可是为了学习的连续性和取得毕业文凭，他的父母要爱因斯坦留在慕尼黑继续读中学；而当爱因斯坦越来越对那时德国的军国主义、沙文主义教育，以及强制性的教学方法和举目无亲的环境感到不能忍受时，父母又同意他来到米兰全家团聚；为了继续深造，赫尔曼又让爱因斯坦去投考苏黎世瑞士联邦工业大学，这所大学在中欧是极负盛名的。

爱因斯坦第一次没有考上，落榜了，这时赫尔曼的经营再度破产，真是祸不单行。在这种困境下，赫尔曼仍然支持爱因斯坦到一所名牌中学——阿劳市的阿尔高州立中学补习一年。这一年爱因斯坦收获不小。爱因斯坦在17岁时，终于考上苏黎世瑞士联邦工业大学师范系，学物理专业，这为爱因斯坦创立相对论创造了必要的条件。

爱因斯坦在21岁时大学毕业，毕业即失业。1909年，赫尔曼作为一

[①] 爱因斯坦：《爱因斯坦文集》第一卷，许良英、李宝恒、赵中立、范岱年编译，商务印书馆1976年版，第4页。

位破产商人，重病在身，与学术界毫无联系，为了孩子的前途，给当时大名鼎鼎的物理学界的权威奥斯特瓦尔德教授写了一封信。从这封动人的信中，可以看出赫尔曼对爱因斯坦的慈爱、关怀和信任，可以看到赫尔曼对爱因斯坦的成长是负责到底的。读读这封信，对分析爱因斯坦的成长也是有好处的，父母往往最了解自己的孩子。赫尔曼的信如下：

  亲爱的教授，我请求您原谅一个父亲，为了他孩子的事，竟敢给您写信。

  我想说的首先是我的儿子阿尔伯特·爱因斯坦，他22岁，在苏黎世综合性工业大学读了四年，去年夏天卓越地通过了数学和物理学的毕业考试。从那时起，他曾努力想找个能使他在理论物理和实验物理方面继续深造的助教位置，可是没有成功。任何一个有判断能力的人都称赞他的才能，而且在任何情况下，我都能向您保证他是非常刻苦勤奋的，以极大的热情喜爱他的科学。

  我的儿子对于他目前的失业是非常不愉快的，这个念头日益牢固地扎在他的心里。他认为自己在谋生方面是个失败者，而且毫无挽回的余地。除此之外，他很消沉，他想到他是我们的累赘，因为我们并不是很富裕的人家。

  亲爱的教授，因为我的儿子在所有当代大物理学家中最崇敬您，我才请您读一读他发表在《物理学杂志》上的论文，并且殷切希望您能写封简短的信鼓励他，使得他在生活和工作上重新得到快乐。

  另外，如果您现在或秋天可能为他弄到一个助教位置，那我是感激不尽的。

  我再一次为我鲁莽地寄给您这封信而请求您的宽恕，而且我要补充一句，我的儿子完全不晓得我这种异乎寻常的做法。[①]

爱因斯坦的母亲保玲对爱因斯坦的教育，也是极有意义的。保玲是个家庭妇女，性情温雅，喜好文学，酷爱音乐。做完家务，保玲很喜欢演奏钢琴。爱因斯坦6岁时，母亲鼓励他学拉小提琴，这成了爱因斯坦的终生爱好。

小提琴与爱因斯坦创立相对论有没有联系呢？从教育意义上说是有联系的。练习拉小提琴，使爱因斯坦从小养成能集中注意的良好习惯。在创立狭义相对论时，爱因斯坦经过10年沉思，集中于对时间、空间的思考，这与从小养成的良好习惯是有关的。养成集中注意的良好习惯，是任何创造性劳动所不可缺少的。

从拉小提琴的长期练习中，爱因斯坦不仅习得了注意力集中的习惯，而且懂得了兴趣、热爱，以及循序渐进的重要，这是有重大意义的。此外，音乐的节奏、旋律、悦耳、和谐、变化中的统一等，从美学意义上说，同任何科学理论的建立，也不是没有共同之处的。物理学家们常常说狭义相对论和广义相对论是"美"的，这同音乐家们说贝多芬的交响乐是"美"的，难道不能抽象出共同点吗？

爱因斯坦谈到他学小提琴时，明确地指出了它的教育意义。爱因斯坦写道：

> 我从6岁起就跟人学提琴，一直到14岁。但是不巧，我所遇见的老师，音乐对于他们都不外乎是机械的练习。我真正开始懂音乐，还是在13岁左右，我爱上了莫扎特的奏鸣曲之后。要想在一定程度上再现这些曲子的艺术内容和它们的独特的优美，迫使我改进我的技巧，

[①] 爱因斯坦：《纪念爱因斯坦》译文集，赵中立、许良英编，上海科学技术出版社1979年版，第107页。

而我并不是经过系统的练习才从这些奏鸣曲中得到什么进步的。总的说来,我相信喜爱比责任感是更好的教师——至少,对我来说,这是可以肯定的。①

从教育上说,任何一个小孩能有爱好和特长都是好事,这能够发展儿童的一般能力。有一门特长,能学好一样技艺,从能力上说,就可以学好他所喜爱的任何一门学科,无论是科学、技术还是艺术。爱因斯坦在母亲的熏陶和鼓励下,喜爱拉小提琴,这使他童年的宝贵时光,并没有大量耗费在无意义的玩耍上,同时培养了良好习惯,他懂得了干事业时怎样才能得到进步。这对于爱因斯坦创立相对论,无疑是有积极作用的。

爱因斯坦的叔叔雅各布对爱因斯坦的成长影响也很大。雅各布是个工程师,他并没有用复杂的工程技术问题去要求爱因斯坦思考,而是告诉爱因斯坦毕达哥拉斯定理(即勾股定理)。这是简单的,但极有意义和价值。他让爱因斯坦自己来证明。

爱因斯坦在《自述》中写道:"有位叔叔曾经把毕达哥拉斯定理告诉了我。经过艰巨的努力以后,我根据三角形的相似性成功地'证明了'这条定理"。② 这使得爱因斯坦逐渐对数学产生强烈的兴趣。

不久,爱因斯坦家里的一位好友,M. 塔尔梅,一个医科大学生,又送给爱因斯坦一本几何学小书。后来爱因斯坦称它为"神圣的几何学小书"。M. 塔尔梅后来又送给爱因斯坦一部伯恩斯坦写的《自然科学通俗读本》。爱因斯坦以极大的兴趣,聚精会神地阅读了这些数学、科学读物。

通过自学,爱因斯坦的数学提高很快,他在12~16岁就熟悉了基础数学,包括微积分原理。爱因斯坦15岁时,雅各布为了制造机器,遇到一个

---

① 赵中立、许良英译:《纪念爱因斯坦译文集》,上海科学技术出版社1979年版,第98—99页。

② 爱因斯坦:《爱因斯坦文集》第一卷,许良英、李宝恒、赵中立、范岱年编译,商务印书馆1976年版,第4页。

很大的计算上的困难，可是爱因斯坦却很快把它解决了。

雅各布对别人说："你可知道，我的侄儿真令人难以置信，在我和我的助理工程师绞了几天脑汁之后，那个小家伙几乎只用15分钟就把全部问题解决了。你还会听人提起他的。"①

综上所述，可以看到，爱因斯坦受到了良好的家庭教育。父亲的启发、关怀，母亲的鼓励、熏陶，叔叔用数学去激发爱因斯坦自学钻研。这些对爱因斯坦都是影响深远。

二、爱因斯坦的学校教育

1884年，5岁的爱因斯坦在慕尼黑进了一所天主教的小学。爱因斯坦在12岁前，尽管他的父母完全没有宗教信仰，然而由于受学校教育，爱因斯坦还是深深地信仰宗教。但12岁以后，爱因斯坦通过学习自然科学，坚定地与宗教绝缘。

在读小学的前一两年，爱因斯坦的成绩一直很好。1886年，当爱因斯坦七岁时，保玲给她的母亲写信说，"昨天，阿尔伯特收到他的成绩单。他又是班中的第一名，而且成绩非常好。"一年以后，他的外祖母写道："可爱的阿尔伯特已经返校一星期了。我真爱这个孩子，因为你不会想到他变得多么好和多么聪明。"②

后来，爱因斯坦养成了独立思考的习惯，不去死记硬背，但除了数学外，其他学科的成绩显著下降。爱因斯坦的父亲有次问小学校长：这个孩子长大了应该选择什么职业。校长直率地回答："干什么都一样，反正他决不会有什么成就。"③

爱因斯坦读中学时，一位希腊文教师也曾断言爱因斯坦"将一事无

---

① 赵中立、许良英译：《纪念爱因斯坦译文集》，上海科学技术出版社1979年版，第103页。
② 赵中立、许良英译：《纪念爱因斯坦译文集》，上海科学技术出版社1979年版，第98页。
③ 许良英：《关于爱因斯坦研究的几个问题》，1978年全国自然辩证法夏季讲习会资料。

成"。爱因斯坦在小学、中学阶段,数学成绩一直很出色,数学教师特别喜欢他。当他从德国的中学退学时,他还从他的数学老师那里得到一封信,证明他的数学知识和能力已经具备了大学的水平。

爱因斯坦在中、小学阶段就注意发展他的独立思考、独立判断和独立工作的一般能力,没有为应付强制的教学和考试而疲于奔命。爱因斯坦在音乐和数学上的进步,主要是由于他的兴趣和热爱。

如果从整个世界历史背景来考察一下德国的教育和科学技术,那么可以看到爱因斯坦在德国读书期间(1884—1894 年),德国还处于教育发达和科学兴旺结尾时期。汤浅光朝定义:一个国家的科学成果数超过全世界成果总数的 25% 为科学兴旺期。他根据科技史材料判断在 1810—1920 年期间德国处于科学兴旺期。[①] 柏林和慕尼黑是科学活动主流所在地。[②]

一个国家在教育史上出现的世界公认的著名教育家相对为最多的时期,叫作教育发达期。根据教育史的材料,可以得知在 1776—1906 年期间德国处于教育发达时期。根据对近代科技史、教育史的统计对比研究,可以得出:教育发达与科学兴旺是相一致的,且教育发达超前于科学兴旺。[③]

德国在这一历史时期内,出现了世界公认的影响极大的教育学家、心理学家,相对于其他国家,的确居世界首位。例如,巴译多(1724—1790 年)、康德(1724—1804 年)、费希特(1762—1814 年)、赫尔巴特(1776—1841 年)、福禄培尔(1782—1852 年)、第斯多惠(1790—1866 年)、冯特(1832—1920 年)、艾宾浩斯(1850—1909 年)、凯兴斯泰纳(1854—1932 年)、梅伊曼(1862—1915 年)等,都是有世界影响的教育

[①] 原载《日本科学史研究》(英文版),1962 年第 1 期。译文见《科学与哲学》,中国科学院自然辩证法通讯杂志社编,1979 年,第 2 辑。

[②] 贝尔纳:《历史上的科学》(Science in History),伦敦瓦茨公司 1954 年版,第 930—931 页,表八,有中译本。

[③] 查有梁:《控制论、信息论、系统论与教育科学》,四川省社会科学院出版社 1986 年版,第 6—13 页。

学家、心理学家。

教育发达和科学兴旺，给德国带来了现代化的工业。正是在19世纪的最后30年，德国建成了现代化的工业体系。[①] 在19世纪，德国的教育和科技成就是巨大的。但是19世纪末，随着德国在政治上的反动，军国主义、沙文主义泛滥，教育和科技都在走下坡路。在20世纪初，教育发达与科学兴旺便从德国转移到美国。

爱因斯坦在德国接受中、小学教育时期，德国的教育已经开始衰落。军国主义、沙文主义逐渐深刻地侵入学校教育，这就是教育开始衰落的标志。

爱因斯坦读小学期间（1884—1889年），德国正值俾斯麦首相当政的最后几年，俾斯麦推行铁血政策，进行了三次战争，先后战胜丹麦、奥地利和法国，建立起以军国主义为支柱的德意志帝国。

当爱因斯坦进入慕尼黑的卢伊波耳德中学的前一年，德国的威廉二世皇帝已即位（1888年），他竭力颂扬军国主义，1890年他免去了俾斯麦的首相职位，全力贯彻铁血政策。

爱因斯坦在德国慕尼黑读中学时期（1889—1894年），对德国的军国主义教育感到窒息，对单调刻板的教学十分反感。1894年，爱因斯坦15岁，终于在学校的监督教师叫他退学时，离开了这所中学。

爱因斯坦写道："对我来说，想走的主要原因不过是这种单调的刻板的教学法。由于我记单词的本领极差，这给我造成很大的困难，而在我看来克服它又似乎没有什么意义。因此，我宁愿忍受各种惩罚也不死记硬背地学着去快诵。"

爱因斯坦还写道："德国政府过分强调军国主义精神，这与我是格格不入的，甚至当我是个孩子时候就是如此。我父亲迁居到意大利后，在我

[①] 周一良、吴于廑：《世界通史》，近代部分，下册，人民出版社1972年版，第40页。

的请求下，他采取措施，使我抛弃了德国国籍，因为我想成为一个瑞士公民。"①

事实证明，爱因斯坦决定离开德国的中学，选择到瑞士去求学是正确的，这让他有可能接收到当时先进的学校教育。

1895 年爱因斯坦第一次报考苏黎世瑞士联邦工业大学的工程系，没有考上。于是他在瑞士阿劳市的阿尔高州立中学学习了一年。

世界著名的瑞士教育学家裴斯泰洛齐（1746—1827 年），曾在阿劳市附近活动过，他的进步的教育思想在瑞士影响很大。② 裴斯泰洛齐的教育思想对当时的欧洲国家，尤其是对德国的教育影响很大。

爱因斯坦十分赞赏阿劳的这所州立中学，他写道："这个学校以它的自由精神和那些毫不仰赖外界权威的教师们的纯朴热情给我留下了难忘的印象；同我在一个处处使人感到受权威指导的德国中学的六年学习相对比，使我深切地感到，自由行动和自我负责的教育，比起那种依赖训练、外界权威和追求名利的教育来，是多么的优越呀。真正的民主绝不是虚幻的空想。"③

正是在阿尔高州立中学，16 岁的爱因斯坦开始了狭义相对论的思考。他写道："在阿劳这一年中，我想到这样一个问题：倘使一个人以光速跟着光波跑，那么他就处在一个不随时间而改变的波场中。但看来不会有这种事情！这是同狭义相对论有关的第一个朴素的理想实验。"④

当爱因斯坦在慕尼黑的卢伊波耳德中学读书时，他感到窒息；而他在阿劳市的阿尔高州立中学这一年，进步显著，并且开始思考科学中悬而未

---

① 赵中立、许良英译：《纪念爱因斯坦译文集》，上海科学技术出版社 1979 年版，101—102 页。
② 曹孚编：《外国教育史》，人民教育出版社 1979 年版，第 151—170 页。
③ 爱因斯坦：《爱因斯坦文集》，第一卷，许良英、李宝恒、赵中立、范岱年编译，商务印书馆 1976 年版，第 43—44 页。
④ 爱因斯坦：《爱因斯坦文集》，第一卷，许良英、李宝恒、赵中立、范岱年编译，商务印书馆 1976 年版，第 44 页。

决的重大问题。可见进步的学校教育，作用是多么巨大呵！

1896年爱因斯坦考进苏黎世瑞士联邦工业大学师范系，学习物理。在这所大学中，爱因斯坦得到了当时很好的学习条件。实验设备较为完整，师资队伍水平很高，并有可以充分发挥各人特长的教学制度，对此爱因斯坦是满意的。

爱因斯坦写道："我热情而又努力地在 H. F. 韦伯教授的物理实验室里工作，盖塞（Geiser）教授关于微分几何的讲授也吸引了我，这是教学艺术的真正杰作，在我后来为建立广义相对论的努力中帮了我很大的忙。"[①]

爱因斯坦还写道："这里一共只有两次考试，除此以外，人们差不多可以做他们愿意做的任何事情。如果能像我这样，有个朋友经常去听课，并且认真地整理讲课内容，那情况就更是如此了。这种情况给予人们以选择从事什么研究的自由，直到考试前几个月为止。我大大地享受了这种自由，并且乐意把与此伴随而来的内疚看作是微不足道的弊病。"[②]

在大学期间，爱因斯坦把大部分时间认真地用在搞系统的物理实验上，用爱因斯坦的话说是"迷恋于同经验直接接触"，这对他创立相对论是极有意义的。爱因斯坦在谈到创立相对论时，曾经强调："我急于要请大家注意到这样的事实：这理论并不是起源于思辨；它的创建完全由于想要使物理理论尽可能适应于观察到的事实。"[③]

在大学期间，爱因斯坦除了用大部分时间搞实验外，"其余时间，则主要用于在家里阅读基尔霍夫（G. R. Kirchhoff）、亥姆霍兹（H. L.

---

① 爱因斯坦：《爱因斯坦文集》，第一卷，许良英、李宝恒、赵中立、范岱年编译，商务印书馆1976年版，第44页。

② 爱因斯坦：《爱因斯坦文集》，第一卷，许良英、李宝恒、赵中立、范岱年编译，商务印书馆1976年版，第8页。

③ 爱因斯坦：《爱因斯坦文集》，第一卷，许良英、李宝恒、赵中立、范岱年编译，商务印书馆1976年版，第164页。

F. von Helmholtgz、赫兹（H. R. Hertz）等人的著作。"[1] 其中奥古斯特·弗普耳（August Fppl）的著作《空间结构》和麦克斯韦的《电磁通论》，这些著作对爱因斯坦建立相对论有重大启发作用。

爱因斯坦在大学期间，基本上是自由自在地搞实验、读专著、选听他所喜爱的课程，刷掉了不想听的课程，进一步拓展了独立思考、独立判断、独立工作的能力。1900 年秋，爱因斯坦通过了毕业考试，他的成绩如下（按 6 分制）：理论物理—5；物理实验—5；函数论—5.5；天文学—5；毕业论文—4.5；总分—4.91。[2] 这些都为爱因斯坦从事科学研究打下坚实的基础。很明显，对于创立相对论这样划时代的物理理论，仅仅是学校教育是不够的。

三、爱因斯坦的自我教育

所谓自我教育，就是通过自己独立阅读、独立思考、独立判断、独立实践所产生的教育作用。它同学校教育是有区别又有联系的。在当代，绝大多数人都不同程度地受过学校教育。从长远观点看，任何成功的学校教育，正在于培养学生独立学习的能力，培养独立思考的习惯，为学生今后一辈子的自我继续教育打下良好的基础。从这种意义上说，学校教育应当也必须包含有自我教育的内容。

任何自我教育，从广泛意义上说，都不同程度地以家庭教育、学校教育、社会教育为基础。任何自我教育，广义地说都是有"教师"的，这些"教师"便是书本、自然、社会、实验、父母、朋友、同学、同事等。

自我教育，在爱因斯坦的成长过程中起了巨大作用。首先，对于树立世界观、人生观、价值观，自我教育是不可忽视的。因为展现在一位青少

---

[1] 爱因斯坦：《爱因斯坦文集》，第一卷，许良英、李宝恒、赵中立、范岱年编译，商务印书馆 1976 年版，第 7 页。

[2] Б. Г. 库兹涅佐夫：《爱因斯坦传》，刘盛际译，商务印书馆 1988 年版，第 32 页。

年面前的思想观点是形形色色的，他面对的发展道路是多种多样的。到底选择哪种思想观点，到底走哪条发展道路，家庭、学校、社会的教育当然要起作用，然而，归根到底自我教育的因素起决定作用。这是由人的能动性所决定的。正是通过自我教育，从而确信某种思想观点，认定某种发展道路。

爱因斯坦写道：

> 当我还是一个相当早熟的少年的时候，我就已经深切地意识到，大多数人终生无休止地追逐的那些希望和努力是毫无价值的。而且，我不久就发现了这种追逐的残酷，这在当年较之今天是更加精心地用伪善和漂亮的字句掩饰着的。每个人只是因为有个胃，就注定要参与这种追逐。而且，由于参与这种追逐，他的胃是有可能得到满足的；但是，一个有思想、有感情的人却不能由此而得到满足。这样，第一条出路就是宗教，它通过传统的教育机关灌输给每一个儿童。因此，尽管我是完全没有宗教信仰的（犹太人）双亲的儿子，我还是深深地信仰宗教，但是，这种信仰在我12岁那年就突然中止了。由于读了通俗的科学书籍，我很快就相信，《圣经》里的故事有许多不可能是真实的。其结果就是一种真正狂热的自由思想，并且交织着这样一种印象：国家是故意用谎言来欺骗年轻人的；这是一种令人目瞪口呆的印象。这种经验引起我对所有权威的怀疑，对任何社会环境里都会存在的信念完全抱一种怀疑态度，这种态度再也没有离开过我，即使在后来，由于更好地搞清楚了因果关系，它已失去了原有的尖锐性时也是如此。
>
> 我很清楚，少年时代的宗教天堂就这样失去了，这是使我自己从"仅仅作为个人"的桎梏中，从那种被愿望、希望和原始感情所支配的生活中解放出来的第一个尝试。在我们之外有一个巨大的世界，它

离开我们人类而独立存在，它在我们面前就像一个伟大而永恒的谜，然而至少部分地是我们的观察和思维所能及的。对这个世界的凝视深思，就像得到解放一样吸引着我们，而且我不久就注意到，许多所尊敬和钦佩的人，在专心从事这项事业中，找到了内心的自由和安宁。在向我们提供的一切可能范围里，从思想上掌握这个在个人以外的世界，总是作为一个最高目标而有意无意地浮现在我的心目中。有类似想法的古今人物，以及他们已经达到的真知灼见，都是我不可失去的朋友。通向这个天堂的道路，并不像通向宗教天堂的道路那样舒坦和诱人；但是，它已证明是可以信赖的，而且我从来也没有为选择了这条道路而后悔过。[1]

从爱因斯坦的自述中可以看到，自我教育在形成世界观、人生观、价值观，选择走什么道路上起了多么大的作用！在专业知识方面也是如此。在数学、物理上，爱因斯坦热情的自学起了相当大的作用。在中学阶段，他就自学了欧几里得几何、自学了微积分原理，还自学了一些理论物理和哲学著作。

爱因斯坦写道："我是一个执意的而又有自知之明的年轻人，我的那一点零散的有关知识主要是靠自学得来的。热衷于深入理解，但很少去背诵，加之记忆力又不强，所以我觉得上大学绝不是一件轻松的事。"[2]

在大学阶段，爱因斯坦努力在实验室里工作，以极大热忱去听他喜爱的课程，余下的时间便在家里向理论物理学的大师们学习。爱因斯坦说：

---

[1] 爱因斯坦：《爱因斯坦文集》，第一卷，许良英、李宝恒、赵中立、范岱年编译，商务印书馆1976年版，第1—2页。

[2] 爱因斯坦：《爱因斯坦文集》，第一卷，许良英、李宝恒、赵中立、范岱年编译，商务印书馆1976年版，43页。

"这种广泛的自学不过是原有习惯的继续。"[①] 爱因斯坦大学毕业后，一度失业，两年后才到伯尔尼瑞士专利局工作。在困境中，爱因斯坦仍然坚持自学。当然，孤立的自我教育是不存在的。大学毕业后，爱因斯坦受到的富有成效的教育是与自我教育紧密结合的社会教育。

四、爱因斯坦的社会教育

人是社会的人，家庭、学校都是社会的家庭、社会的学校。因此，社会对于家庭教育、学校教育，以及自我教育都必然产生不可避免的强大影响。社会教育对于人们总具有两方面的影响：好的或坏的。排除坏的影响，发展好的影响，才能有所成就。

爱因斯坦的青少年时代，生活在19世纪末的德国。这时期的德国，作为一个后起的新兴资本主义强国，工业迅速发展。德国要求得到早已瓜分完毕的国际市场，必然大力加强对外侵略的准备。在这样的社会背景下，必然要在学校中灌输军国主义和沙文主义的教育。

1891年德国建立"泛德意志协会"，这个协会的任务就是宣传德国帝国主义的利益，成为德国帝国主义者和沙文主义者的宣传机构。它的成员首先是教授、教师、教士，还有许多知识分子、政府官员和军官。这些在德国上层社会中很有影响的人，特别是一些著名科学家和教师，他们左右了宣传机器，军国主义、沙文主义在整个德国泛滥。[②]

爱因斯坦通过自我教育所树立的观点与军国主义、沙文主义是水火不容的。他对军国主义、沙文主义反感极了。他不但没有受到德国社会的军国主义、沙文主义的影响；相反，他一生都致力于反对军国主义、沙文主义，主张民族和睦，主张世界和平。

[①] 爱因斯坦：《爱因斯坦文集》，第一卷，许良英、李宝恒、赵中立、范岱年编译，商务印书馆1976年版，44页。

[②] 维纳·洛赫：《德国史》中册，北京大学历史系世界近现代史教研室译，生活、读书、新知三联书店1976年版，489—497页。

第九章 / 爱因斯坦奇迹年

正当德国军国主义、沙文主义甚嚣尘上的时候，爱因斯坦离开了德国，来到瑞士。大学毕业后不久到伯尔尼，同另外两位青年人——K. 哈比希特和M. 索洛文——组织了他们自己所谓的"奥林比亚科学院"，实际上是一个学习小组；从出人才、出成果看，这个学习小组不愧是名副其实的"奥林比亚科学院"。

这个"科学院"的活动，从1902年春开始，一直到1905年11月才结束。在这个时期内，爱因斯坦一方面在伯尔尼瑞士专利局做三级技术员。爱因斯坦感到这种工作对他激励很大，他说："明确规定技术专利权的工作，对我来说也是一种真正的幸福。它迫使你从事多方面的思考，它对物理的思索也有重大的激励作用。"[①]

工作之余，爱因斯坦一面思考物理问题，一面热情参加"奥林比亚科学院"的活动。在这段时间内，爱因斯坦得到了极好的社会教育。通过较为理想的工作以及志同道合的朋友，他们研究、讨论、畅所欲言、相互启发。这几年正是爱因斯坦最富于创新的几年。社会教育是学校教育的继续，是自我教育不可缺少的动力。

在"奥林比亚科学院"，这三个年轻人学了些什么？是如何学习的呢？M. 索洛文有一段生动的回忆，他写道：

> 我们那时的经济情况很窘，但在学习科学和哲学的最高深的问题时，兴趣极浓，劲头极大。在读了皮尔逊的书以后，我们又一道读了：马赫的《感觉的分析》和《力学》，这两本书爱因斯坦自己已经学过；弥耳的《逻辑学》；休谟的《人性论》；斯宾诺莎的《伦理学》；亥姆霍兹的一些论文和演讲稿；安德雷—马利·安培的《科学的哲学论文集》中的一些章节；黎曼的《几何学的基础》；阿芬那留斯的

[①] 爱因斯坦：《爱因斯坦文集》，第一卷，许良英、李宝恒、赵中立、范岱年编译，商务印书馆1976年版，46页。

《纯粹经验批判》中的一些章节；克利福德的《事物的本性》；载德金的《数论》；昂利·彭加勒的《科学的假设》；以及其他著作。特别是彭加勒这本书留给我们的印象极深，我们用了好几个星期紧张地读它。我们也读了一些文学作品，如索福克里的《安提戈妮》；拉辛的《昂朵马格》；狄更斯的《一首圣诞节颂歌》；以及《堂吉诃德》等。在我们学习晚会的过程中，爱因斯坦还时常拉拉提琴，助兴不少。

对于长时间的激烈讨论，遗憾的是我现在简直无法描绘出一幅适当的景象。有时我们念一页或半页，有时只念了一句话，立刻就会引起强烈的争论，而当问题比较重要时，争论可以延长数日之久。中午，我时常到爱因斯坦的工作处门口，等他下班出来，然后立刻继续前一天的讨论。"你曾说……"，"难道你不相信这一点吗？……"或者"对我昨晚所讲的，我还要补充这样一点：……"

十九世纪末和二十世纪初是一个追寻科学原理基础的英雄时代，我们当时主要考虑的也在这一方面。对于戴维·休谟关于实体和因果性的特别聪明尖锐的批判，我们讨论了几个星期。弥耳《逻辑学》第三编所讲的归纳法，我们也曾长时间地学习讨论。

"我们的科学院"（我们就是这样诙谐地称呼我们每晚的聚会的）的活动的一个特点是：我们都热忱地渴望扩充并加深我们的知识，从而在我们相互之间建立了深挚的友情。同时使我好奇的是爱因斯坦也以同样的热情参加，而且不允许我缺席一次。有一晚我缺席了，立刻受到严厉的惩罚。

在研究基本概念时，爱因斯坦喜欢从概念的起源谈起。为了阐明这些概念，他利用了他在儿童时期所作的观察。他还时常向我们介绍他自己的工作，从这些工作中已可看出他的精神力量和巨大的创造性。1903 年他发表了《关于热力学基础的理论》，1904 年发表了《关于热的一般分子理论》，1905 年发表了十分惊人的论述相对论的著作

《论动体的电动力学》。不得不提一提,当时除了普朗克,没有人认识到这部著作的非常重大的意义。①

正是在"奥林比亚科学院"结束的一年,1905年,爱因斯坦在物理学上做出了四项划时代的重大贡献:提出光量子论、完成布朗运动的理论解释、创立狭义相对论、发现质量-能量关系式——有的物理学家认为,这四项中的每一项都有资格获得诺贝尔奖。

对于社会教育,交结朋友十分重要。1896年,爱因斯坦认识了M.贝索。贝索把马赫的《力学史》介绍给爱因斯坦。他们之间建立了真诚的友谊,学术上相互磋商,事业上相互支持。贝索博览群书,爱好广泛,勤学好思,擅长于物理学和数学。他思路敏捷,但缺乏专注的热情。他本人在学术上成就不大,但在帮助他人前进方面是了不起的。贝索对爱因斯坦狭义相对论的诞生起了"助产士"的作用。爱因斯坦在他第一篇关于狭义相对论的论文《论动体的电动力学》末写道:"最后,我要声明,在研究这里所讨论的问题时,我曾得到我的朋友和同事贝索(M. Besso)的热诚帮助,要感谢他一些有价值的建议。"②

还必须提到的是爱因斯坦的好同学、好同事、数学家马尔塞耳·格罗斯曼。在大学里,马尔塞耳·格罗斯曼具有敏捷的理解力,处理事情井井有条。课堂笔记记得之好,爱因斯坦自叹不及。他的笔记,在考试时,帮了爱因斯坦不少的忙。后来马尔塞耳·格罗斯曼又通过其父亲把爱因斯坦介绍给瑞士专利局。

爱因斯坦说,这是马尔塞耳·格罗斯曼作为我的朋友,"给我最大的

---

① 爱因斯坦:《爱因斯坦文集》,第一卷,许良英、李宝恒、赵中立、范岱年编译,商务印书馆1976年版,569—570页。
② 爱因斯坦:《爱因斯坦文集》,第二卷,范岱年、赵中立、许良英编译,商务印书馆1976年版,115页。

帮助"，"我感谢马尔塞耳·格罗斯曼给我找到这么幸运的职位。"[1]；更重要的是，在爱因斯坦建立广义相对论遇到数学困难时，又是在马尔塞耳·格罗斯曼的亲密合作下，完成广义相对论的建立。

总结起来说，在爱因斯坦成为 20 世纪最伟大的物理学家的成长过程中，良好的家庭教育起了启蒙的作用；全部学校教育起了奠定基础的作用；而自我教育和社会教育则起了关键性的推动作用。家庭教育、学校教育、自我教育和社会教育都是相互影响、相互联系的。本章研究教育对爱因斯坦的影响，这对于研究爱因斯坦对教育的影响是不可缺少的前提，由此可以找到爱因斯坦的教育思想的历史渊源和他的重大发展。

第二节　爱因斯坦的教育思想

阿尔伯特·爱因斯坦（Albert Einstein，1879—1955 年）——20 世纪最伟大的物理学家，他的名字常常同相对论联系在一起。相对论与教育学似乎相去甚远，然而从历史发展的眼光看，科学与教育从来就是相互强烈地影响。因为任何科学家和他的成果，都是受到教育的产物；而任何教育理论的发生发展，却又不能不受到科学家和他们的成果的影响。

研究爱因斯坦，必然要研究教育对爱因斯坦的科学成就有什么影响；同样，也必然要研究爱因斯坦的思想对现代教育有哪些影响。教育对爱因

---

[1] 爱因斯坦：《爱因斯坦文集》，第一卷，许良英、李宝恒、赵中立、范岱年编译，商务印书馆 1976 年版，第 45—46 页。

斯坦的影响与爱因斯坦对教育的影响,两者又是密切相关的。

爱因斯坦在他的《自述》《论教育》《培养独立思考的教育》等文章和演说中所阐述的教育观,已经并且正在深刻地影响着现代教育。教育是一门科学。爱因斯坦的科学观、方法论,毫无疑问对现代教育有巨大的价值。

一、爱因斯坦论教育的意义

爱因斯坦对教育工作的意义给予了充分肯定,他写道:"学校向来是把传统的财富从一代传到下一代的最重要手段。与过去相比,这种情况更加适合于今天。由于经济生活现代化的发展,作为传统和教育的传递者的家庭已经削弱了。因此,比起以前来,人类社会的延续和健康,要在更高程度上依靠学校。"[1]

爱因斯坦认为,科学对教育必然要产生影响,其作用同科学对生产的影响一样大。他写道:"科学对于人类事务的影响有两种方式。第一种方式是大家都熟悉的:科学直接地,并且在更大程度上间接地生产出完全改变了人类生活的工具。第二种方式是教育性质的——它作用于心灵。尽管草率看来,这种方式好像不大明显,但至少同第一种方式一样锐利。"[2]

爱因斯坦充分肯定了教师在学校教育中的重要性,他认为教师应当成为德才兼备的艺术家。他说:"教师使用的强制手段要尽可能地少,学生对教师的尊敬的唯一源泉在于教师的德和才。""在选择教材和使用教学方法上,应当给教师以广泛的自由。因为强制和外界压力无疑也会扼杀他在

---

[1] 爱因斯坦:《爱因斯坦文集》,第三卷,许良英、赵中立、张宣三编译,商务印书馆1979年版,第143页。

[2] 爱因斯坦:《爱因斯坦文集》,第三卷,许良英、赵中立、张宣三编译,商务印书馆1979年版,第135页。

安排他的工作时的乐趣。"① 爱因斯坦指出："唯一合理的教学方法是做出榜样。"② "最重要的教育方法总是鼓励学生去实际行动。"③

1955年4月18日，爱因斯坦在美国普林斯顿逝世。过了两年，于1957年10月4日，苏联成功地发射了第一颗人造地球卫星"伴侣号"，一个月后，"伴侣二号"又发射成功。这颗卫星还把一只狗带进太空轨道，预示着人类已经开辟出航天的道路。这使得整个美国为之震惊！

美国开始认真研究苏联的教育为什么能培养出一批把卫星发射上天的世界上第一流的工程师和科学家，并开始意识到美国的教育制度存在的问题。首先加快了对中小学教学课程的改革，物理教育研究委员会编的《物理学》（PSSC），起了打头阵的作用。

1959年9月美国的35名著名的科学家、教育家、心理学家，集会于科德角的伍兹霍尔，专题讨论改进中小学的自然科学教育问题。作为这次集会的总结，由杰罗姆·S.布鲁纳等写出了教育著作《教育过程》。这一著作被一些评论家誉为"最重要的和最有影响的教育著作之一"。

《教育过程》的引论中指出："总起来说，我们将集中于四个题目和一个设想：结构、准备、直觉和兴趣四个题目，以及教学工作中怎样最好地帮助教师这个设想。"④

这本影响很大的教育著作中所阐述的许多思想，虽然"同教育思想史有着悠久的和光荣的联系"，但是，正如该书作者指出："写这本书时，我不曾试图指出这些思想的来源，这个任务更适宜于由更有学术性的书来

---

① 爱因斯坦：《爱因斯坦文集》，第三卷，许良英、赵中立、张宣三编译，商务印书馆1979年版，第145、146页。
② 爱因斯坦：《爱因斯坦文集》，第三卷，许良英、赵中立、张宣三编译，商务印书馆1979年版，第121页。
③ 爱因斯坦：《爱因斯坦文集》，第三卷，许良英、赵中立、张宣三编译，商务印书馆1979年版，第143页。
④ 杰罗姆·S·布鲁纳等：《教育过程》，上海人民出版社1973年版，11页。

担负。"[①]

笔者认为，爱因斯坦的教育思想对《教育过程》一书有直接的巨大影响。爱因斯坦的科学的教育观，可以集中在以下八个方面，即兴趣、品德、自学、直觉、结构、能力、真善美统一、和谐发展。

用不着一一对应地阐述爱因斯坦的教育思想对《教育过程》等重要教育著作的影响，因为，爱因斯坦的科学观、方法论、教育观对教育的影响更为全面、更为深刻、更为久远。

下面分别以三个题目来论述爱因斯坦对教育的影响。即从教育的动力、教育的方法、教育的目的来论述爱因斯坦的教育观。最后，简述在爱因斯坦教育模式启发下，学校建构的"和谐教育"模式。

二、爱因斯坦论教育的动力：兴趣

爱因斯坦把兴趣、动机与品德教育紧密联系在一起。

"兴趣"是心理学和教育学的一个重要范畴。在教学过程中，积极地、主动地、自觉地研究某种事物，进行某种活动，就表现出兴趣。兴趣是在学习中逐渐发生和发展起来的。直接而稳定的兴趣在教学中作用很大，间接而短暂的兴趣在教学中作用则不大。

"兴趣"这一范畴与"动机"这一范畴有密切联系。鼓舞、激励人去顽强地学习，做出富有成果的探索常常表现为极大的兴趣、强烈的愿望、崇高的理想。"兴趣""动机"又同"需要""价值""意义"有密切联系。人类生存和发展所需要的知识和技能，被人们认为是有价值和有意义的，从而使人们对它表现出兴趣、愿望、理想。

爱因斯坦认为，学习的推动力是成绩的基础。取得良好成绩，又反过来加强这种推动力。他反对用恐怖和强制去作为推动力。他一贯赞成并积极提倡用诚挚的兴趣和追求真理与理解的愿望去作为推动力。他认为用追

[①] 杰罗姆·S. 布鲁纳等：《教育过程》，上海人民出版社1973年版，6页。

求权威性和荣誉的好胜心去作为推动力，将使建设性的力量和破坏性的力量密切地交织在一起。好胜心虽然也有积极的一面，但要防范产生个人野心。

爱因斯坦说："想要得到赞许和表扬的愿望，本来是一种健康的动机；但如果要求别人承认自己比同伴或者同学更高明、更强，或者更有才智；那就容易在心理上产生唯我独尊的态度，这无论对个人还是对社会都是有害的。因此，学校和教师必须防范使用那种容易产生个人野心的简单办法去引导学生从事辛勤的工作。"[①]

爱因斯坦把兴趣、动机与品德教育紧密联系在一起，这是有重大意义的。如何不仅从理论上，而且从实际中真正处理好兴趣、动机与品德的关系，是现代教育中的重要课题。学校决不应该对用功勤奋的学生斥之为"个人主义"，造成心理恐惧；学校也决不应该无原则地鼓励"成名成家"，助长个人野心。在整个教学过程中不应该忽视品德教育。

爱因斯坦认为，兴趣必须同社会价值结合起来认识。他指出："在学校里和在生活中，工作的最重要动机是工作中的乐趣，是工作获得结果时的乐趣，以及对这个结果的社会价值的认识。启发并且加强青年人的这些心理力量，我看这该是学校的最重要任务。只有这样的心理基础才能导致一种愉快的愿望，去追求人的最高财产——知识和艺术技能。"[②]

教育应当重视过程，而不能只看结果。因为，正如爱因斯坦所指出："同样一件工作的完成，对于学生所产生的教育影响可以很不相同，这要看推动这项工作的主因究竟是怕受到损害的恐惧，是自私的欲望，还是对快乐和满足的追求。没有人会认为学校的管理和教师的态度对塑造学生的

[①] 爱因斯坦：《爱因斯坦文集》，第三卷，许良英、赵中立、张宣三编译，商务印书馆1979年版，144—145页。

[②] 爱因斯坦：《爱因斯坦文集》，第三卷，许良英、赵中立、张宣三编译，商务印书馆1979年版，第145页。

心理基础会没有影响。"①

要启发学生学习的兴趣，就决不能采用恐吓和暴力的愚蠢办法。爱因斯坦说："我以为，对于学校来说，最坏的事是，主要靠恐吓、暴力和人为的权威这些办法来进行工作。这种做法摧残学生的健康的感情、诚实和自信；它制造出来的是顺从的人。"②

爱因斯坦认为，诚挚的兴趣和追求真理与理解的愿望，表现为每个健康儿童都具有的天赋的好奇心。对于现代教育中扼杀学生的兴趣和好奇心的做法，爱因斯坦给予了辛辣的讽刺。

爱因斯坦写道："现代的教学方法，竟然还没有把研究问题的神圣好奇心完全扼杀掉，真可以说是一个奇迹；因为这株脆弱的幼苗，除了需要鼓励以外，主要需要自由；要是没有自由，它不可避免地会夭折。认为用强制和责任感就能增进观察和探索的乐趣，那是一种严重的错误。我想，即使是一头健康的猛兽，当它不饿的时候，如果有可能用鞭子强迫它不断地吞食，特别是，当人们强迫喂给它吃的食物是经过适当选择的时候，也会使它丧失其贪吃的习性的。"③

爱因斯坦强调："教育应当使所提供的东西让学生作为一种宝贵的礼物来领受，而不是作为一种艰苦的任务要他去负担。"④

爱因斯坦认为，以达尔文的生存竞争以及自然选择的理论为根据，去鼓励竞争精神，试图伪科学地证明个人竞争这种破坏性经济斗争的必然性，是错误的。虽然实际上正如布鲁纳所指出："认为竞争的压力能有效

---

① 爱因斯坦：《爱因斯坦文集》，第三卷，许良英、赵中立、张宣三编译，商务印书馆1979年版，第144页。
② 爱因斯坦：《爱因斯坦文集》，第三卷，许良英、赵中立、张宣三编译，商务印书馆1979年版，第144页。
③ 爱因斯坦：《爱因斯坦文集》，第一卷，许良英、李宝恒、赵中立、范岱年编译，商务印书馆1976年版，第8页。
④ 爱因斯坦：《爱因斯坦文集》，第三卷，许良英、赵中立、张宣三编译，商务印书馆1979年版，第310页。

地被消除，或者认为设法消除这些压力是明智的，这种设想肯定是不现实的。"①

爱因斯坦认为，在对待竞争这个问题上，一是不能过分强调；二是必须进行正面教育。他声明："过分强调竞争制度，以及依据直接用途而过早专门化，这就会扼杀包括专业知识在内的一切文化生活所依存的那种精神。"②他认为："人们应当防止向青年人鼓吹那种以习俗意义上的成功作为人生的目标。因为一个获得成功的人，从他的同胞那里所取得的，总是无可比拟地超过他对他们所做的贡献。然而看一个人的价值，应当看他贡献什么，而不应当看他取得什么。"③

布鲁纳在《教育过程》中同样地指出："按照理想，学习的最好刺激，乃是对所学材料的兴趣，而不是诸如等级或往后的竞争便利等外来目标。"④

从教育对爱因斯坦的影响中，可以看到，爱因斯坦之所以在科学上取得划时代的伟大成就，这与他酷爱科学和兴趣浓厚的关系极大。爱因斯坦回忆他青少年时代学习数学、物理时，总是说"这个学习确实是令人神往的"，他"聚精会神"地阅读，他"迷恋于同经验直接接触"，他"以极大的兴趣去听某些课"，他"以极大的热忱在家里向理论物理学的大师们学习"。

爱因斯坦指出："作为一个平民，他的日常的生活并不靠特殊的智慧。如果他对科学深感兴趣，他就可以在他的本职工作之外埋头研究他所爱好的问题。他不必担心他的努力会毫无成果。"⑤

---

① 杰罗姆·S. 布鲁纳等：《教育过程》，上海人民出版社1973年版，11页。
② 爱因斯坦：《爱因斯坦文集》，第三卷，许良英、赵中立、张宣三编译，商务印书馆1979年版，第310页。
③ 爱因斯坦：《爱因斯坦文集》，第三卷，许良英、赵中立、张宣三编译，商务印书馆1979年版，第145页。
④ 杰罗姆·S. 布鲁纳等：《教育过程》，上海人民出版社1973年版，第11页。
⑤ 爱因斯坦：《爱因斯坦文集》，第一卷，许良英、李宝恒、赵中立、范岱年编译，商务印书馆1976年版，第46页。

大家知道，现代科学是建立在系统的科学实验和完整的理论体系之上。让学生在学校受教育中，就对科学实验和理论体系产生浓厚的兴趣，并逐步系统地、完整地掌握理论和实践，这无疑对于培养有创造性的人才具有重大的意义。

三、爱因斯坦论教育的动力：品德

爱因斯坦是个品德高尚的人。他著名的格言："人只有献身于社会，才能找出那实际上是短暂而有风险的生命的意义。"[①] 他这样说的，也是这样做的。他言行一致地把一生献给了人类社会。

爱因斯坦的教育思想一贯重视品德教育。他认为："道德并不是一种僵化不变的体系。它不过是一种立场、观点，据此，生活中所出现的一切问题都能够而且应当给以判断。它是一项永无终结的任务，它始终指导着我们的判断，鼓舞着我们的行动。"[②]

爱因斯坦认为，应当站在多数人的立场，以为人类负责的观点来判断和行动。爱因斯坦反问道："要是他从他的同胞那里得到的物质和服务方面的报酬大大超过大多数人曾经得到的，他能心安理得吗？……当世界上其他地方无辜人民受到残酷的迫害，被剥夺权利，甚至被屠杀时，他能袖手旁观，甚至漠不关心吗？"[③] 爱因斯坦提出这些问题，就是鲜明地回答了这些问题。

爱因斯坦对资本主义制度下的教育提出了尖锐批评，他在《为什么要社会主义》一文中说："这种对个人的摧残，我认为是资本主义的最大祸

[①] 爱因斯坦：《爱因斯坦文集》，第三卷，许良英、赵中立、张宣三编译，商务印书馆 1979 年版，第 271 页。

[②] 爱因斯坦：《爱因斯坦文集》，第三卷，许良英、赵中立、张宣三编译，商务印书馆 1979 年版，第 158 页。

[③] 爱因斯坦：《爱因斯坦文集》，第三卷，许良英、赵中立、张宣三编译，商务印书馆 1979 年版，第 158 页。

害。我们整个教育制度都蒙受其害。人们还把夸张的竞争姿态教给学生，训练他们对好胜喜功的崇拜，以作为他们未来生涯的一种准备。"

爱因斯坦接着说："我深信，要消灭这些严重祸害，只有一条道路，那就是建立社会主义经济，同时配上一套以社会目标为方向的教育制度。……对个人的教育，除了要发挥他本人天赋的才能，还应当努力发展他对整个人类的责任感，以代替我们目前这个社会中对权力和名利的赞扬。"[1]

由此可见，爱因斯坦所强调的道德教育并不是资产阶级的道德教育。生长在资本主义制度下的爱因斯坦，明确提出只有走社会主义道路才能消除资本主义的祸害，这是多么了不起啊！

爱因斯坦在《伦理教育的需要》一文中写道："我确实相信：在我们的教育中，往往只是为着实用和实际的目的，过分强调单纯智育的态度，已经直接导致对伦理价值的损害。我想得比较多的还不是技术进步使人类所直接面临的危险，而是'务实'的思想习惯造成的人类相互体谅的窒息，这种思想习惯好像致命的严霜一样压在人类的关系之上。"[2]

爱因斯坦认为，对于青年人，应当通过劳动和行动，培养和发展有益于公共福利的品质和才能，要教育他们把为社会服务看作是自己人生的最高目的。爱因斯坦说："人们应当怎样来努力达到这种理想呢？是不是要用道德说教来实现这个目标呢？完全不是。言辞是并且永远是空洞的，而且通向地狱的道路总是伴随着理想的空谈。但是人格绝不是靠所听到的和所说出的言语，而是靠劳动和行动来形成的。"[3]

---

[1] 爱因斯坦：《爱因斯坦文集》，第三卷，许良英、赵中立、张宣三编译，商务印书馆1979年版，第273页。

[2] 爱因斯坦：《爱因斯坦文集》，第三卷，许良英、赵中立、张宣三编译，商务印书馆1979年版，第293页。

[3] 爱因斯坦：《爱因斯坦文集》，第三卷，许良英、赵中立、张宣三编译，商务印书馆1979年版，143页。

为了培养学生高尚的品德，教材内容是十分重要的。爱因斯坦历来反对践踏人性的法西斯主义、沙文主义。他指出："历史课应该用来作为讲述人类文明进步的工具，而不应该用来灌输帝国主义势力和军事成功的理想。""在地理课中，应该启发学生对于不同的民族的特性有一种深怀同情的理解"。[①] 爱因斯坦把品德培养放在专业知识之上。他认为具有专业知识，而缺乏道德的"人"，像一只受过训练的狗，而不像一个人。

爱因斯坦应《纽约时报》教育编辑的请求而发表的关于教育的声明，第一段就写道：

用专业知识教育人是不够的。通过专业教育，他可以成为一种有用的机器，但是不能成为一个和谐发展的人。要使学生对价值有所理解并且产生热烈的感情，那是最基本的。他必须获得对美和道德上的善的鲜明的辨别力。否则，他——连同他的专业知识——就更像一只受过很好训练的狗，而不像一个和谐发展的人。为了获得对别人和对集体的适当关系，他必须学习去了解人们的动机、他们的幻想和他们的疾苦。[②]

爱因斯坦热情洋溢地告诉儿童们：

要记住，你们在学校里所学到的那些奇妙的东西，都是多少代人的工作成绩，都是由世界上每个国家里的热忱的努力和无尽的劳动所产生的。这一切都作为遗产交到你们手里，使你们可以领受它，尊重它，增进它，并且有朝一日又忠实地转交给你们的孩子们。这样，我

---

① 爱因斯坦：《爱因斯坦文集》，第三卷，许良英、赵中立、张宣三编译，商务印书馆1979年版，123页。
② 爱因斯坦：《爱因斯坦文集》，第三卷，许良英、赵中立、张宣三编译，商务印书馆1979年版，310页。

们这些总是要死的人，就在我们共同创造的不朽事物中得到了永生。

如果你们始终不忘掉这一点，你们就会发现生活和工作的意义，并且对待别的民族和别的时代也就会有正确的态度。①

爱因斯坦是现代物理学的奠基人，20世纪最伟大的物理学家，他之所以能取得划时代的贡献，与他早年就树立了正确的世界观、人生观、价值观分不开，与他具有高尚的品德分不开。重视品德教育，是爱因斯坦教育思想的基本内容。

四、爱因斯坦论教育的方法：自学

"教学"与"自学"似乎是对立的、无关的，实际上两者是密切联系、不可分割。没有自学的教学和没有教学的自学，都是不可想象的。"自学"往往狭义地理解为不要教师。广义地说，自学也是有"教师"的。书本、实验、别人的答疑、相互的讨论都起着教师的作用。

在教育学上，教学是指教师传授和学生学习的共同活动的过程。通过教学使学生获得知识、发展能力、培养品德。自学通常是学习者在已经具有一定的知识的基础上，通过书本和实验等，自己去获取知识、发展能力、培养品德。教学这一范畴，必然应当包括自学这一内容。

爱因斯坦高度重视自学，认为自学有极大的意义。要发展能力，必须强调自学。爱因斯坦认为"发展独立思考和独立判断的一般能力，应当始终放在首位，而不应当把获得专业知识放在首位。"② 因而，提高自学在教学中的比例、地位和作用，就显得特别重要。不强调自学，不培养自学的习惯和能力，就不可能发展独立思考、独立判断和独立行动的能力。

---

① 爱因斯坦：《爱因斯坦文集》，第三卷，许良英、赵中立、张宣三编译，商务印书馆1979年版，47页。

② 爱因斯坦：《爱因斯坦文集》，第三卷，许良英、赵中立、张宣三编译，商务印书馆，1979年版，147页。

第九章／爱因斯坦奇迹年

爱因斯坦的成长道路就充分说明自学的重大意义。爱因斯坦12岁自学了"神圣的几何学小书",13岁自学了康德的《纯粹理性批判》[①],12~16岁自学了基础数学,包括微积分原理,还自学了一些理论物理。他说他的有关知识"主要靠自学得到的""热衷于深入理解,但很少去背诵"。在大学里,他仍"以极大热忱在家里向理论物理学的大师们学习"。自学已经形成良好的习惯,他"广泛地自学不过是原有习惯的继续"[②]。

自学,充分调动了人的主观能动性。有选择性,有目的性,可以激发出学习者的热情和兴趣。从长远观点看,自学的效率是最高的。自学而得到的信息,往往深深地贮存在大脑的细胞里。通过自学,在大学里,爱因斯坦"不久就学会了识别出那种能导致深邃知识的东西,而把其他许多东西撇开不管,把许多充塞脑袋、并使它偏离主要目标的东西撇开不管"[③]。可是,强制性的教学、机械性的考试,往往迫使学生"不论愿意与否,都得把所有这些废物统统塞进自己的脑袋",结果使学生失去兴趣,机械地记住的知识,不久便烟消云散,似乎学了不少,真正转化为学生掌握的知识和能力却很少。可以肯定地说:不强调自学的教学,其效率一定不高。

爱因斯坦如果仅仅局限于学校教育所给予的那些知识,就一定不能创立相对论。1905年,爱因斯坦创立狭义相对论,否定了牛顿的绝对时空观,揭示了时间的相对性。爱因斯坦写道:"对于发现这个中心点所需要的批判思想,就我的情况来说,特别是由于阅读了戴维·休谟和恩斯特·马赫的哲学著作而得到决定性的进展。"[④]

[①] 爱因斯坦:《纪念爱因斯坦》译文集,赵中立、许良英编,上海科学技术出版社1979年版,112页。

[②] 爱因斯坦:《爱因斯坦文集》,第一卷,许良英、李宝恒、赵中立、范岱年编译,商务印书馆1976年版,第43—44页。

[③] 爱因斯坦:《爱因斯坦文集》,第一卷,许良英、李宝恒、赵中立、范岱年编译,商务印书馆1976年版,第7—8页。

[④] 爱因斯坦:《爱因斯坦文集》,第一卷,许良英、李宝恒、赵中立、范岱年编译,商务印书馆1976年版,第24页。

由此可见，作为一个物理学家如果只局限在狭窄的专业，不把眼光放开，是不行的。爱因斯坦那种"广泛的自学"，对于激发他的思考，促进相对论的创立起的作用非常明显。

要培养学生自学的习惯和能力，就得给予学生以充足的自学时间。学生在学校学习，完成基本的功课，当然是重要的，对于基础课如语文（包括外语）、数学，要求应当明确、适当。除了完成必需的学科作业之外，必须保证学生有自由翱翔的时间和空间，让每个学生有发展自己的特点和爱好的天地，要尽可能提供这种发展的条件。否则，培养独立思考、独立判断、独立行动的能力就难以实现。

爱因斯坦提出："使青年人发展批判的独立思考，对于有价值的教育也是生命攸关的，由于太多和太杂的学科（学分制）造成的青年人的过重负担，大大地危害了这种独立思考的发展。负担过重必导致肤浅。"[①]

爱因斯坦发表上述看法是在1952年10月，全文《培养独立思考的教育》发表在《纽约时报》上。在1953年，中国的教育界也提出减轻学生负担，并删去了初中外语课的学习。这种减轻负担并不好，十二三岁的青少年，精力旺盛，记忆力强，正是学习外语的最佳年龄，这种时候删去外语学习，实在是不明智。20世纪60年代初，又提出减轻学生负担的问题。但是，对于为什么要减轻负担，如何引导，显然研究不够。减轻负担，不等于放任自流。要引导和启发学生乐于去发挥自己的特点，发展自己的爱好。

任何一个学生，如果对某一学科能够学好，某一方面有所发展。可以说，他就能够学好其他乐于学好的学科，并且今后就可能有所创造。这在心理学上称为"迁移"。客观事物是普遍联系的，学生学到的"原理"和"技能"发生"迁移"，这是一条客观规律，符合辩证法。

爱因斯坦说："如果青年人通过体操和走路训练了他的肌肉和体力的

[①] 爱因斯坦：《爱因斯坦文集》，第三卷，许良英、赵中立、张宣三编译，商务印书馆1979年版，第310页。

耐劳性，以后他就会适合任何体力劳动。思想的训练以及智力和手艺方面的技能锻炼也类似这样……对于古典文史教育的拥护者同注重自然科学教育的人之间的抗争，我一点也不想偏袒哪一方。"① 爱因斯坦的这个见解是意味深长的。

社会需要的人才是各个方面的。现代科学高度分化，又高度综合。教育决不能偏爱某一科，而贬低另一科。在学生必须而且应当学好的基本课程的基础上，让学生各自根据兴趣、爱好和特长，去自学、去发展。从整体上讲是能够满足社会的不同需要的。因此，在教学中应当增加自学、选学的比例。全国一体化，事事一刀切，就必然要牺牲和扼杀一部分青少年的创造性。爱因斯坦关于自学的教育思想，应当引起我们的重视。

五、爱因斯坦论教育的方法：直觉

直觉与直观，在现代教育理论中是两个不同的范畴。直观是在客观事物（实物、模型、图像、语言）的作用下，形成感性认识的过程。在传统的教学论中的直观性原则，就是要从具体、形象、生动的事物出发，使学生获得感性认识，并逐渐上升到理性认识。

直观与抽象形成一对范畴，直观性原则在传统的教学论中，早已作了许多研究。近代教育的奠基人夸美纽斯就十分强调直观。②

直觉与直观是有区别的。直觉是不通过详尽的逻辑推理，不通过分析的演绎步骤，而达到似乎是真实的，但却是试验性的说明、尝试性的探讨、推测性的结论的思维过程。布鲁纳指出：直觉思维，预感的训练，是正式的学术学科和日常生活中创造性思维的很受忽视而又重要的特征；机灵的推测、丰富的假设和大胆迅速地作出的试验性结论——这些是从事任

---

① 爱因斯坦：《爱因斯坦文集》，第三卷，许良英、赵中立、张宣三编译，商务印书馆1979年版，第146页。

② 曹孚编：《外国教育史》，人民教育出版社1979年版，第90页。

何一项工作的思想家极其珍贵的财富。①

布鲁纳把直觉思维与分析思维作为一对范畴,在《教育过程》中做了专题论述。爱因斯坦通常把直觉与逻辑作为一对范畴。他写道:"从特殊到一般的道路是直觉性的,而从一般到特殊的道路则是逻辑性的。"②

布鲁纳写道:"许多物理学家认为,对直觉理解的发展至少是太少注意了。""同改进物理课程和数学课程特别有关的人们,经常把有助于改善直觉思维的程序的运用列为他们的重要目标之一。"③ 这些物理学家、数学家们的见解是深受爱因斯坦的影响。

强调直觉思维的重要性,是爱因斯坦科学观的一个重要特征。

爱因斯坦说:"物理学家的最高使命是要得到那些普遍的基本定律,由此世界体系就能用单纯的演绎法建立起来。要通向这些定律,并没有逻辑的道路;只有通过那种以对经验的共鸣地理解为依据的直觉,才能得到这些定律。"④ "一个理论可以用经验来检验,但是并没有从经验建立理论的道路。"⑤

对此,爱因斯坦进一步解释说:

> 广泛的事实材料对于建立可望成功的理论是必不可少的。材料本身并不是一个演绎性理论的出发点;但是,在这些材料的影响下,可以找到一个普遍原理,这个原理又可以作为逻辑性(演绎性)理论的出发点。但是,从经验材料到逻辑性演绎以之为基础的普遍原理,在

---

① 杰罗姆·S. 布鲁纳等:《教育过程》,上海人民出版社1973年版,第9页。
② 爱因斯坦:《爱因斯坦文集》,第三卷,许良英、赵中立、张宣三编译,商务印书馆1979年版,第490—491页。
③ 杰罗姆·S. 布鲁纳等:《教育过程》,上海人民出版社1973年版,第39页。
④ 爱因斯坦:《爱因斯坦文集》,第一卷,许良英、李宝恒、赵中立、范岱年编译,商务印书馆1976年版,第102页。
⑤ 爱因斯坦:《爱因斯坦文集》,第一卷,许良英、李宝恒、赵中立、范岱年编译,商务印书馆1976年版,第40页。

这两者之间并没有一条逻辑的道路。

因此，我不相信，存在着通过归纳达到认识的弥耳（J. S. Mill）道路，至少作为逻辑方法是不存在的。举例来说，我想，并不存在可以从中推导出数的概念的任何经验。

理论越向前发展，以下情况就越清楚：从经验事实中是不能归纳出基本规律来的（比如，引力场方程或量子力学中的薛定谔方程）。[①]

人们设想，经验科学的发展过程是不断的归纳过程。归纳出的理论在小范围内以经验定律的形式出现，把这些经验定律加以比较，就探究出普遍性的规律。科学的发展既像是编辑分类目录，又像是纯粹经验的事业。

爱因斯坦不同意上述关于科学发展的观点。他指出：

这种观点并没有看到整个实际过程；因为它忽略了直觉和演绎思维在精密科学发展中所起的重大作用。科学一旦从它的原始阶段脱胎出来以后，仅仅靠着排列的过程已不能使理论获得进展。由经验材料作为引导，研究者宁愿提出一种思想体系，它一般是在逻辑上从少数几个所谓公理的基本假定建立起来的。我们把这样的思想体系叫作理论。理论之所以能够成立，其根据就在于它同大量的单个观察关联着，而理论的"真理性"也正在此。[②]

很明显，物理学等自然科学中的普遍原理，既然是通过直觉思维而建立起来的，因此在教学中就不能不注意直觉思维的培养，否则，学生对于

[①] 爱因斯坦：《爱因斯坦文集》，第三卷，许良英、赵中立、张宣三编译，商务印书馆1979年版，第490页。

[②] 爱因斯坦：《爱因斯坦文集》，第一卷，许良英、李宝恒、赵中立、范岱年编译，商务印书馆1976年版，第115页。

普遍原理是难于理解的。

科学在发展，科学方法论也在随之发展。"适用于科学幼年时代的以归纳为主的方法，正在让位给探索性的演绎法。"[①] 探索，就得用直觉思维。直觉思维的特点是：整体的、跳跃的、猜测的，以知识结构为根据的直接而迅速地认识。直觉思维是以科学自信心为基础，不怕犯错误。

直觉思维与逻辑思维总是相互联系、相互补充的。科学发现往往是先猜到结论，然后给予逻辑或实验的证明。例如，著名的哥德巴赫猜想，"四色问题"等。又如，李政道、杨振宁发现弱相互作用中宇称不守恒等，都是先直觉地发现结论，然后才从实验上给出证明。

无论是直觉思维的结论，还是逻辑思维的结论，都得接受实践的检验。爱因斯坦十分强调这一点。他提出认识论的两个观点：第一，"理论不应当同经验事实相矛盾"；第二，理论应当具有"逻辑的简单性"。他认为第一个观点涉及"外部的证实"，第二个观点则属于"内在的完备"。

爱因斯坦谈到他的认识论的信条时说：

> 我一方面看到感觉经验的总和，另一方面又看到书中记载的概念和命题的总和。概念和命题之间的相互关系具有逻辑的性质，而逻辑思维的任务则严格限于按照一些既定的规则（这是逻辑学研究的问题）来建立概念和命题之间的相互关系。概念和命题只有通过它们同感觉经验的联系才能获得其"意义"和"内容"。后者同前者的联系纯粹是直觉的联系，并不具有逻辑的本性。科学"真理"同空洞幻想的区别就在于这种联系，即这种直觉的结合能够被保证的可靠程度，而不是别的什么。概念体系连同那些构成概念体系结构的句法规则都是人的创造物。虽然概念体系本身在逻辑上完全是任意的，可是它们

[①] 爱因斯坦：《爱因斯坦文集》，第一卷，许良英、李宝恒、赵中立、范岱年编译，商务印书馆1976年版，第262页。

受到这样一个目标的限制,就是要尽可能做到同感觉经验的总和有可靠的(直觉的)完备的对应(Zuordnung)关系;其次,它们应当使逻辑上独立的元素(基本概念和公理),即不下定义的概念和推导不出的命题,要尽可能少。①

在现代教学中,对于逻辑思维能力的培养是较为重视的,但是对于直觉思维能力的培养就显得很不够。凡是教师没有讲过的,教材上没有的问题,不少学生认为不能回答,甚至不愿去思考。对于答不起的问题,一些学生不敢于去大胆猜想一个可能的或接近的答案。一些教师对于敢于从整体出发,应用直觉思维,迅速猜出解答的学生,还常常斥之为"投机"和"偷懒"。

有的教师认为,学生只应接受前人已经总结出的规律,而"主动地探索"并不是教学的任务。于是,不少学生认为,书上写的都是绝对正确的,自然规律似乎基本上都发现了。有的学生感叹自己生晚了,认为只要早生几百年,就可以轻易地发现一些定律、定理或公式,现在要作出一项发现几乎难得不可能——这说明,学生对于发现定律、定理或公式的过程,是多么缺乏具体了解;这说明,学生对今后应当有所发现,有所创造,是多么缺乏思想准备。只有发现许多规律尚未发现,今后才可能有所发现。所有这些,都表明在我们的教学中对于培养学生的直觉思维重视不够。

创造性的思维是离不开直觉思维的。在教学中如果不允许、不培养直觉思维,当然就不能发展直觉思维,创造性就要受到扼杀。爱因斯坦在 16 岁时,就思考如果他以光速追随一条光线运动,那么看到的光线将是什么样子呢?爱因斯坦说:"从一开始,在我直觉地看来就很清楚,从这样一个观察者的观点来判断,一切都应当像一个相对于地球是静止的观察者所

---

① 爱因斯坦:《爱因斯坦文集》,第一卷,许良英、李宝恒、赵中立、范岱年编译,商务印书馆 1976 年版,第 5—6 页。

看到的那样按照同样的一些定律进行。因为，第一个观察者怎么会知道或者能够判明他是处在均匀的快速运动状态中呢？"① 经过 10 年沉思，爱因斯坦终于在他上述直觉思维的引导下，创立了狭义相对论。

　　顺便说说，曾有几年的高考试题中有一些选择题，选择错了，要倒扣分——这种评分的方法，对于发展直觉思维是不利的。且不说这样评分不能较为正确地反映出学生的学习成绩，因为倒扣分，就是扣了正确部分的分；单单这种倒扣分的方法，就使人望而生畏，使学生不敢去猜一个自己认为较接近的答案，还得出一条不恰当的经验：凡是拿不稳的，就用不着去试。科学是允许试一试的，教学为什么不允许试一试？科学是允许猜测的，教学为什么不允许猜测？不允许尝试，不允许猜测，一试一猜就受到倒扣分的惩罚，这就难于培养直觉思维。笔者认为，选择错了，不给分是可以的，而倒扣分则毫无道理。

　　关于在教学中如何培养学生的直觉思维，这个研究课题是提出来了，但还没有很好解决。这个问题的研究和解决，对教师提出更高的要求。教师不仅应当熟练地掌握所教学科的系统的结构，还必须熟悉该学科的发展历史。不是着重于编年史，而是着重于思想史。着重于概念、理论演变的过程，并且对本学科进一步的发展趋势有较好了解。教师还应当善于根据学生的知识水平，选择恰当的内容，有计划地训练学生从整体出发，用猜测、跳跃的方式直接而迅速地寻找可能的、接近的答案。

　　教师应当引导学生理解前人是怎样发现普遍规律的，不断地鼓励学生敢于去思考科学中悬而未决的问题。培养他们应用直觉思维，各自提出尽可能多的可供选择的、可能的解答。并经常在教学中注意把逻辑思维的培养与直觉思维的培养结合起来。当学生应用直觉思维，找出了一个解答，要引导学生以此解答进行逻辑推理，如果得出荒谬结论，或得出与事实明

---

① 爱因斯坦：《爱因斯坦文集》，第一卷，许良英、李宝恒、赵中立、范岱年编译，商务印书馆 1976 年版，第 24 页。

显不合的结论，那就必须另找答案。不仅要培养学生会选择一个正确答案，还应当培养学生会提出尽可能多的可供选择的方案——这都是有利于发展直觉思维的。

爱因斯坦为什么如此重视直觉思维的作用，这是值得人们深入研究的。

六、爱因斯坦论教育的方法：结构

传统的教学论强调教学的系统性，这是因为每一学科都有一定的体系。强调系统，强调体系，实质是强调相互联系，强调整体性。"结构"就是由此演变而来。布鲁纳在《教学过程》一书中把"结构的重要性"提到首要位置。强调指出："不论我们选教什么学科，务必使学生理解该学科的基本结构。"[①]

学科的基本结构，就是该学科的基本概念、基本原理、基本方法及它们之间的相互联系。

学生在学习一项知识的同时，教师应当引导学生不断注意前后知识的联系，最后才能较系统地理解学科的完整的基本结构。这是便于记忆、便于应用、举一反三、触类旁通的有力杠杆；也是发现问题、分析问题、增强兴趣、探索科学的重要基础。任何一门科学的现代结构虽然是相对稳定的，但是它是发展的、变化的。不同水平的学生在学习一门科学时，所采用的教学结构与这门科学的现代结构是既有联系，又有区别的。结构，是一个动态平衡的结构。掌握结构，就是掌握事物的联系，掌握学科的整体。

布鲁纳写道："制订物理学和数学课程的科学家们已经非常留意教授这些学科的结构问题，他们早期的成功，可能就由于对结构的强调。他们

---

① 杰罗姆·S. 布鲁纳等：《教育过程》，上海人民出版社1973年版，第8页。

强调结构，刺激了研究学习过程的人。"[1] 可见，教育学家、心理学家们强调"结构的重要性"是受到物理学家、数学家们的影响。其中，爱因斯坦对结构的强调，无疑产生了重大影响。

爱因斯坦指出："科学力求理解感性知觉材料之间的关系，也就是用概念来建立一种逻辑结构，使这些关系作为逻辑结果而纳入这样的逻辑结构。对构造全部结构的概念和规则的选择是自由的。只有结果才是选择的根据。那就是说，选择应当造成感性经验材料之间的正确关系。"[2]

科学结构上的重大变化，导致科学上质的飞跃。例如，古代欧几里得几何体系，就是关于物体之间的空间关系而不考虑在时间上变化的理论，形成一个科学结构；由伽利略和牛顿奠定的古典力学体系，是关于物体的空间位置随时间变化的理论；由于光学、电磁学的发展，"由牛顿建造起来的宏伟大厦失去了原有的结构上的统一"。法拉第和麦克斯韦揭示了电、磁、光的相互联系，建立起"场论"的理论结构。

爱因斯坦说"相对论不过是场论的下一个发展阶段"。狭义相对论是关于时间和空间相互联系的理论，广义相对论是关于物质运动与时间和空间相互联系的理论。爱因斯坦在前人的基础上，建立起崭新的科学结构；物理学的进一步发展，在朝着为建立"统一场论"的理论结构而努力。不掌握学科的结构，就不能掌握该学科的实质和发展。

爱因斯坦强调："科学是这样一种企图，它要把我们杂乱无章的感觉经验同一种逻辑上贯彻一致的思想体系对应起来。在这种体系中，单个经验同理论结构的相互关系，必须使所得到的对应是唯一的，并且是令人信服的。"[3]

---

[1] 杰罗姆·S. 布鲁纳等：《教育过程》，上海人民出版社1973年版，第6页。
[2] 爱因斯坦：《爱因斯坦文集》，第一卷，许良英、李宝恒、赵中立、范岱年编译，商务印书馆1976年版，第235页。
[3] 爱因斯坦：《爱因斯坦文集》，第一卷，许良英、李宝恒、赵中立、范岱年编译，商务印书馆1976年版，第384页。

在评述牛顿力学时，爱因斯坦强调的正是结构。他写道："牛顿怎样从开普勒的行星运动定律出发解决了引力问题，并且由此发现了作用在星球上的推动力和引力在本质上是相同的。正是这种运动定律和引力定律的结合构成了一个奇妙的思想结构，通过这个结构，就有可能根据在一特定瞬间所得到的体系的状态，计算出它在过去和未来的状态，只要一切事件都是限于在引力的影响下发生的。"①

根据上述理论结构，牛顿解释了天体的运行、海水的潮汐、地球的形状和运动——而这些现象的原因正是日常生活中非常熟悉的重力。牛顿还提出发射人造地球卫星的可能性。这些发现和预见给人以深刻印象。

爱因斯坦在建立狭义相对论时，正是把相对性原理与光速不变原理相结合，形成一个新的理论结构。否定了牛顿的绝对时空观，揭示出时间与空间的相互联系。爱因斯坦进一步把相对性原理与等效原理结合起来，形成广义相对论的理论结构，揭示出物质运动与时间空间的相互联系。

爱因斯坦的相对论包括了牛顿力学体系的全部合理内容，而又能解释和预言更多的新现象，如尺缩、钟慢、质增，以及行星进日点旋转、光线在引力场中弯曲、谱线的红移等——这些发现和预见，必然给人以更为深刻的印象。

爱因斯坦认为，科学理论的体系（结构）是具有层次的。"第一层体系"，保留有原始概念和原始关系；"第二层体系"，具有自己的基本概念，有了较高的逻辑统一性；"第三层体系"，概念和关系还要少，"它具有可想象的最大的统一性和最少的逻辑基础概念，而这个体系同那些由我们的感官所作的观察仍然是相容的。"②

科学结构具有层次，不同层次上的概念、关系也是具有一定结构的。

---

① 爱因斯坦：《爱因斯坦文集》，第一卷，许良英、李宝恒、赵中立、范岱年编译，商务印书馆1976年版，第224页。

② 爱因斯坦：《爱因斯坦文集》，第一卷，许良英、李宝恒、赵中立、范岱年编译，商务印书馆1976年版，第345页。

在大结构内又有子结构。从教学上看一门学科有一个整体结构，一篇、一章、一节也是自成结构的。教学中一定要强调结构，从子结构到整体结构，这样学生学习的知识才不是一盘散沙。强调结构，可以使学的知识相互联系，泾渭分明，形成网络，建构整体。

广义的"结构"，当然包括物质的结构。大家知道，人们正是在掌握了一百多种化学元素的原子结构之后，才从本质上认识了成千上万种无机物和有机物。人们掌握了DNA的双螺旋结构，才深入认识到遗传的实质，等等。

可以把"结构"上升到哲学范畴来理解。任何事物都是有结构的。结构与功能是一对范畴。不同的结构，表现出不同的功能；需要达到一定的功能，则要求相适应的结构。科学的发展已迫切要求对结构与功能进行哲学概括。

强调结构，就是强调相互联系，这是合乎辩证法的。爱因斯坦对结构的重视值得研究。

七、爱因斯坦论教育的目的：能力

培养能力是现代教育理论十分强调的原则。能力是指完成一定活动的本领，它是在人的生理素质的基础上，经过学习，在实践中逐渐形成和发展起来的。

爱因斯坦的教育思想中十分突出的一点，就是强调培养能力。在处理知识和能力的关系上，爱因斯坦认为："发展独立思考和独立判断的一般能力，应当始终放在首位，而不应当把获得专业知识放在首位。如果一个人掌握了他的学科的基础理论，并且学会了独立地思考和工作，他必定会找到他自己的道路，而且比起那种主要以获得细节知识为其培训内容的人来，他一定会更好地适应进步和变化。"[①]

[①] 爱因斯坦：《爱因斯坦文集》，第三卷，许良英、赵中立、张宣三编译，商务印书馆1979年版，第147页。

爱因斯坦在强调培养能力时，总是把发展独创性、树立高尚的品德联系起来。一个能力强而品德坏的人，对社会前进显然是有害的。爱因斯坦指出："有时，人们把学校简单地看作是一种工具，靠它来把最大量的知识传授给成长中的一代。但这种看法是不正确的。知识是死的；而学校却要为活人服务。它应当发展青年人中那些有益于公共福利的品质和才能。但这并不是意味着个性应当消灭，而个人只变成像一只蜜蜂或蚂蚁那样仅仅是社会的一种工具。因为一个由没有个人独创性和个人志愿的规格统一的个人所组成的社会，将是一个没有发展可能的不幸的社会。相反地，学校的目标应当是培养有独立行动和独立思考的个人，不过他们要把为社会服务看作是自己人生的最高目的。"①

如何培养学生的能力呢？

按照爱因斯坦的教育思想，兴趣、品德、自学、直觉、结构——都是培养能力不可缺少的内容和方法。

——要通过各种方式，从家庭、学校、社会各个方面，培养学生热爱科学。使一个学生能在一两门学科上产生浓厚的兴趣。这对于发展能力是非常重要的。

——要不断培养学生具有高尚的品德，树立正确的人生观、世界观。伟大的目的，才能产生伟大的动力。不是用空洞的言辞，而是用实际行动，做出榜样，去教育学生。要让学生在劳动和行动中去培养品德，增长才能。这是培养能力决不可忽视的。

——要有引导地让学生自学，提供自学的基本条件。鼓励自学，发展各自的特长和爱好。学校教育中应适当增加选学的内容，使不同学生，通过自学在不同方面得到突出地发展。这是培养能力的重要途径。

——要发展学生的直觉思维，把训练直觉思维与训练逻辑思维有机地

---

① 爱因斯坦：《爱因斯坦文集》，第三卷，许良英、赵中立、张宣三编译，商务印书馆1979年版，第143页。

结合起来。要引导学生认识规律是如何发现的，敢于去探索和思考尚未发现的事物。这是培养能力不可缺少的一环。

——要让学生学会掌握学科的结构，懂得事物是如何相互联系的。使之既会分析事物、解剖事物，又会从整体、从全局去把握事物。提高理论思维的能力。这是培养能力的重要组成部分。

八、爱因斯坦论教育的目的：和谐发展

爱因斯坦十分强调教育的目的应当培养"和谐发展"的人。这与爱因斯坦所受教育的经历是有关系的。爱因斯坦的这一思想是受了瑞士教育家裴斯泰洛齐（1746—1827年）的影响。裴斯泰洛齐提出，教育的目的在于发展人的一切天赋力量和能力，这种发展应是全面发展、和谐发展、自由发展。

爱因斯坦认为，教育应使受教育者成为和谐发展的人。即不仅要学习专业知识，而且必须有道德，有正确的价值观和强烈的社会责任感。爱因斯坦明确指出："学校的目标始终应当是：青年人在离开学校时，是作为一个和谐的人，而不是作为一个专家。照我的见解，在某种意义上，即使对技术学校来说，也是正确的。"[①]

同时，爱因斯坦所强调的"和谐发展"，还有教育美的思想包含在其中。即教育培养的人应当是真、善、美的统一。

爱因斯坦在《我的世界观》一文中写道："每个人都有一定的理想，这种理想决定着他的努力和判断的方向。就在这个意义上，我从来不把安逸和享乐看作是生活目的本身——这种伦理基础，我叫它猪栏的理想。照亮我的道路，并且不断地给我新的勇气去愉快地正视生活的理想，是善、

[①] 爱因斯坦：《爱因斯坦文集》，第三卷，许良英、赵中立、张宣三编译，商务印书馆1979年版，第146页。

美和真。"①

爱因斯坦把"善"放在首位，表明他对道德、伦理、价值观的重视。没有"善"就没有和谐发展。善、美、真的统一，即道德、艺术、科学的统一。强调多样的统一是爱因斯坦思想方法的特点之一。

爱因斯坦的相对论，是使时间、空间、物质、运动统一起来；进而他花费了后半生的精力研究引力场和电磁场的统一，爱因斯坦认为，理论的和谐在于"外部的证实"和"内在的完备"的统一，这是科学美的重要标志。所以，在教育思想上他提倡人的"和谐发展"，提倡善、美、真的统一。这是把他的科学思想方法以及他的世界观、人生观、价值观应用于教育的必然结论。善、美、真统一，是和谐发展的具体标准。②

笔者从上述三方面论述了爱因斯坦的教育思想。爱因斯坦的教育思想已经并且将继续深刻地影响现代教育。爱因斯坦的教育思想的上述三方面是有着密切联系的，从而形成爱因斯坦的教育思想——且称为和谐教育思想，如图 9-1 所示：

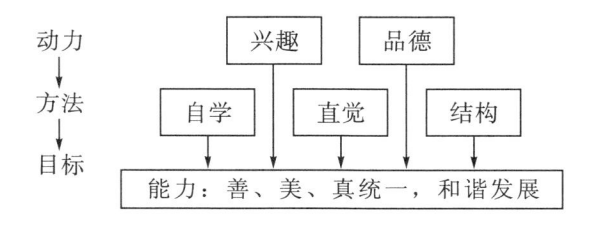

图 9-1　和谐的教育思想

和谐教育思想的简要表述是：爱因斯坦强调用科学的兴趣作为推动力，以为人类、为社会服务的品德作为推动力；强调通过自学，通过培养

---

① 爱因斯坦：《爱因斯坦文集》，第三卷，许良英、赵中立、张宣三编译，商务印书馆 1979 年版，第 43 页。
② 查有梁：《爱因斯坦的思想对教育的影响》，《教育研究》，1981 年第 5 期，第 39—46 页。

直觉思维，通过掌握学科结构，去达到发展学生独立思考、独立判断、独立行动的一般能力；使"善、美、真"统一，得到和谐发展。爱因斯坦的教育思想，对于发展我国教育事业是有重大意义的，是极为宝贵的精神财富。我们应当深入地研究它，在实践中丰富它、发展它。

第三节 爱因斯坦与诺贝尔奖

爱因斯坦获得诺贝尔奖的过程，反映了诺贝尔奖委员会的问题以及学术水平。1905 年是爱因斯坦的奇迹年。那一年他发表 5 篇论文，几乎每一篇都可以获得诺贝尔奖。1915 年，爱因斯坦发表《论广义相对论》，并用广义相对论成功解释了"水星近日点的运动"。那些年，每年都有世界著名物理学家提名爱因斯坦，但是他却连年落选！诺贝尔奖委员会甚至宣布 1921 年诺贝尔物理学奖空缺。到了 1922 年，才把 1921 年的奖"补授予"爱因斯坦。诺贝尔奖委员会因此受到尖锐批评。

爱因斯坦是在中国上海得知他获得诺贝尔物理学奖的。1922 年 11 月 13 日，爱因斯坦乘船从日本抵达上海。当天，瑞典驻上海总领事正式通知爱因斯坦获得 1921 年诺贝尔物理学奖。从 1917 年开始，中国的杂志就出现对爱因斯坦相对论的介绍和报道。中国人对于爱因斯坦和相对论的兴趣，在 1922 年达到高潮。1922 年 12 月 31 日，爱因斯坦再次来到上海，次日，在公共租界工部局礼堂讲演相对论。相对论在中国开始传播。[①]

[①] 陈宗周：《爱因斯坦投下的石子》，《环球科学》，2015 年，10 月号。

爱因斯坦获得诺贝尔物理学奖的过程如此困难。1999年12月26日，爱因斯坦被美国《时代》周刊评选为"世纪伟人"。有媒体评他为"千年风云人物"。现在，德国、瑞士、美国、以色列四个国家，都认为爱因斯坦是他们国家的人！爱因斯坦是出生在犹太人家庭（父母均为犹太人），出生地在德国。他22岁加入瑞士国籍。受到纳粹迫害，他54岁加入美国国籍。1952年，以色列希望爱因斯坦担任总统。他拒绝了！爱因斯坦提出的引力场方程，预言了引力波，100年之后，2016年已经直接测到了引力波！

第四节　爱因斯坦的成才之道

作者给大学物理系的研究生讲课时，曾用三句话概括爱因斯坦成才之道：酷爱科学，热情自学；抓住机遇，努力探索；独立思考，永不满足。

阿尔伯特·爱因斯坦（Albert Einstein，1879—1955年），20世纪最杰出的物理学家。1999年，世纪之末，新千年开始之际，世界上不少著名的大众传播媒体将爱因斯坦评为"世纪风云人物""千年最伟大的思想家"。爱因斯坦在物理学上的理论创新，其影响深刻而久远。联合国召开的大会，将2005年正式命名为"国际物理年"。主要原因之一，是纪念爱因斯坦创立狭义相对论一百周年。爱因斯坦发现"时间的相对性"，发现"时间与空间的相互联系"，发现"时间空间与物质运动的相互联系"，是人类时空观的革命，改变了人类的世界图像。爱因斯坦的成才之道、创新之路，理当成为培养创新杰出人才的不可或缺的实例。

1. 酷爱科学，热情自学，这是创新人才的源泉。

爱因斯坦之所以在物理学上做出划时代的贡献，这与他从小到大酷爱科学，兴趣深厚，关系极大。"热爱是最好的老师。"这是爱因斯坦的名言。爱因斯坦回忆他青少年时学习数学、物理时，总是说"这个学习确实是令人神往的。"他"聚精会神"地阅读，"迷恋于同经验直接接触""以极大的兴趣去听某些课""以极大的热忱在家里向理论物理学的大师们学习"。爱因斯坦既高度重视学习书本知识，又高度重视学习经验知识。学习是他人不可代替的，必须依靠自己努力，这是一条客观规律。爱因斯坦强调自学，他说得最多的关键词是：独立思考，独立判断，发展能力。他说："发展独立思考和独立判断的一般能力，应当始终放在首位，而不应当把获得专业知识放在首位。"

爱因斯坦的成长道路充分说明自学的重大意义。爱因斯坦12岁自学了"神圣的几何学小书"，13岁自学了康德的《纯粹理性批判》，12~16岁自学了基础数学，包括微积分原理，还自学了一些理论物理。爱因斯坦说他的知识"主要靠自学得到的"，"热衷于深入理解，但很少去背诵"。自学能充分调动人的主观能动性，有选择，有目的，可以激发学习者的热情和兴趣。从长远观点看，自学的效率是最高的。自学得到的知识，往往深深地贮存在大脑里。通过自学，在大学里，爱因斯坦"不久就学会了识别出那种能导致深邃知识的东西，而把其他许多东西撇开不管，把许多充塞脑袋，并使它偏离主要目标的东西撇开不管"。这种有选择、有目的的自学，激发了他对未知问题的思考，这对于爱因斯坦创立相对论起了决定性的作用。

由此可见，爱因斯坦成才之道的第一条是：酷爱科学，热情自学。这正是创新杰出人才成才之道的学习律。

2. 抓住机遇，努力探索，这是创新人才的关键。

爱因斯坦 16 岁时，在瑞士阿劳市阿尔高州立中学学习。在这一年（1895 年），他开始思考一个问题：如果一个人以光速跟着光波跑，将看到什么样的光波？按照牛顿力学的观点，"这样一条光线好像一个在空间里振荡着而停滞不前的电磁波"，"按照麦克斯韦方程组，看来不会有这样的事情"。这是一个重大问题，必须解决。经过 10 年的沉思，爱因斯坦通过否定牛顿力学的绝对时空观，建立狭义相对论，终于解决了这一问题。

任何一项重大创新都要经历相当长时间的"愤悱"，统计结果是平均要经历 10 年以上努力。爱因斯坦创立的狭义相对论也不例外，他自己也说"经过 10 年沉思"。爱因斯坦思考 10 年的这个问题，正是抓住了机遇。19 世纪末，物理学家们假设，光波是在"以太"这种介质中传播，正如声波是在空气中传播。有的物理学家认为"以太"是静止的，并充满了整个空间。如果从实验中证实了绝对静止的"以太"，则牛顿力学的绝对时空观便宣告胜利。物理学家们为了测定"以太"，做了一系列实验。

爱因斯坦 16 岁时开始思考的那个"追光"问题，实际上也与"以太"假说有关。爱因斯坦称之为"这是同狭义相对论有关的第一个朴素的理想实验"。物理学家们做了许多实验，其中最著名的是迈克尔逊实验，他用极高精度测定了地球上光沿着不同方向传播的速度。实验结果发现，在运动着的地球上，光在任何方向都是以相同的速度传播。为了解释迈克尔逊实验的结果，许多物理学家都在牛顿力学的经典框架内，想方设法，自圆其说；但是所有这些解释都顾此失彼，适得其反。没有一种理论能完美地解释观测"以太"的各种实验的结果。

在这样一个历史性的时刻，26 岁的爱因斯坦，将他经过 10 年沉思的"追光"问题完全搞清楚了，在人类认识史上明确提出：必须废弃牛顿的绝对时空观，必须废弃"以太"假说。爱因斯坦用他创建的狭义相对论，完美地解释了各种测量光速、观测"以太"的实验结果。"抓住机遇"是创新人才最重要的素质之一。怎样才能"抓住机遇"呢？这必须预先做好充分准备，提前努力探索。一项划时代的重大创新平均要经历10年以上的持续努力，这已成为一个统计法则。

由此可见，爱因斯坦成才之道的第二条是：抓住机遇，努力探索。这正是创新杰出人才成才之道的发展律。

3. 独立思考，永不满足，这是创新人才的重点。

爱因斯坦十分强调，"独立思考和独立判断"。他认为"发展独立思考和独立判断的一般能力"应当放在教育的首位。

1926年，量子力学的理论结构建立起来后，以玻尔为首的哥本哈根学派对量子力学的"概率诠释"取得了主流地位。"海森伯不确定原理"，被上升为哲学的认识论，解释成为必须放弃"因果性"。爱因斯坦对量子力学"独立思考和独立判断"，他坚信自然界的"因果性"。爱因斯坦说了一句风趣而著名的警句："上帝不掷骰子"。表示他绝不同意放弃经典决定论和经典因果性。爱因斯坦就量子力学的基本问题同玻多开展了几次物理学史上的有名的"辩论"，他几乎每次都败在阵下，但他仍然"独立思考和独立判断"，直到生命的结束。两位大师的学术辩论，大大推动了物理学的进展。

1921年5月，爱因斯坦在美国普林斯顿大学讲学。传来一个消息，有一项实验可能推翻他的相对论。对此谣言他同样"独立思考和独立判断"，又说了一句风趣的警句："上帝难以捉摸，但他并不邪恶。"（又译为"上帝是微妙的，但他并不是恶毒的"。）后来得知那一项实验并没有推翻相对论。"永不满足"是爱因斯坦的学术风格。这表现为他最喜爱的格言是德国诗人莱辛（Lessing）的一句话："对真理的追求比对真理的占有更为可贵。"（又译为"为寻求真理的努力所付出的代价，总是比不担风险地占有它要高昂得多"）。

1905年称为"爱因斯坦奇迹年"，他在那一年，发表了五篇论文，几乎每一篇都做出了划时代的贡献。但他并不满足，经过 10 年的苦苦求索，将"狭义相对论"（1905）发展成为"广义相对论"（1916）。与狭义相对论有关的"电磁相互作用"，以及与广义相对论相关的"引力相互作用"，这两大相互作用并未"统一起来"，于是爱因斯坦穷尽了毕生精力，试图完成"统一场论"的理论建构。"统一场论"的基本思想，是要将不同的物理相互作用整合起来。一直到 1955 年去世前，他仍在孜孜不倦地探索"统一场论"。

由此可见，爱因斯坦成才之道的第三条是：独立思考，永不满足。这正是创新杰出人才成才之道的整合律。

[问题与思考]

《爱因斯坦文集》（三卷本）由商务印书馆出版（1976—1979），由许良英、李宝恒、赵中立、范岱年编译。你读过吗？建议一定要读。对于不是物理学专业的大学生，阅读第二卷有困难，可以阅读第一卷和第三卷。对于理解 20 世纪创新的科学思想成就，那是非常有必要的。熟读经典，终身受益。

《爱因斯坦文集》第一卷的前两篇文章，就是爱因斯坦撰写的《自述》（1946）、《自述片断》（1955 年 3 月）。这是爱因斯坦留下的《自传》。这是研究爱因斯坦传的最基础的"原始文献"。作者认真学习了《爱因斯坦文集》（三卷本），而且是反复阅读，慢慢理解。

因爱因斯坦的生平事迹、学术贡献、知识创新、哲学思想方面成就巨大，世界上出版的许许多多的传记大多数是洋洋数万言，而且有错和不准确内容的不少。

在许多有关爱因斯坦的传记中，没有专题研究"教育对爱因斯坦的影响"，以及"爱因斯坦对教育的影响"。本章笔者采用"大教育观"的"四维教育模式"，从家庭教育、学校教育、自我教育、社会教育，来探究教育对爱因斯坦的影响。你认为这种方法可以普遍推广吗？请读者再思考：爱因斯坦成才之道。

爱因斯坦是笔者在《巨星闪耀——知识创新与成才之道》里追逐的一颗"巨星"。从笔者在原西南师范大学物理系读书开始，就一直研究阅读爱因斯坦的原著，受益匪浅。

[附 录]

献给教师和校长

在《巨星闪耀——知识创新与成才之道》中，笔者选择了九位"北极巨星"。他们是古今中外在教育和科学领域"公认"的教育家、科学家。在当代，在千万名仍然在工作的科学家、教育家中，已经出现不少的"新星"。本书的《附录》就是献给这些"新星"。从"新星"之中，必然会出现"巨星"。我们仰望星空，看一看天上的"北极星"，即使千年万年之后，那颗"北极星"也在发展变化。要学习"巨星"的榜样，也要看到"新星"的希望。不同专业的人才，在不同时期，都会有"心中的新星""心中的巨星"。

笔者曾为《天梯之上——记感动中国人物李桂林和陆建芬夫妇》写"序"。此书是陈果著，四川教育出版社于 2010 年 4 月出版。笔者在 2010 年 4 月 7 日《光明日报》上，又发表书评：《人民教师的天梯精神》。大家可以理解到一条道理：历届"感动中国人物"里的教师、科学家，应当是名副其实的"巨星闪耀"。能够感动 14 亿中国人民的"巨星"，按照"孔子原理"的"同理之心"，"感动中国人物"也能够"感动世界人民"。这也是一条朴素的真理："新星"就有可能成为"巨星"。中国的教师和科学家上千万之多，这是中国教育高质量发展的大趋势。

一　学习榜样人才

中华优秀传统文化显著的特色之一就是教导人们：热爱学习、善于学习、终身学习。[①] 北京师范大学的校训："学为人师，行为世范。""学"字当头，学行相连，知行合一，榜样育人，这是一种经典的提炼。提高教师的素质，永远是提高教育质量的关键。教师热爱学习、善于学习、终身学习，通过言传身教，学生才能够热爱学习、善于学习、终身学习。

热爱学习是中华文明的优良传统

《论语》开篇就是，子曰："学而时习之，不亦说乎？有朋自远方来，

---

① 查有梁：《热爱学习 善于学习 终身学习》，《教育与教学研究》卷首语 2022—1。

不亦乐乎？人不知，而不愠，不亦君子乎？"《荀子》开篇就是《劝学篇》，第一句就是"君子曰：学不可以已"。指明学习是不可以停滞不前的。《劝学篇》还写道："君子博学而日参省乎己，则知明而行无过矣。"是说君子广博地学习而且每天对自己进行检查和反省，就能够智慧明达而且行为没有过错。《论语》和《劝学篇》是中国教师的必读经典。

《礼记·学记》堪称世界教育史上第一篇专题研究教学理论的经典著作。《学记》写道："君子如欲化名成俗，其必由学乎！"君子如果希望转变民心、形成良好的风俗，那就一定要从教育教学入手吧！接着说："玉不琢，不成器；人不学，不知道。是故古之王者建国君民，教学为先。《兑命》曰：'念终始典于学'。其此之谓乎！"强调自古以来建立国家、治理社会都是把教育教学放在最前面，要自始至终想着学习。中华文明持续发展五千多年而未中断，其重要原因之一在于：建国君民，教学为先。

善于学习是中华文明的智慧精华

老子《道德经》虽仅五千言，却是全世界流传久远、内容深刻的哲学经典。《道德经》开篇即曰："道可道，非常道。名可名，非常名。"即指明人有两种知识，一种是可以言传的书本知识，一种是难以言传和不可言传的经验知识。大自然是一本打开的"书"，老子教导人们要"道法自然""上善若水"。老子难道不是非常有智慧吗？当今，要机器掌握"不可言传"的知识，是不可能的。机器只能够应用可以"编码化"的知识解决一些问题，减轻人类体力和脑力劳动的负担。人工智能不可能全面超越人的智慧。

庄子有一句名言："吾生也有涯，而知也无涯。以有涯随无涯，殆已！"即：我们的生命是有限的，而学问、知识是无限的；以有限的生命去追求无限的知识，那是很危险的！庄子认为：养生很重要，要善于学习。庄子举出的学习案例就是"庖丁解牛"。人类积累的各种各样的经验知识和书本知识，浩如烟海，一个人要学会选择，抓住重点和关键，打好基础，确定方向，看准问题，才可能有所创新，有所贡献。

南宋"理学"的集大成者朱熹,编辑《四书集注》,将《大学》《中庸》《论语》《孟子》提炼为中国儒学的基础教科书。特别是《大学》《中庸》,引导中国人在"启蒙阶段"就要"善于学习",抓住重点,学会做人、做事、做学问。强调"大学之道,在明明德,在亲民,在止于至善";给出的学习方法是"博学之,审问之,慎思之,明辨之,笃行之",要言不烦,大道至简。

对当代学生而言,杨武之和杨振宁父子是善于学习的榜样。杨武之是清华大学的数学教授,他的儿子就是当代世界公认的杰出物理学家杨振宁。1933年,杨振宁小学毕业后进入中学,杨振宁说:"1934年夏天,父亲请一个人来给我补习,但他不是来补习我的数学,而是给我讲习《孟子》;第二年,又念了半个夏天,我可以把《孟子》从头到尾地背诵出来了。现在想起,这是我父亲做的一个非常重要的事情。""要我补《孟子》,使我学到了许多历史知识,是教科书上没有的。这对我有很大意义。"[①] 杨振宁读了两个暑期的《孟子》,这有助于他成为世界杰出的物理学家,也有助于他健康生活到100岁以上。

终身学习是中华文明的闪光点

孔子是一位终身学习的典范。他说:"吾十有五而志于学,三十而立,四十而不惑,五十而知天命,六十而耳顺,七十而从心所欲,不逾矩。"春秋时代中国人的平均寿命约30多岁。孔子活了73岁。他说"假我数年,五十以学易,可以无大过矣。"孔子认真学习研究《易经》。他编撰了六本经典教材:《诗》《书》《礼》《乐》《易》《春秋》;他实施六艺教学,即六种课程:礼、乐、射、御、书、数。孔子71岁还在传道受业,成为"万世师表"。陶行知先生创立"生活教育的理论和实践",是中国历史上又一位公认的"万世师表"。

孔子总结出一条"每隔十年来一次跃迁"的规律。孔子是一位终身学

[①] 《杨振宁文集:传记、演讲、随笔下》,华东师范大学出版社1998年版,第837页。

习的典范。当代中国学生在接受 12 年的基础教育之后,从接受一门专业训练开始,直至达到第一流的专业水平需要多少时间呢?根据古今中外的统计,需要约十年。诺贝尔经济学奖获得者赫伯特·A. 西蒙说:"在这一问题得到研究的几个领域,我们确实知道,即使最有才能的人也需要约 10 年时间方能达到第一流的专业水平。"[①] 这是根据对现代的各类专家的研究而得出的结论。

在当代,中国人的平均寿命已经达到 70 多岁了,20 岁之后至少有五个 10 年是给予每个人再学习和提高、发展和创新的,我们理当热爱学习、善于学习、终身学习,有所贡献。2005 年,杨振宁 83 岁回清华大学定居,放弃美国国籍,加入中国国籍。他回到清华之后的全部研究工作都是自己独力而为,最多有时有一个合作者。他以清华大学的名义发表 SCI 论文 30 多篇,将中国冷原子、凝聚态物理科研水平一下子提高了几十年。杨振宁先生做到了:八十而重新虚心再学习,九十而返老还童再创新。

传承中华文明的优良传统,每一位中国教师都应当努力做到:热爱学习,全面发展;善于学习,发挥优势;终身学习,择善创新。对于幼儿园和中小学生,"健康第一,打好基础",这是因材施教。还要加上一句时髦的网络语言:抵制内卷,远离折腾,拒绝躺平。新时代中国特色社会主义的教育事业必然欣欣向荣,蒸蒸日上。

二 献给教师节的五首诗

9 月 10 日是中国教师节。2022 年的教师节,又恰好是中国农历八月十五日——中秋节。要经过 19 年之后,到 2041 年,又是教师节与中秋节在同一天。这其中,包含着深刻的中国天文历法的数学和天文的科学道理。

孔子生于公元前 551 年 9 月 28 日,孔子诞生日的换算有争议。建议教师们将每年 9 月自觉定为:孔子纪念月。孔子是全世界公认的"世界文化

[①] 赫伯特·A. 西蒙著,武夷山译:《人工科学》,商务印书馆 1987 年版,第 93 页。

名人",中国公认的"万世师表"。9月里,大家都复习《论语》,"温故而知新,可以为师矣"。

献给教师节的五首诗,第一首是:致幼教老师,包括幼儿的第一位老师,他们的父母。其他四首分别:致小学老师,致中学老师,致大学老师,致职教老师。我们永远感恩老师。

笔者采用新的写诗模式:"无标点十言诗"。这五首诗要对称一致,体现一视同仁。每一首诗都有9段。献给教师节的五首诗,是用较少的文字传递较多思想的科普教育诗。

(一) 致幼教老师

人人有父母 儿女是亲骨
父母教儿女 时时融处处
先学叫妈妈 接着呼爸爸
大家笑哈哈 感情自流露

父母自然是 前幼教老师
上天的指令 难道能推辞
中国有传统 天地君亲师
付出心血教 家家有意志

家庭是社会 第一所学校
父母树榜样 做事显做人
做清洁卫生 管衣食住行
带子女旅游 唱儿歌跳绳

家庭之幼教 无我的精神

父母任教师 志愿负责任
中国重蒙学 诗教起家庭
原汁真善美 从古到如今

父母教三年 送进幼儿园
小中大三班 家教再延展
幼教的老师 学生的爹妈
幼教专业 人文科学照管

老吾老以及人之老 平和
幼吾幼以及人之幼 平等
己所不欲勿施于人 平常
真善美合一育新人 平静

爷爷婆婆送学 孙辈喜欢
幼儿园大家庭 视野阔展
游戏玩具机器 兴趣自选
画图唱歌种花 亲近自然

小跑步练跳舞 激发爱好
幼儿园是天堂 其乐融融
母亲节父亲节 又教师节
父亲母亲老师 无上光荣

春夏秋冬又一春 长一岁
儿女们长大成人 又一辈

家教幼教是一体 密联系
幼教老师如父母 皆陶醉

（二）致小学老师

六年小学生活 儿童快乐
个个小学老师 热情合作
亲切面带微笑 家长放心
关怀备至周到 诚恳活泼

家长期望很高 压力不小
人人回忆小学 梦想不少
生理心理成长 态势美妙
减轻师生负担 自然最好

小学老师六心 感动人人
爱心童心耐心 教养学生
热爱教育热爱学生 爱心
好奇心灵天真纯净 童心

诲人不倦循序渐进 耐心
学而不厌不断创新 恒心
心地善良宽厚待人 诚心
充满智慧保持热情 信心

老师乐于教 学生乐于学
低负达高质 不在作业多

德智体美劳 天天巧融合
老师树模范 师生皆快乐

正面积极看待事物 乐观
老师家长心地宽广 坦然
独立自主掌握命运 自由
教人学真养成习惯 平凡

小学进初中 就近皆入学
免考有必要 知识变化多
四体要勤劳 五谷能解说
阳光体育中 游泳最快乐

建国君民教学为先 远见
学为人师行为世范 经典
小学老师 语言清脆精炼
校园生态 儿童金色家园

小学好老师 中学也能教
中学好老师 大学人称道
老师一以贯之 立德树人
奉献生命育人 不求回报

（三）致中学老师

中学老师繁忙 从早到晚
一班学生几十 各有特点

附　录/献给教师和校长

兴趣爱好不同 发现优点
启迪激励引导 树起典范

中学老师们 富有责任感
传道授业解惑 重大贡献
风趣幽默博学 学生喜欢
让家家满意 让人民心甜

中学课程多多 门门基础
打好基础不易 教材精选
宇宙古今中外 形象直观
听说读写交谈 参观实验

青年教师成长 热情教研
老带新成常态 传播经验
师生互教互学 教学相长
及时赞扬学生 批评婉转

孔子首创诗教 诗三百篇
文字表达情感 兴观群怨
楚辞唐诗宋词 美炼语言
中国象意文字 文明尖端

从九章算术 到数书九章
数学问答术 三百多题选
题源于实践 学方法计算

老师要探讨 问题需精选

外语学习拼音 西方语言
语音语法训练 基础过关
人生时间有限 母语关键
选学外语 可能减轻负担

中学利用 博物馆科技馆
漫步参观 世界文化遗产
打开自然社会 百科大全
游学众博物馆 师生喜欢

全国统一高考 历史承传
公开公正平等 不争不攀
考试总有局限 拒绝宣传
平和平常平凡 道路可选

（四）致大学老师

大学老师 善于独立思索
选准未知 攀登高峰快乐
大鹏展翅 一览众山之小
坚持数年 总有尖端成果

大学讲坛 面对求知同学
系统知识 博采精炼传播
每一节课 都有闪光亮点

附　录/献给教师和校长

青年学生 真理审美领略

经历大学 人们需求增多
创业创新 智慧技艺闪烁
博学审问慎思明辨 笃行
中国变迁 太学书院大学

大学分科又融合 博专博
理工农医经济法律 求专
思维自然人文社会 求博
博基础上专 专引导下博

走进大学 宁静致远生活
读书实验听课 讨论自学
与大师对话 学浩然正气
索取新知识 开悟需直觉

一流大学 杰出人才较多
年年积累 影响世界成果
牛顿和达尔文 剑桥扬名
华罗庚杨振宁 清华硕果

科学人文乐观自由 结合
重德求知健体尚美 快乐
爱国国际质疑批判 开阔
诚信奉献反思合作 正果

学者能人 艺术家工程师
都有可能 受聘大学老师
君不见 徐悲鸿聘齐白石
爱因斯坦 以论文得博士

大学之中心 钟楼耸入云
出入象牙塔 人人精气神
生态环境好 知识有创新
让学生成功 是老师光荣

（五）致职教老师

职业教育 从中学到大学
职教老师 社会需求增多
职业引导 是职教之目标
学会生存 选好职业重要

职教老师 从中职到高职
培养学生 建设国家奠基
制造产业 任务精准艰巨
潜入深海 神舟航天探秘

工业化信息化 要培养人
职教老师 技能传给学生
理论简而明 实践求精深
绿水青山生态 造福人民

附　录／献给教师和校长

职教老师机智　面对实际
因材施教　树立样板鼓励
折腾内卷躺平　害人害己
发现问题　及时解决问题

不必在　起跑线上自恐惧
不必在　独木桥上去拥挤
不必在　恶补课上花大钱
要在职业选择上　下力气

学问思辨行　落实到笃行
德智体美劳　劳动最光荣
教学做用创　技能有创新
工农兵学商　行行通峰顶

观历史博物馆　亮点藏品
全是历代工匠　智慧结晶
看现代科技馆　模型展品
火箭飞船巨轮　机器仿人

大学教育　从精英到大众
职业教育　从大众到精英
环球是一村　天涯若比邻
高铁跨洲际　巨龙转乾坤

老师之精神　高尚在献身

技艺传后生 逍遥不为名

世界不平静 战争与和平

命运共同体 中国正复兴

2022 年 8 月 3 日至 8 月 21 日

查有梁写于青城山白鹭洲

三 致校长

四川省中学校长协会成立 30 周年了。孔子说："吾十有五而志于学，三十而立，四十而不惑，五十而知天命，六十而耳顺，七十而从心所欲，不逾矩。"一个人，三十而立；一个协会是个体的组合，也当三十而立。这 30 年来，四川省中学校长协会，发挥了几百位校长的智慧，相互交流，相互促进，大大地提升了四川省中学的发展水平。各位校长，功不可没。[①]

（一）校长责任重大

我一直仰视校长。

孔子（前 551—前 479），在历史上首创私立学校，他既是教师，又兼任校长。西汉景帝末年，文翁出任蜀郡太守，他首创公立学校，成为我国第一位名副其实的校长。北京的"中华世纪坛"在青铜甬道上刻写："公元前 143 年，戊戌，汉景帝后元元年，文翁为蜀郡守，兴办学校。"[②]

《汉书》中记载：汉景帝嘉奖文翁兴学，"令天下郡国皆立文学"。"至汉武帝时，乃令天下郡国，皆立学校官，自文翁之始云。""学校官"可以理解为"校长"。文翁兴学得到两位中国皇帝的嘉奖，大大促进了中国教育的发展。文翁为中国历史上著名的"文景之治"，增加了光彩。"至今巴

---

① 致校长，发表在查有梁：《教学之道》，海天出版社，深圳，2019 年 5 月第 1 版，第 202—210 页。

② 中华世纪坛组织委员会编：《中华世纪坛青铜甬道铭文》，中国财政经济出版社，2000 年，第 116 页。

蜀好文雅，文翁之化也。"

校长在社会上有很高的地位，人人尊重。学而优则教，教而优则长，长而优则仕。校长都是佼佼者，既能够教书育人，又能够管理好学校，杰出的校长更能够管理好社会。

看一看我们中国近百年来的教育史。中国著名教育家如陶行知、晏阳初、蔡元培，等等，几乎都办学校，亲自兼任校长。他们为中国培养了大批合格人才、专门人才、杰出人才。大多数杰出人才说：在中学遇上了好校长。

华罗庚（1910—1985年）12岁小学毕业后，进金坛县立初中。王维克是数学老师，又任校长，给予华罗庚鼓励帮助和精心培养。王维克曾留学法国，归国后在金坛中学教数学。王维克校长是华罗庚成为数学家的第一位启蒙老师。华罗庚只有初中学历，仅仅从学历看，华罗庚是"输在起跑线上"了，但是，他取得惊人的成就，成为享誉世界的杰出数学家。

钱学森（1911—2009年），从1923年到1929年，在北京师范大学附属中学读书的6年，是他一生的第一个学习高潮。校长林砺儒专门给钱学森教授伦理学，给钱学森深刻影响。钱学森说17位深刻影响他的人中有6位是中学的老师，排在第一位的就是那时的校长林砺儒。新中国成立之后，林砺儒任教育部副部长。有了在中学打下的坚实基础，钱学森为中国和人类的航天事业做出了杰出贡献。

在1895年，爱因斯坦（1879—1955年）第一次报考苏黎世瑞士联邦工业大学的工程系，没有考上，于是在瑞士阿劳市的阿尔高州立中学学习了一年。爱因斯坦这一年住在校长温特勒家里，校长的进步思想给爱因斯坦极大的影响。就是在阿尔高州立中学的这一年，16岁的爱因斯坦开始思考狭义相对论的问题。26岁，爱因斯坦发表5篇物理学论文，1905年成为人类历史上的"爱因斯坦奇迹年"。

一位中学校长，对于学校的发展，起到至关重要的作用。校长的远见卓识，可能决定全校几十上百位教师的终身发展。校长要给全校学生讲话，面对面给学生以直接影响，虽然只有3~6年，但是，这是学生发展的关键时期。可以这样说，校长直接影响每一位中学生终身的发展。当一所中学的校长，责任重大。

校长大都是从优秀的教师中选择出来的，善于教书育人。校长的身教重于言教。校长就是一个榜样，就是做人、做事、做学问的榜样，就是"学为人师，行为世范"的领头人。一个学校选好了校长，是全校师生之大幸。

一所中学名校，就是有卓越的校长、一批优秀教师，能够培养出大批优秀学生。让学生在德、智、体、美、劳五方面得到全面和谐的发展，为学生以后成为一个合格人才、专门人才、杰出人才，打下坚实的基础。几乎所有做出创新、做出贡献的人才，在回顾他的中学时代时，都会由衷地感恩他的老师，感恩校长。

每一个学生的毕业证书上，最突出的就是这个学生的名字以及这所学校校长的名字。毕业证书上总有校长的签字盖章。中学的毕业证书对于一个学生来说是很有历史价值的，很有保存意义的。当他老了的时候，看到他的毕业证书，或许能讲述校长的一两个很有意义、很有趣味的故事。

校长，这个职业是崇高的职业。在学校里面，学生如果受到校长关注，会得到极大的激励和鼓舞。学生心目中的校长，是善良而崇高，是学识渊博，是德才兼备，是与人为善，是育人有方。很多杰出人才就是因为在中学时得到校长的关注而得到很好地发展，为今后的创新打下了很好的基础。

1956年，笔者考入成都四中（石室中学），那个时候成都四中的校长是张联华。2017年，她95岁了。我这样一个75岁的学生，当年10月去看望老校长。她说：你给我印象深的有三点。第一，你在中学是美工组的成员，是很活跃的学生，写字好，画画好；第二，记得你曾经在成都市教研室物理组工作；第三，就是现在你取得了很大成绩。一位校长，95岁了，还能够记住一个学生，那肯定对学生有深刻的影响。笔者就清晰地记得当年张校长给笔者布置工作的经历。

（二）校长实在难当

校长难当。人们对校长的要求很高。

笔者曾经设计了一个素质调查问卷，问什么样的校长是受欢迎的校长，是老师学生们喜欢的校长。最后，得到了很多的调查数据，纵观数据统计结果，在40条素质的选项中，50%以上的调查对象集中选择的项目是：（1）有威信，教师学生信服；（2）了解当代师生的思想状况；（3）善于任人所长；（4）坚持原则，以身作则；（5）为人正直，办事公道；（6）严格要求，赏罚分明；（7）认真听取师生、家长的意见；（8）工作效率高；（9）注意及时更新知识；（10）办学有特色。

优秀校长具备以下三个方面的素质：尊重人才，用人所长；了解当代教师和学生的思想状况；有眼光，有预见，有规划，有魄力。

校长难当。校长要处理好各个方面的关系：对教育主管部门和广大的家长负责，要关心教师的培养与发展，最重要的是要具体落实到每位学生全面地、健康地、和谐地发展方面。

我国近几十年的学校发展经验表明：教育不要去赶潮流，不要去搞"大跃进"，不要去搞大折腾。要从我们中国文化的基础出发，发扬优良的传统。当然需要借鉴国外的先进经验，但不是全盘西化。同时也不能因循守旧，沿袭陈法。从孔子开始，中国人办学几千年了，积累了很多经验，我们理当要继承优良的文化传统。校长"要更加自觉地增强道路自信、理论自信、制度自信、文化自信"。教育发展有它固有的规律，不能搞大起大落的炒作。

校长难当。教育第一，全世界每个国家都高度重视教育，任务艰巨。

我们中国人更是高度重视学生的教育，各种各样的教育方式多得很。校长面临着学术挑战、考试成绩排名的挑战、学校生态环境的挑战、全校师生健康和安全的挑战；要有自己的办学特色，要不断地改进课堂教学，国外的、国内的，各种做法，应接不暇："MOOC""翻转课堂""走班制""STEAM"教育、信息技术（Information Technology，缩写为IT）、人工智能（Artificial Intelligence 缩写为 AI）、机器学习（Machine Learning，缩写为 ML）在教育中的应用等等。中英文混合的各种"缩写"，一个接一个。有时候上级提的要求，又不能不照办。时而教育产业化，时而教育全球化，时而教育信息化，时而教育本土化。校长如何自有主见地把握这些要求的分寸，难度极大。

校长难当。校长应当有依法选择教师，依法辞退不称职教师的权力；校长应当有依法支配学校财产的权利。

我国有《中华人民共和国教师法》，但是，还没有"校长法"。校长也不可能依据"校长法"来行使校长的用人权和用财权。校长的权力过小与过大，都不利于校长的有效工作。这是一个有待自上而下解决的问题。校长和教师的合理权利，都应当一视同仁地得到法律的保护。校长和教师都应当有法可依，依法行使权力，依法得到保护，依法有效工作。

校长难当。当好校长不容易，要有学校办学的"顶层设计"。

校长要能明确回答以下问题：（1）你们学校的办学思想是怎样表述的？（2）你们学校的办学思想有简要的"释义"吗？（3）你们学校的办学思想与"校训"有内在的逻辑联系吗？有逻辑的一致性吗？（4）你们学校的"校训"能让师生终生难忘吗？（5）你们学校的办学思想的释义，每年或几年修改吗？（6）你们学校的办学思想的释义，师生们满意吗？（7）你们学校的办学思想体现的学校精神，对于全校师生有持续的激励吗？

校长难当。但是在现实之中，一直有许多校长勇担重任，工作中游刃有余，举重若轻，得到全校师生和家长的一致赞扬。

笔者写了一本书《中学之精神》，献给母校成都石室中学，同时，也是献给每一位校长。笔者在书里面认真研究介绍了四川多位非常优秀的校长，分析了四川省 64 所省级"示范性"中学的办学思想。当一位好校长确实是难，但是只要认真，取得成就也不难！

（三）给校长的建议

习近平总书记在党的二十大报告中提出"大会的主题"，鲜明宣示党在新时代新征程上，要"高举中国特色社会主义伟大旗帜，全面贯彻新时代中国特色社会主义思想"，以"弘扬伟大建党精神，自信自强、守正创新，踔厉奋发、勇毅前行"的精神状态，朝着"全面建设社会主义现代化国家、全面推进中华民族伟大复兴"的目标继续前进。这一重要论断，对于全国的教育工作，对于学校发展和校长的工作有直接的指导意义。

校长要明白，通常学校分为五大类：薄弱学校、合格学校、良好学校、优秀学校、卓越学校。校长们要充分估计一下，自己的学校处于哪一类？薄弱学校都要力争在较短时间内，上一个台阶，早日达到合格学校的水平，进而力争成为良好学校。虽然，要每一所学校都达到卓越学校是不可能的，但是，缩小差距，让每一所学校都得到比较平衡、比较充分的发展，这是完全可能的！

现在是大数据时代，每一个学校都应当把在校学生与毕业学生的数据保存下来，提供校友搜索。学校要定期进行统计研究，这对学校发展，是很重要的。这一数据，包括学生的姓名、性别、出生时间、出生地点、父亲姓名、母亲姓名、健康状况、学年成绩、兴趣爱好、品德自评，学生对教师的评价、对家长的评价、最喜欢的教师、最喜欢的同学、给学校的建议，来自哪所学校、考入哪所学校、大学毕业的学校、工作情况简介、最大的成就和贡献。应用信息技术、人工智能，这些大数据，非常容易保存下来。

校长是一校之长，校长的素质，直接影响学校的发展。校长承担着管理学校的任务。管理有四种基本模式：（1）服务模式。管理即服务，服务即为民。（2）培养模式。管理即教育，教育即培养。（3）决策模式。管理即决策，决策即选择。(4)协调模式。管理即组织，组织即协调。校长管理学校，既有服务模式、培养模式，又有决策模式、协调模式。校长要善于灵活使用这四种管理学校的基本模式。

在教育领域里，校长独立思考、自主学习、继承创新的空间很大！校长对于教师的教学风格、教学模式要提倡多样化。微观的教学，中国古人已经说得很明确："启发教学""行知合一""学思结合""教学相长""因材施教"，等等。校长要敢于拒绝"一刀切"，拒绝形式主义，拒绝官僚主义；坚持实事求是，讲究实效。学校里既有多种"以学科教学为主"的教学模式，也有"非学科教学为主"的教学模式。例如，"主题探究""项目实践""现场实习""活动参与""社会服务"，等等。各种教学模式的比例，因教师水平、学生程度、社会需要，学校的选择要灵活有度。

教育需要技术，但不仅仅是技术。技术是重要的，但不是唯一重要的！IT、AI、ML技术必然要进入学校，人机结合能够大大提高教育效率；但IT、AI、ML技术不可能废除学校，不可能完全取代教师。学校教育学是科学，是哲学，是技术，是艺术，是学术，是传播，是一个活生生的整体！

老子的《道德经》强调：道法自然。影响了全世界！夸美纽斯的《大教学论》，只有一个原理：遵循自然！或说：适应自然。我们的教育应当是适应自然，适应社会，适应思维！教育必须将科学、哲学、技术、艺术、学术、传播等等整合在一起。知道这个道理，校长就有理论根据，去认识和抵制错误的思潮。

一个人生命有限，但知识无穷。学校的办学模式和教师的教育模式，应该是多样化！包括信息化、智能化，等等。教育模式只有多样化，才可能使教育做到精益求精。辩证法告诉人们：教育要在适应的基础上有超越，在变化的基础上找不变，在多样的基础上又寻求统一。

老子的《道德经》强调"无为而治"，又要"无为而无不为"；"上善若水""为而不争"。理解《道德经》的这些辩证法原理，有利于提升我们的教育智慧。钱学森说"集大成，得智慧"，学校的领导和教师们都要领会钱学森的"大成智慧学"。

四　校长叙事之感言

孔子的学生子夏说："仕而优则学，学而优则仕。"（《论语·子张篇·第十九》）。读了《蜀中校长叙事》①，笔者作为孔子学生的七十多代后的学生，感言："学而优则教，教而优则仕；仕而优再学，学而优再教。"这是中国教育走向高质量发展的良性循环之重要途径。

当代，应大力提倡"学而优则教""仕而优则学"。校长的职责，不仅首先使自己成为卓越的教师，而且促进和培养更多的教师成为优秀教师。中国的校长和教师，学而不厌，诲人不倦，学为人师，行为世范。这是中国能够持续发展的重要基础和坚实保证之一。

在中国历史上，孔子（前551—前479）首创"私立学校"，自然成为校长。汉代文翁，于汉景帝末为蜀郡太守，首创"公立学校"。采用"仕而优则学，学而优则仕"的方法兴办学校。文翁是中国第一所"公立学校"的校长。

文翁兴学的创新事迹记载于《汉书·循吏传》。2000年，北京建"中华世纪坛"。在《中华世纪坛青铜甬道铭文》上写道："公元前143年，戊戌汉景帝后元元年，文翁为蜀郡守，兴办学校。"这是中国历史上这一年的大事啊！

从1911年辛亥革命以来，巴蜀大地出现了许多杰出的校长，张澜先生、吴玉章先生就是代表人物。有世界影响的教育家陶行知先生、晏阳初先生也在四川创办实验学校。这些老先生的学生，以及学生的学生，一代一代直接继承先辈们的教育思想，一直影响到21世纪活跃在教育第一线的校长们。

---

① 邓义初、姚文忠主编：《蜀中校长叙事》，四川省校长协会，2023年7月发刊，笔者作序。

《蜀中校长叙事》的主编、副主编有十多位校长，大多数有从特级教师到学校校长的丰富经历。《蜀中校长叙事》记载了四川近百位校长的办学经历。这些叙事都是四川校长们近百年的再学习、再实践、再提炼的成果。叙事生动有趣，意义深远，启发思考，题材广泛。历经多年的征稿，多次的反复修改，校长们的写作和编辑的态度，非常认真负责。这表现了：学而优则教，教而优则仕；仕而优再学，学而优再教。

《蜀中校长叙事》里许多生动有趣的叙事，笔者看了之后深为感动，于是发出上面那句感言。这些叙事的发生是中国悠久历史传统的继承，是中国新时代学校教育的创新发展。蜀中校长们实践"活到老，学到老"的精神，推陈出新，继往开来。

新中国成立70多年以来，中国的学校有五个显著的特点：建立教研室，提倡老带新，校长要培训，先进帮后进，集团式发展。而西方发达国家学校教育的五个特点是：强调自主性，小班制上课，重能力培养，肯定特长生，鼓励有创新。各有特点。

中国文化具有宽容、相容、包容的传统。在学科的课程、教材、教法等等方面，我国曾经认真向苏联学习，后来又虚心地向欧美学习。我们乐于向世界各国的优秀文化学习。在发扬中华优秀传统文化的基础上，我们同时虚心向世界各国人民学习，坚持全民终身学习。这是中国人的志气、底气、大气。

"学而优则教，教而优则仕"，这里的"仕"，过去理解为"做官"。现在应当理解为担任领导职务，校长则是"仕"。校长，几乎都是从担任教师开始，是一位公认的优秀教师，再经过考核和听取教师的意见，然后由政府重要负责人任命为校长。其中，有部分校长又被任命为其他岗位的领导。中国的校长和教师退休之后，往往坚持继续学习，通过多种形式担任类似于"教师"的工作。

笔者看到一段"微信"对话，是记载了成都七中校长杨礼的一个故事。笔者一句未改地下载下来，为《蜀中校长叙事》新增加一段"插曲"：（下面的 A 是成都七中的现任教师，负责校史馆的工作。B 是成都七中的退休教师。）

A："B 老师，向您打听一件事，杨礼老校长任期内有一个自贡的小孩，在七中打工，这个小孩非常好学，自己到教室外旁听，不知道您知悉此事否？"

B："知道，但不具体了。个儿不高的一个小伙子，工作好像是守学生宿舍。想听课，学校领导满足了他的愿望。请钟光映主任再回忆下呢？"

A："好的，非常感谢 B 老师提供的线索。我们有一位校友，徐荣旋校友，今天徐老来学校看校史馆建设情况，问起这个事情。当年他任自贡市市级领导的时候，杨礼校长去自贡，和徐老见面交流的时候就说：有一个自贡荣县的小娃儿在七中打工，爱学习，但是因家庭困难辍学了，杨校长请"当父母官"的徐老，帮忙解决这个问题。徐老听说后，随即安排该学生进入了荣县一中，高中的所有学费开支，徐老负责了，第一年高考没考上，徐老鼓励他继续复读一年，后来该同学在徐老指导下填报了委培专业，毕业后进入了铁路部门，现在非常不错。我觉得这是一段佳话。我们的老领导，我们的校友都具有大胸怀和仁爱之心，所以我想打听是否是有之前老师们回忆的那位同学。"

B："应该就是。杨校长当时允许他听课，大家都非常吃惊，也很高兴这件事。每次见他提着板凳，进教室去听课，都是笑眯眯的呢。徐荣旋校友接手这个小男孩，我们就不清楚了。今听说，也非常感谢徐老的善心善为，让一位想读书的娃娃实现了理想。应当感谢杨校长、感谢徐老徐校友，这真的是一段佳话啊！"

徐荣旋，1964 年毕业于成都七中，考上西南师范大学（今西南大学）中文系。中学大学他都是校排球队队员。毕业后在自贡市担任教师，曾任解放路中学校长，等等。他的哥哥徐荣凯 1960 年毕业于成都七中，高三徐荣凯已经是中国共产党党员。那时，杨礼是成都七中的政治老师。杨礼是徐荣凯的入党介绍人。师生情谊，源远流长。1960年徐荣凯考上清华大学，在动力机械系燃气轮机专业学习。大学期间，他任清华大学校学生会主席，北京市学联主席。

徐荣凯、徐荣旋在职工作和退休之后，坚持再学习，业余爱好是哥哥热爱作歌词，弟弟热爱谱歌曲。为了感恩母校成都七中，退休后，两位校友用了很长时间，为成都七中创作新校歌：《七中儿女 凌云直上》。网上查一查，就可以知道他俩的众多歌词与作曲，已经唱遍天下。

杨礼从1964年开始担任成都七中副校长。1984年担任校长。1988年参与发起成立四川省校长协会，并担任首任会长。这三位师生的故事不是一篇简短的叙事能够写完整的。从这一个真实的故事，也可领悟"学而优则教，教而优则仕；仕而优再学，学而优再教"的内在含义。

《蜀中校长叙事》的策划者、主编邓义初老校长，91岁了，是笔者的老师。他要笔者为《蜀中校长叙事》写序。作为81岁的学生，自己只担任过教师，并没有担任校长，实在勉为其难。

笔者认真学习这本书之后，写了这篇校长叙事感言。

五 故事里的教育智慧

仔细研读《故事里的教育智慧》一书，[①] 52位中青年教师撰写了52篇教育故事，每一篇都让我深受感动、深受教育、深受启发。这些故事反映了四川省成都市石室中学的师生关系、生生关系、家校互动等内容，每一篇故事都展现了"德育为首"的教育追求。[②]

读罢此书，笔者为教师身上洋溢的智慧感到欣慰。对于众多普通教师而言，要获得教育智慧并不难，需要厘清知识、能力、洞察、爱心和信心

[①] 赵清芳主编：《故事里的教育智慧》，四川人民出版社2020年版。
[②] 《中国教师报》2021年5月19日第9版。

等四组概念。

知识促进创新,知识是创新的基础。知识有可以言传的知识和难以言传的知识,将难以言传的知识想方设法表述出来,转化为可以言传的知识,就是一种创新。在自然科学、社会科学、人文科学中,新发现、新发明、新思想、新观念往往是将过去难以言传的知识转化为可以言传的知识。

教师的知识包括学科教材中用文字、图像语言、音乐表述的知识,还有教师通过教育实践得到的经验知识。这是"知识"这个关键概念的深刻内涵,也是每个想要在工作上有所"创新"和突破的教师必须掌握的内容。

能力依赖勤奋。人们应用知识解决问题,问题越难,应用的知识就越广泛、越艰深,而问题能够得到解决就表现为越有能力。那么,怎样才能培养出有知识、有能力的人?科学研究告诉我们:勤奋学习是第一条。

洞察学生状态要善用直觉。洞察属于"非逻辑思维",即人在解决问题时以自身知识背景为支撑,抓住解决问题的关键。爱因斯坦曾说,物理学理论"原理"的得到不是依靠逻辑思维,而是非逻辑思维的直觉。教书育人同样需要洞察、直觉,教师面对几十个学生,可以很快记住学生的样貌、姓名,但学生的心理状态通常要通过师生交往才能了解,而教师洞察学生内心的变化,许多时候依靠的就是直觉。

爱心和信心是师德的核心。爱心和信心不可分割地联系在一起,教师对教书育人要有"爱心和信心",这种爱是"大爱",坚持对知识、对真理的"大爱",才能做到陶行知提倡的"千教万教教人求真,千学万学学做真人"。

在《故事里的教育智慧》中,不少教师都提炼了自己的教育理念,而这恰恰展现了他们的"大爱"。例如,王颖的教育理念是"对每一个学生尊重不放纵,宽容有原则。用知识教学生,用人品育栋梁";邓彦玲以"启迪智慧,润泽生命"为目标,着力培养学生的人文情怀和科学精神……后记中,作者赵清芳写道:"但愿这一个个朴素而真实的故事,能成为我们成长、进步的阶梯,能启迪更多优秀的同路人。"

师生的爱心是大爱，爱祖国爱人民；师生的信心是自信，自信能够求真理求技艺。自信才能自强，自强才有创新。而成都市石室中学"师资高，学风严"的办学智慧，就由《故事里的教育智慧》一书荡漾开去。

尾声：

成都七中成立 120 周年，笔者作为成都七中校友特献词如下：

成都七中创新精神

植根中华 志向天下　扬雄墨池 内涵深刻
校长教师 成就卓越　因材施教 发展独特

合作团结 人际融洽　启迪有方 传遍全国
七中网校 卫星链接　教育创新 世纪前列

面向农村 扶贫开发　双师教学 质量飞跃
中国名校 影响强烈　为而不争 谦虚优德

[后 记]

/ 后 记

　　这本书"后记"一开始，笔者要先写一段"谢词"：

　　笔者感恩成都七中给众多校友的教育和培养。1963年，笔者从西南师范大学（现西南大学）物理系毕业，分配到成都七中担任物理学教师和班主任8年。来学校不久，解子光校长就给每一位教师发一份油印的《荀子〈劝学篇〉翻译》，提供教师们学习。这给笔者深刻影响，让笔者感受到古人和今人都同读《劝学》这一篇文章，很有意义。历经60年，笔者把这份油印的《荀子〈劝学篇〉翻译》交给"成都七中校史展览馆"，饮水思源，感恩母校。2005年，成都七中100周年校庆，王志坚校长主编《墨光百载纪华年》，其中发表解子光先生用"文言文"撰写的文章：《忆母校，说墨池与扬雄》。解校长这篇短文，直接启发笔者认真写完《论"学圣"扬雄与成都七中》这篇文章，整合到这本新书《巨星闪耀——知识创新与成才之道》之中。笔者在成都七中担任物理学教师，最大收获就是学习到了"活的教育学"，理解领悟了"教学辩证法"，终身受益。同时，激励校友，静下心来探究：为什么1905年是"爱因斯坦奇迹年"。成都七中的办学精神是"植根中华 志在天下"，"合作团结 人际融洽"。一句话，感谢成都七中的校长和老师。

　　进入21世纪以来，成都七中聘笔者为办学指导专家。笔者感谢母校的信任。2024年4月11日笔者参加了"成都七中'三体'教育思想发表30周年"纪念活动。回顾这一教育理念的发展历程，探讨和总结其时代价值及实践经验，共贺成都七中119周年华诞。

　　笔者得知成都七中的《远程协同 双师育人——现代远程教育促进普通高中优质均衡发展的创新与实践》的研究成果，有重大创新。这一研究成果获得"基础教育国家级教学成果一等奖"（2023年）。大家都非常激动，这个"国家级教学成果一等奖"来之不易啊！2023年是成都七中的又一个"奇迹年"。

　　在党和政府强有力的领导下，从2000年开始，成都七中探索实施学校和企业相结合的"网校"机制，人机融合的教育技术与"同时""同步"使用"卫星"的新网络使教育质量大面积、高效率地提升。这是"中国式现代化办学"的一个先进案例。

新中国成立76年以来，中国的学校有五个显著的特点：建立教研室，提倡老带新，校长要培训，先进帮后进，集团式发展。这是"中国式现代化办学"的显著特点。成都市的三所卓越中学，人们简称"四七九"。即成都石室中学、成都七中、成都树德中学。它们形成"铁三角"式的高质量、高效率、高稳定的教育发展态势。

成都石室中学是世界上最古老的公立学校。成都七中是世界上最耀眼的中国学校之一。成都树德中学1929年才建立，是世界上因坚持"树德"而发展最快的私立转公立的学校。

三所中学各有特色，你中有我，我中有你。三所中学的相互学习，使学校成为推动中国西部基础教育质量提升的重要引擎。新中国成立之后，成都市委和市教育局通过"任命校长"的方式，有意识地促进了成都"四七九"卓越中学的集团式发展。

这三所学校也有内在的中华传统文化的深刻渊源。文翁石室在两千多年办学的历史中，杰出的校友很多，扬雄是其中之一。成都老百姓为纪念扬雄，在扬雄故址新办"墨池书院"，后墨池书院和芙蓉书院合并，发展成为成都七中。成都七中的杰出校友也很多，其中孙震将军（1892—1985年）于1929年创办私立树德中学。新中国成立之后转为公立成都九中，发展成为成都的一所卓越中学——树德中学。

中国式现代化的发展，不仅要求学校教育要高质量发展，而且需要卓越学校努力为城乡教育的均衡发展作出贡献。

这本书《巨星闪耀——知识创新与成才之道》，笔者献给成都七中成立120周年。同时，送给成都七中的老师，送给成都石室中学和成都树德中学的老师，以及为教育事业努力奋斗的老师们。

后 记

2024年4月18日,西南大学正式发布120周年校庆公告(第一号):

"缙云苍翠,嘉陵碧波。高山流水,草木知音。2026年4月18日,西南大学将迎来120周年华诞。春风有信,山海传情,特广布九州,讯达寰宇,共赴天生之约。"

1959年,笔者从成都石室中学毕业,考入原西南师范学院物理系。1963年从大学毕业,分配到成都七中担任物理教师,同时承担班主任和年级负责人工作。1972年调到成都市教科所担任物理教研员4年、数学教研员4年。这一系列优秀的教育教学和跨学科研究的环境,提升了笔者的教育理论水平,培养了笔者的教育实践能力。

笔者作为西南大学的校友、兼职教授、研究生导师,感恩母校是笔者作为学生、校友的心愿,当然要将新书《巨星闪耀》敬送给西南大学的老师和同学!

环顾世界,教育风景,学校生态,这边大好。

巨星闪耀,新星在望。巨星闪耀,长河生辉!

李有梁